O QUE EU COMI EM UM ANO

[e outras reflexões]

STANLEY TUCCI

O QUE EU COMI EM UM ANO

[e outras reflexões]

Tradução de José Francisco Botelho

Copyright © 2024 by Stanley Tucci
Proibida a venda em Portugal.

TÍTULO ORIGINAL
What I Ate in One Year

PREPARAÇÃO
Angelica Andrade
Camila Carneiro
Paula Vivian

REVISÃO
Ana Gabriela Mano
Ana Sara Holandino
Eduardo Carneiro

ADAPTAÇÃO DE PROJETO GRÁFICO E DIAGRAMAÇÃO
Ilustrarte Design

DESIGN DE CAPA
© 2024 Simon & Schuster

FOTO DA CAPA
© Matt Holyoak

CIP-BRASIL. CATALOGAÇÃO NA PUBLICAÇÃO
SINDICATO NACIONAL DOS EDITORES DE LIVROS, RJ

T824q

    Tucci, Stanley, 1960-
        O que eu comi em um ano : (e outras reflexões) / Stanley Tucci ; tradução José Francisco Botelho. - 1. ed. - Rio de Janeiro : Intrínseca, 2025.
        336 p. ; 21 cm.

    Tradução de: What i ate in one year
    ISBN 978-85-510-1341-0

    1. Tucci, Stanley, 1960-. 2. Gastronomia - Narrativas pessoais. 3. Atores - Estados Unidos - Biografia. I. Botelho, José Francisco. II. Título.

25-96487   CDD: 641.5092
                                  CDU: 929:641.5

Gabriela Faray Ferreira Lopes - Bibliotecária - CRB-7/6643

[2025]
Todos os direitos desta edição reservados à
EDITORA INTRÍNSECA LTDA.
Av. das Américas, 500, bloco 12, sala 303
22640-904 – Barra da Tijuca
Rio de Janeiro – RJ
Tel./Fax: (21) 3206-7400
www.intrinseca.com.br

Para minha esposa, Felicity.

Para minha família.

Para meus amigos.

*Para aqueles a quem amei e
já não se sentam à minha mesa.*

Um preâmbulo

Nunca sonho com comida. Ou pelo menos não consigo me recordar de algum sonho em que eu esteja comendo. Sonho com muitas coisas, e, como ocorre com a maioria das pessoas, meus sonhos são complexos, desenfreados, sem sentido, repletos de vislumbres distorcidos de acontecimentos passados e medos que tive ou ainda tenho, como a incapacidade de me comunicar com minha esposa, Felicity, e de proteger a mim mesmo ou a alguém que amo.

Com frequência, sonho que estou prestes a me formar no ensino médio, mas faltei às aulas de matemática o ano inteiro e agora só me resta torcer para conseguir escapar das consequências e não ser impedido de me formar. O sonho é tão verossímil que desperto em um estado de terrível ansiedade, achando que serei desmascarado, que não poderei me formar e terei que repetir o último ano, até que de repente percebo que foi tudo um sonho e já não estou na escola, na verdade sou um homem de 60 e poucos anos e, embora ainda seja péssimo em matemática, não apenas consegui me formar, como também levo uma vida plena.

Também costumo ter o clássico "pesadelo dos atores". Nesse tipo de sonho, que é a manifestação subconsciente de um medo entranhado, me vejo no palco, nu ou quase sem roupa ou com o figurino errado, substituindo de improviso algum ator, de modo que não ensaiei as cenas e tampouco decorei as falas. (Pergunte a qualquer ator, e ele dirá que já teve o mesmo sonho.) A ironia é que de fato já passei por isso, há uns vinte anos, quando estava encenando uma peça em que tinha que ficar nu pelos primeiros dez minutos e, pelo menos uma vez durante aqueles dez minutos, esqueci por completo minhas falas. Infelizmente, alguns sonhos se tornam realidade.

Outro tema, óbvio, é a morte. Sonho muito com a morte. Com os mortos. Parentes, amigos e, com frequência, minha falecida esposa,

Kate. Dizem que quando temos "assuntos inacabados" com alguém ou algo em nossa vida, esse alguém ou algo nos visitam repetidamente em sonhos. Acho que faz todo o sentido. É uma forma de nossa mente e nosso coração lidarem com questões que jamais conseguimos resolver de verdade.

Entretanto, como ia dizendo, embora a comida desempenhe um papel muito importante na minha vida quando estou acordado, não tem papel algum nos meus sonhos. Talvez porque eu não tenha medo de comida. Comer é algo que só me traz alegria. Não provoca ansiedade e, de fato, talvez seja o único aspecto significativo da minha vida que me traga paz. Todos os outros — trabalho, filhos, casamento, amizades, família — me trazem genuína alegria, mas não posso negar que causem alguma ansiedade. A comida, no entanto, simplesmente existe. Uma coisa bonita e variada, esperando para trazer saciedade e consolo e oferecer esperança enquanto a morte e a aritmética me assombram.

Por falar em números, comida e morte, imagino que haja três possibilidades à nossa espera.

A primeira é que, ao morrermos, simplesmente deixamos de existir. Não há nada. E é isso.

A segunda é que, ao morrermos, descobrimos que a morte é uma longa refeição a sós, com péssima comida.

A terceira é que, ao morrermos, descobrimos que a morte é uma mesa esplêndida, com uma refeição extraordinária e a ser compartilhada com todos aqueles que amamos pelo resto da eternidade.

Se for possível, quando minha hora chegar, conto a vocês qual delas nos aguarda.

Diz-me o que comes e eu te direi quem és.

JEAN ANTHELME BRILLAT-SAVARIN

2 de janeiro de 2023

Fiquei triste por ter que partir, pois tive um feriado muito agradável com Felicity e as crianças, amigos e familiares. Estou indo a Roma para filmar *Conclave*, um longa com Ralph Fiennes, John Lithgow e Isabella Rossellini, dirigido por Edward Berger. O filme é baseado no livro homônimo, escrito por um dos meus romancistas favoritos, Robert Harris, e trata da escolha de um novo papa. Eu o li há alguns anos e, ao receber o roteiro, fiquei empolgado e pedi uma participação. A perspectiva de trabalhar com esse elenco me deixa muito animado. Já contracenei com Ralph e Isabella e conheço John um pouco. Edward acabou de dirigir *Nada de novo no front*, um filme extraordinário. Eu o encontrei duas vezes antes das filmagens, é um sujeito dos mais simpáticos.

O voo para Roma foi relativamente tranquilo. Cheguei ao hotel, ou melhor, ao apartamento, que só tinha visto por fotos. Outros atores do elenco também estão hospedados aqui. É um lugar prático e com localização conveniente, cerca de 25 minutos de carro da Cinecittà, onde faremos a maior parte das filmagens.

Meu apartamento é, na melhor das hipóteses, espartano. Não foi projetado para ser confortável. Foi projetado para agradar ao ego do arquiteto, e ambos claramente convivem muito bem. Consiste em uma área que combina sala de estar e cozinha, com um sofá muito pequeno e desconfortável, uma mesa de jantar em mármore e uma bancada de aço inoxidável, com pia e fogão, grudada em uma parede. Além disso, tem um quarto pequeno, com um móvel que *parece* uma cama, mas que *não é* aconchegante como uma cama deveria ser. Pelo menos, tenho uma cozinha. Na verdade, duas, pois solicitei outro apartamento conjugado para receber amigos e familiares, e lá tem uma cozinha também. As coisas estão indo bem. Mais ou menos.

A equipe de produção gentilmente abasteceu o lugar com os itens que solicitei. Massa, tomates frescos e enlatados, azeite de oliva, pão, sal, manteiga, cenouras, aipo, latas de feijão e de atum, suco de laranja, cápsulas de Nespresso, garrafas de água, uma Tupperware, um conjunto de tábuas para corte e facas novas. Pedi uma Tupperware para poder levar uma comida feita por mim para o trabalho, já que o serviço de bufê nos sets de filmagem, mesmo na Itália, geralmente é duvidoso. Logo voltarei a tocar no assunto.

Tento não pensar no fato de que terei que passar oito semanas neste apartamento. Já estou com saudade da minha família e de casa. Especialmente da cozinha. E da cama, porque a cama que tenho em casa dá a sensação de uma cama de verdade, ao contrário daquelas tábuas de mármore usadas para fazer *fudge*.

Servi-me de uma taça de vinho e de repente percebi que estava com fome. Os funcionários da recepção, todos simpáticos, recomendaram um restaurante aqui perto.

Fui até lá.

Comi.

Não recomendo.

3 de janeiro

Hoje terminei de desfazer as malas, pois, como disse, durante as próximas oito semanas vou passar a maior parte do tempo aqui. Contudo, pretendo ir a Londres sempre que tiver alguns dias de folga. Tento nunca ficar mais do que duas semanas longe de casa. É cansativo viajar tanto, mas, no fim das contas, é a melhor opção para minha sanidade mental e para a família como um todo.

Os ensaios e as provas finais de figurino começam na segunda-feira, hoje só arrumei minhas coisas, fui à academia, estudei o roteiro e fiz um almoço leve. Feijão *cannellini*, atum enlatado, cebola roxa, tomate e azeite. Fiz uma panela de molho de tomate, pois acho o preparo e o aroma reconfortantes e sei que vou comer com massa ou arroz nos próximos dias.

Tentei fazer o televisor funcionar. Não consegui. Não sou muito bom com tecnologia, e, se a TV for tão complexa quanto o painel *touchscreen* montado na parede para ajustar a iluminação e que parece ter sido projetado por um astronauta furioso, então vou precisar de ajuda. Uma mulher muito simpática, encarregada de auxiliar o elenco com viagens, recados e questões técnicas como essa, veio me mostrar como se liga o televisor. Ela me disse que os canais internacionais não pegam, apenas alguns italianos, o que achei esquisito, mas há muitos serviços de streaming, como Netflix etc. Ao longo das próximas semanas, sei que vou me entregar a meu prazer das horas vagas: maratonar documentários sobre a Segunda Guerra Mundial. Nunca me canso. Acho que assisti a *O mundo em guerra* umas doze vezes.

Nesta época do ano, o clima em Roma é quase tão ruim quanto o de Londres. Na verdade, é pior. Muito frio e muito úmido.

Esta noite jantei com minha amiga Claudia e o marido, Andrea. Conheci Claudia muitos anos atrás, em Roma, e desde então cultivamos uma amizade. Escrevi sobre ela em *Sabor: Minha vida através da comida*, e ela aparece na série *Searching for Italy*, no episódio sobre Roma. Fomos à Taverna Trilussa, no Trastevere, um bairro antigo de Roma, que hoje está na moda e muito mais valorizado do que na primeira vez que Claudia me levou até lá, há trinta anos. Nós nos sentamos do lado de fora, sob os toldos, e fizemos uma clássica refeição romana, o que significa um bocado de massa. Ambos tomamos vinho tinto e branco e comemos alguns aperitivos: salame, *prosciutto* e flores de abobrinha recheadas com muçarela.

Pedi *bucatini all'Amatriciana* e Claudia pediu *strozzapreti Antonietta*, uma massa espessa com parmesão, *pesto* e tomate-cereja. Não lembro o que foi que Andrea pediu.

Há muitas versões do *strozzapreti*, que significa "sufoca padre". Supostamente, a massa ganhou esse nome porque, na Idade Média, padres católicos achavam que podiam se apropriar como bem entendessem dos ovos colhidos pelos pobres paroquianos. O ato egoísta levava os paroquianos, que careciam de quase tudo, a preparar a massa sem ovos, o que resultava em uma mistura muito espessa, que serviam aos padres na esperança de que morressem sufocados.

Outra versão da história diz que os padres eram glutões por natureza e comiam tanto, e tão rápido, que acabavam morrendo sufocados. Não sei qual das versões é a verdadeira, mas me agrada o fato de que comida, religião e morte apareçam juntas na história de uma única receita.

4 de janeiro

Naquela semana, cozinhei no hotel/apartamento algumas vezes. Preparei refeições simples e habituais, que consistem em massa com algum tipo de molho e verduras.

Também comi no restaurante extremamente ascético do hotel. Embora o local nunca estivesse cheio, a comida levava séculos para chegar à mesa, e, quando enfim chegava, o que se apresentava aos meus olhos eram porções pequenas de um prato planejado além da conta, rebuscado em excesso e mexido até ficar irreconhecível. Durante minha estada, acabei comendo lá algumas vezes, apenas por conveniência, e em todas as ocasiões saí com fome.

Era evidente que o *chef* almejava o reconhecimento das entidades que reconhecem os grandes *chefs*. Acho isso lamentável. No cinema e no teatro, dá para sentir quando um ator está se esforçando demais (aquilo que meu professor George Morrison costumava descrever como "forçar" uma atuação), como quem diz: "Olha como são profundas as minhas emoções!" Quando isso acontece, o ator está demonstrando que interpreta bem, em vez de apenas interpretar. Acredita que assim ganhará prêmios, e infelizmente às vezes acontece. No entanto, ninguém deveria fazer aquilo que faz visando a glórias, pois o trabalho rescenderá a desespero e, portanto, jamais terá um ar genuíno. Ou, no caso de um *chef*, jamais será apetitoso.

Após cinco dias de ensaios e provas de figurino, peguei um avião para casa, pois só começaria a filmar na semana seguinte.

16 de janeiro

Voltei a meus austeros aposentos romanos em uma noite de sábado e tive um sono atribulado. Passei o dia seguinte fazendo exercícios e decorando falas. A menos que haja alguém para ler o texto comigo, faço a memorização com a ajuda de um gravador. Gravo as falas do outro ator e deixo lacunas para as minhas. E então faço tudo de novo, diversas vezes. Tedioso, mas necessário. Principalmente à medida que vamos envelhecendo. Se um roteiro for bem escrito, as falas vêm com facilidade. Se for mal escrito, não. Muitos atores se sentem culpados quando não conseguem memorizar certas passagens ou cenas, mas em geral a culpa é do roteiro, pois os pensamentos do personagem estão desalinhados. O que quero dizer é que o personagem não está falando de forma natural, está sendo usado apenas como um porta-voz. Nesses casos, sugiro uma reescrita colaborativa, algo que, por causa dos egos envolvidos, nem sempre dá muito certo. Naquela noite, tive outro excelente jantar na companhia de Claudia e do marido, que conhecem os melhores lugares para comer na Cidade Eterna. Jantamos em um restaurante chamado Checchino dal 1887, nas vizinhanças de Testaccio. Acabou se revelando um dos restaurantes mais interessantes que já visitei em Roma.

Testaccio tem esse nome devido a uma colina de ânforas quebradas, com mais de 400 mil metros cúbicos, erguida pelos romanos ao longo de quinhentos anos. (*Testae* significa "cacos de louça" em latim.) As ânforas continham azeite de oliva transportado para Roma de todos os cantos do império. Como era muito caro remetê-las vazias para serem reutilizadas, ou porque era impossível limpar os resíduos de óleo, os recipientes de terracota eram quebrados em três seções — bojo, gargalo e alças — e empilhados cuidadosamente para formar uma colina. Tempos depois, quando cavernas foram escavadas para a construção de novos edifícios, descobriu-se que no interior dessa colina de terracota construída por mãos humanas podia-se armazenar vinho a uma temperatura perfeita, graças ao excelente sistema de circulação criado pela forma como os cacos foram amontoados. É em uma dessas pequenas cavernas que o Checchino guarda uma extraordinária coleção de vinhos de várias partes do mundo.

O atendimento ao público, conduzido por um membro da quinta geração da família, foi realizado com graça e delicadeza, e a comida estava soberba. Comi um prato de *carciofi alla romana* macias e sedosas e uma substanciosa lasanha à bolonhesa que deixava evidente os anos de mestria culinária, um atributo que está se tornando hoje em dia cada vez mais difícil de achar.

17 de janeiro

Estou de volta à Cinecittà, cujo nome significa Cidade do Cinema. É um imenso complexo de escritórios e estúdios, originalmente construído por Mussolini nos anos 1930, que foi crescendo ao longo das décadas. Por um tempo contou com o maior palco da Europa, o de número 5, que era o preferido de Federico Fellini.

Trabalhei aqui pela primeira vez há 25 anos, em uma versão cinematográfica de *Sonho de uma noite de verão*, na qual tentei interpretar Puck. Foi empolgante trabalhar em um local histórico, mas me lembro de que fiquei triste ao ver o estado do lugar. O terreno estava malcuidado, os prédios não apenas precisavam de pintura, como também estavam caindo aos pedaços, e as partes internas estavam sujas. Disseram que, desde então, o complexo inteiro fora aprimorado, já que nos últimos anos muitas produções internacionais foram gravadas aqui, trazendo mais dinheiro. O que me disseram não é verdade.

Basicamente, o lugar está igual a antes. Ainda precisa de muitas reformas, uma nova demão de tinta e uma boa faxina. Um sistema de aquecimento também viria a calhar, pois fazia mais frio dentro do estúdio do que fora daquelas paredes decadentes.

Para piorar, a comida é pavorosa. Sem exagero. Pavorosa. Diria até nojenta. Molhos pesados, massa cozida demais, carnes fibrosas. Nem vale a pena continuar. Já contei, em meu primeiro livro, sobre a condição lamentável dos serviços de bufê em sets de filmagem na Itália, mas achei que as coisas houvessem melhorado um pouco desde minha experiência há 25 anos. Só o que posso dizer é... que tristeza, nada melhorou.

Sendo assim, trago uma comida feita por mim ou me contento com uma banana e um pequeno *panino* até que o dia acabe e eu possa ir a um restaurante, às vezes sozinho, às vezes com um de meus colegas de elenco, que felizmente amam comida e vinho. Preparo as refeições que levo para o set da seguinte maneira: aos domingos, preparo um panelão de *minestrone* e vou reaquecendo as porções no micro-ondas do camarim por dois ou três dias. Na segunda metade da semana, preparo massa ou risoto com molho marinara ou com legumes salteados, depois reaqueço as porções. Pratos leves, mas substanciosos. Não gosto de comer demais quando estou gravando, pois a digestão consome minha energia. Guardo o apetite para uma refeição mais respeitável no fim do dia. Já encarei longos dias de filmagem à base de muita água com limão, chá de rooibos, bolachinhas de arroz com manteiga de amendoim e mel e um *espresso* no meio da tarde. Como interpreto um cardeal, visto camadas e camadas de tecidos pesados, de modo que preciso de ajuda para tirar a roupa. Ir ao banheiro se torna um inconveniente, portanto, quanto menos eu ingerir ao longo do dia, melhor.

29 de janeiro

Já faz algum tempo que estou viajando entre Roma e Londres, e, apesar do péssimo bufê, trabalhar em *Conclave* está sendo uma ótima experiência. Edward é um diretor brilhante. É paciente e minucioso. Ensaia as cenas com calma, permitindo que o movimento dos atores dite os planos, mas tem uma visão muito clara do resultado que deseja para o filme e, além disso, conduz sem dificuldade os atores para chegar a determinado plano de cena que já delineou de antemão. Sinto-me honrado por participar dessa produção, coisa que jamais digo da boca para fora.

As gravações não são muito longas, mas, nos dias em que gravamos com muitos figurantes, o trabalho é um pouco mais demorado, pois leva tempo para cobrir tudo o que é necessário. (Basicamente, isso significa que quanto mais pessoas houver em determinada cena, mais planos deverão ser filmados de diversos ângulos.) Portanto, passamos bastante tempo esperando.

No entanto, como disse certa vez um grande ator (me disseram que foi o ilustre Richard Harris, mas não tenho certeza), quando o assistente de direção se desculpou por fazê-lo esperar demais: "Por favor, não se desculpe. Sou pago para esperar. Atuar é algo que eu faço de graça."

Concordo plenamente.

31 de janeiro

Isabella, John e eu fomos a um restaurante chamado L'Eau Vive, que a mãe de Isabella, Ingrid Bergman, costumava frequentar. É administrado por freiras carmelitas francesas e funciona desde 1969. Situado em um velho *palazzo*, há um pequeno salão de jantar no primeiro piso e um salão maior no segundo (o *piano nobile*), onde os fregueses se acomodam sob domos altos e recobertos de afrescos. As mesas são bastante espaçadas e cobertas por toalhas brancas. No cardápio, clássicos da culinária francesa: sopa de cebola, queijo de cabra assado com amêndoas, *canard à l'orange*, e assim por diante. Cada noite oferecem uma ou duas opções italianas, como também um prato de outro país — um aceno gastronômico às origens variadas das irmãs. A carta de vinhos, na maioria franceses, é simples e, tal qual a comida, muito acessível. Naquela noite, o salão estava repleto de romanos e turistas, além de alguns padres a uma longa mesa, todos comendo e bebendo até não poder mais.

Enquanto devorávamos a comida, Isabella nos contou que a mãe frequentava o restaurante porque era um local pouco badalado, de modo que os *paparazzi* jamais pensariam em ir até lá, e, mesmo que fossem, provavelmente teriam vergonha de se apresentar no espaço sagrado das freiras. Parece lógico que, em um país católico, as freiras sejam os melhores leões de chácara.

Nosso prato de entrada ia pela metade quando as freiras começaram a distribuir um papel com a letra de alguns hinos religiosos, todos em francês. Elas se reuniram em uma extremidade da sala, puseram-se a cantar e nos encorajaram a acompanhá-las. Foi inesperado, comovente e lindo.

Integrar aquele grupo de desconhecidos de várias partes do mundo, reunidos ali pela comida, erguendo a voz em melodia sob o decadente esplendor dos afrescos do século XVI em uma fria noite romana, causou um profundo impacto emocional em nós três. Fui criado como católico, mas jamais adquiri o vigor da fé e, portanto, jamais acreditei de fato. Embora não sinta falta de ir à missa aos domingos, recordo com nostalgia a certeza da cerimônia e a segurança da reverência. Hoje, avizinhando-me do inverno da vida, é por meio da natureza, da arte e dos meus filhos que sinto uma forma de reverência, e é ao redor da mesa que vivencio uma forma de cerimônia. Tudo isso sem culpa.

Não queria que a canção acabasse, mas, como todas as coisas boas, acabou porque tinha que acabar. Há conforto em saber que posso voltar lá na minha próxima visita a Roma.

3 de fevereiro

Decidi ficar em Roma, pois Felicity está viajando, as crianças estão com meus sogros e eu estou bastante cansado após uma longa semana de filmagens. Minha amiga e agente inglesa, Oriana, se organizou para me visitar no fim de semana, e aguardei ansiosamente sua chegada. Ela desembarcou hoje à noite, quando eu terminava de filmar, e fomos jantar no Checco Er Carettiere, um dos meus restaurantes favoritos e que há muitos anos não frequentava.

O local é gerenciado pela mesma família desde que Francesco (Checco) Porcelli, um *carettiere* (vinhateiro), abriu o restaurante, em 1935. Hoje, está nas mãos dos netos e ainda é frequentado por *socialites*, intelectuais, turistas e romanos em geral.

Algumas noites, uma mulher toca violão para a clientela e entoa canções populares italianas, além de um punhado de cantigas estrangeiras. Em quase todas as minhas visitas ao local, era uma mulher de meia-idade, com um vestido preto e um cachecol de seda branco em volta do pescoço, serpeando elegantemente pelo salão e parando junto a diferentes mesas para cantar canções célebres na língua dos clientes ali presentes. Se fossem franceses, ela cantaria uma música famosa de Piaf. Se fosse uma mesa de italianos, ofereceria uma interpretação de "O sole mio" ou "Arrivederci Roma". No entanto, se fosse uma mesa de americanos, sem dúvida cantaria "Country Roads", de John Denver. Por que essa música em particular é algo que eu gostaria de saber. Só sei que ouvir aquela letra tão americana sendo entoada com todo o fervor por uma voz de forte sotaque romano é ainda hoje uma das coisas mais estranhas que já vivi, e algo que nunca vou esquecer. (Se meus editores permitirem, vou cantá-la na versão em audiolivro.)

Hoje, lamentavelmente, não havia nenhuma trovadora de cachecol de seda, mas, como de hábito, o atendimento foi excelente e o clássico cardápio romano estava delicioso. Não deixem de ir a esse restaurante.

4 de fevereiro

Hoje de manhã, Ori e eu fomos a um mercado de produtores chamado Mercato di Campagna Amica al Circo Massimo, na esquina do hotel. O nome extenso significa, basicamente, "Mercado do Campo Amigo no Circo Máximo". "Campo Amigo" porque todos os itens são produzidos em um raio de cem quilômetros, e "Circo Máximo" porque o mercado fica em frente ao Circo Máximo. Nesse que é um dos maiores mercados de Roma vendem-se queijo, carne (tanto curada quanto crua), legumes, pão, frutos do mar, frutas, tempero, vinho e outros produtos, tudo em um recinto vasto de teto alto, com um pátio onde furgões vendem peixe frito e sanduíche enquanto uma barraquinha vende cerveja e vinho em copos de plástico.

Compramos *focaccia*, uma fatia de pizza com *guanciale* (bochecha de porco curada, o ingrediente que deveria ser usado na *carbonara* em vez da *pancetta*), e ricota de leite de ovelha e mel, em seguida nos sentamos no pátio à luz do sol que gentilmente se infiltrava pelas nuvens. Comemos a pizza, então espalhamos a ricota pela *focaccia* e a salpicamos com mel. Ori bebeu vinho branco e eu, cerveja.

Limpamos as mãos após a bagunça do repasto e vagamos um pouco pelas ruas pontuadas por estilhaços da Roma Antiga, resquícios magníficos e francos lembretes da fragilidade de toda civilização.

Após um tempo, nós nos deparamos com aquela espetacular proeza da arquitetura e da engenharia conhecida como Panteão. Por mais vezes que o visite, sempre me deixa sem fôlego. Por quê? Recordo-me de um livro em que a autora deu uma ótima resposta a essa pergunta. Ela conta que, certa vez, levou o filho ao Panteão e ele começou a chorar. A mãe perguntou por que ele chorava, e o menino respondeu: "Porque é perfeito."

A cerca de trinta metros da cúpula sagrada há um restaurante administrado por dois irmãos, o Armando al Pantheon, onde gravei o trecho de um episódio para a primeira temporada de *Searching for*

Italy. Embora houvéssemos comido pouco antes, Oriana e eu já estávamos com fome de novo, e entramos no local. Isso acontece com frequência quando se está na Itália.

Adoro esse restaurante porque tanto a estética quanto o cardápio se equilibram entre o elegante e o cotidiano, um ideal que todos deveríamos almejar. Sem titubear, pedi uma de minhas sopas favoritas, a *stracciatella*. Em essência, a *stracciatella* consiste em uma sopa de ovo, cujos ingredientes incluem caldo de frango, endívias e, claro, ovos.

Sou um aficionado por sopas. Para mim, sopa talvez seja a maior das invenções culinárias. Pode ser feita com dois ingredientes ou com duzentos. Pode ser servida fria ou quente. O preparo pode ser rápido ou lento. Podemos tomá-la no café da manhã, no almoço ou no jantar. Pode ser adaptada à dieta vegetariana, vegana, paleolítica, piscitariana ou carnívora. Pode ser simples ou complexa. Conforta, alivia, refresca e fortalece. Sopa é a vida em uma caçarola.

Uma de minhas histórias infantis favoritas, "Sopa de pedra", tem por tema esse prato. Há muitas versões, mas a de que me recordo é mais ou menos assim:

> Um soldado faminto chega a uma aldeia cheia de moradores arredios e avarentos. Ele bate em uma porta e pede algo para comer à velha que mora ali. Ela diz que é pobre e não tem nada para lhe dar, fala que todos na aldeia responderão a mesma coisa, portanto, é melhor ele seguir viagem. Triste, mas não derrotado, o soldado encontra um caldeirão, constrói uma fogueira na praça, enche o caldeirão de água, leva-o ao fogo e coloca uma grande pedra ali dentro. A velha espia pela janela e pergunta o que ele está fazendo, ao que o soldado responde que está preparando uma sopa de pedra. Curiosa, ela vai olhar de perto, e logo outros aldeões também aparecem. Eles dizem que é impossível fazer sopa com pedra, mas o soldado responde que já fez muitas vezes e, na verdade, fica uma delícia. (Em algumas versões, ele diz que a pedra é mágica.) Todos se aproximam do caldeirão para descobrir se o soldado está dizendo a verdade. Após um tempo, ele prova o caldo e diz que está

quase pronto, mas que ficaria melhor com algumas cebolas. A velha traz as cebolas e as joga no caldeirão. O soldado prova o caldo novamente e diz que um pouco de alho viria a calhar, em seguida um aldeão vai buscar o alho. O processo se repete com cenouras, pastinacas, aipos, feijão, uma galinha, ervas e assim por diante, até o caldeirão borbulhar com uma sopa farta, que o soldado partilha com os aldeões. Eles logo percebem que não foi a pedra que deixou a sopa saborosa, mas os ingredientes que todos compartilharam para prepará-la. Daí para a frente, deixam de ser avarentos e parcimoniosos, tornando-se generosos e felizes.

Acho que essa é uma das melhores histórias sobre como o ser humano trata seus semelhantes (muito mal, no caso dos aldeões, e com bondade, no caso do soldado). No entanto, também é sobre o fato de a comida não apenas unir as pessoas, mas tornar a vida melhor.

Seja como for, pedi a *stracciatella*, que estava tão deliciosa quanto eu imaginava. Como prato principal, pedi a *carbonara* (pelo visto, achei que ainda não tinha comido ovos suficientes) e estava esplêndida. Oriana pediu uma *Amatriciana*, que estava igualmente boa. Quando terminamos de nos empanturrar, trocamos um olhar que dizia: "Por que e como toda essa comida veio parar na nossa barriga? Será que eles têm um lugarzinho nos fundos para cochilar por uma ou duas horas?"

Após um *espresso*, fizemos uma longa caminhada para minimizar o dano causado por nossa falta de moderação à mesa. Passamos pelo monumento a Vítor Emanuel II — uma monstruosidade de mármore branco mal proporcionada que paira sobre a Piazza Venezia e que os habitantes locais chamam de "bolo de casamento" ou de "máquina de escrever", pois parece uma versão grotesca de ambas as coisas — e depois seguimos até os Degraus Espanhóis, cujas proporções me parecem belíssimas. Por fim, livres de nossa preguiça pós-prandial, fomos parar no terraço do Hotel Eden, com martínis nas mãos, assistindo ao dia se esvair sobre Roma.

16 a 19 de fevereiro

Felicity e as crianças vieram me visitar, e, sob o risco de parecer muito sentimental, me senti completo novamente. Na noite em que chegaram, fomos a um simpático restaurante que eu já conhecia, chamado Sora Lella, a uma breve caminhada de distância do hotel. É gerenciado pelo neto de Elena Fabrizi, que fundou o negócio em 1959. Nascida em 1915, ela teve certa notoriedade como atriz, o irmão era o famoso ator italiano Aldo Fabrizi, mas Elena adorava cozinhar, portanto ela e o marido (que trabalhava em um abatedouro) resolveram abrir um restaurante. O cardápio, como os donos, é muito romano: molho de tomate com *guanciale* e miúdos (timo de vitela e mondongo, por exemplo) e *pasta con pajata di vitello a latte*. Este último é um dos meus pratos romanos prediletos e o peço com frequência quando estou na cidade.

O molho é feito com o intestino de um bezerro abatido enquanto o leite da mãe ainda está em sua barriga. (Peço desculpas aos de estômago fraco.) O intestino e o respectivo conteúdo, assim como o suave molho de tomate em que são cozinhados, conferem ao prato um sabor singular, que é ao mesmo tempo doce e levemente azedo. Experimentei pela primeira vez há muitos anos, mas foi durante esta viagem que pude de fato apreciar não apenas a delicadeza da iguaria, mas também o brilhantismo da invenção. Os romanos pobres mais uma vez fizeram algo incrivelmente saboroso e igualmente nutritivo a partir de ingredientes que outros teriam jogado fora.

Já tendo visitado o Sora Lella algumas vezes, resolvi levar Felicity e as crianças, pois a equipe do restaurante é muito amável e eu sabia que receberiam meus filhos com entusiasmo, o que de fato ocorreu. Comemos um bocado naquela noite, embora Millie tenha se mostrado um tanto implicante com o cardápio e, como de costume, beliscado apenas *prosciutto* e pão seguidos de uma massa com manteiga e queijo. Matteo se mostrou mais aventureiro, devorou pela primeira vez *arancini* com um pouco de *pasta alla marinara*. Vou ter que preparar uns *arancini* para ele, porque Matteo não para de falar no assunto. Contudo, sei que ele vai dizer algo do tipo: "Não estão iguais aos que a gente comeu em Roma." Talvez seja melhor nem tentar. Como ator, já fui rejeitado muitas vezes ao longo dos anos. Por que deveria ir atrás de mais rejeição?

Fizemos uma visita ao Coliseu, um passeio maravilhoso, mas um pouco longo demais para Millie, que tem apenas 4 anos, ainda que tivesse dois ou três pacotes de gressinos para se entreter. Após dar a primeira mordida e espalhar migalhas pelo piso antigo, as legiões de pombos que habitam as ruínas passaram a segui-la (apelidamos Millie de Maria, por causa do conto de João e Maria) e permaneceram fiéis companheiros dela pelo resto da visita.

Na última noite deles em Roma, preparei uma panela de massa e pedimos uma pizza, sugestão de Matteo, pois havíamos passado o dia inteiro na rua e estávamos cansados demais para ir a um restaurante. Pedi às crianças que desenhassem algo que haviam visto nos últimos dias. Matteo desenhou gladiadores no Coliseu, Millie desenhou uma vista do Coliseu cercado por relva e céu, com uma autoconfiança e uma bela ingenuidade poética que fariam inveja a qualquer artista. Assim como meu pai — professor de artes — fez comigo e meus irmãos quando éramos crianças, sempre encorajei meus filhos a desenhar e a pintar. Embora as crianças trabalhem cada uma em seu desenho, um vínculo silencioso se estabelece entre elas. Compartilhar os desenhos prontos é a culminação desse vínculo.

Fiquei muito feliz em tê-los aqui comigo. Devido à minha carreira, a rotina de uma vida familiar "normal" é impossível. Jantar sempre no mesmo horário, ajudar com os deveres de casa, ir a atividades escolares ou competições esportivas, contar histórias na hora de dormir, e assim por diante — coisas que poderíamos chamar de prosaicas. O mais difícil na profissão de ator é encontrar o equilíbrio entre trabalho e família. Isso ocorre em muitas profissões, mas é o fato de estar longe de casa por longos períodos e a constante mudança de locações e cronogramas de filmagem que torna tudo mais complicado. Alguns atores levam a família a muitos, às vezes a todos, os trabalhos que fazem. As crianças são matriculadas em escolas da região ou educadas em casa. Acho que funciona de vez em quando e até já adotei esse método algumas vezes; percebi, inclusive, que foram experiências muito positivas para meus filhos. No entanto, acredito essencialmente que as crianças desejam e precisam de uma rotina quando se trata de lugares e pessoas. Isso as mantém enraizadas e seguras. *Eu* escolhi esta carreira, mas meus filhos não escolheram, portanto cabe a mim viajar para lá e para cá sempre que possível. Dito isso, tê-los comigo por uns poucos dias fez com que meu apartamento estranho e sem alma se transformasse em um lar. Foi meu período mais feliz em Roma.

20 de fevereiro a 8 de março

O trabalho em Roma correu dessa forma por algumas semanas. Eu cozinhava em casa, pois estava trabalhando todo dia, mas, se as gravações não se estendessem até tarde e se eu não estivesse muito cansado, às vezes encontrava um colega de elenco para jantar, ou então fazia uma rápida refeição sozinho em algum lugar.

Ralph, um verdadeiro amante da culinária, jantou comigo diversas vezes, quando juntos mergulhamos de cabeça nos pratos romanos, acompanhados de garrafas de vinho tinto das regiões setentrionais da Itália, como Alto Ádige ou Friul. Percebemos que ambos preferíamos os tintos dessas regiões, mais suaves e com menos tanino, aos vinhos mais fortes das regiões central e meridional da Itália. A maioria dos homens prefere vinhos mais "carnudos" e pesados, com muito tanino. Devido à insuficiência de saliva (um efeito remanescente dos tratamentos com radiação), qualquer coisa que tenha muito tanino me parece quase impossível de beber, então acabei me entrosando com os *pinot noirs*, suaves e sedosos, e outros vinhos semelhantes, e tenho sido feliz assim. Também foi uma felicidade conhecer Ralph melhor. Trabalhamos juntos em *Encontro de amor*, há mais de vinte anos, e muito brevemente em *King's Man: A origem*, poucos anos atrás. Havíamos socializado em poucas ocasiões, de modo que as filmagens nos deram a oportunidade de passar algum tempo juntos. Foi um grande prazer, pois Ralph é um sujeito talentoso, inteligente, atencioso e (como já disse) adora boa comida e boa bebida, o que talvez seja o critério mais importante para uma amizade. E assim, em uma idade na qual as pessoas não costumam fazer muitos novos amigos, acabo de encontrar um.

Comemos em muitos lugares em Roma, entre eles a maravilhosa Taverna Trilussa, que já mencionei, mas uma de nossas últimas refeições juntos foi em um restaurante que tem um lugar especial no meu estômago e no meu coração: Pommidoro. Escrevi sobre o Pommidoro em *Sabor*, após descobri-lo enquanto gravava *Searching for Italy* e ficar encantado pelos donos e a história deles. O restaurante, que fica no bairro romano de San Lorenzo, reabriu no início deste ano, após um tempo fechado devido à morte do proprietário já idoso alguns anos atrás. Felizmente, o filho do dono, que agora administra o local, e o neto, que ocupou orgulhosamente o lugar do avô atrás do fogão, trouxeram de volta à vida esse histórico restaurante familiar. Uma semana antes de reabrir, a família entrou em contato com a produção para me informar que desejava fazer uma festa pré-abertura para mim e quantas pessoas eu quisesse convidar, como forma de agradecer por eu ter incluído o restaurante na série. Deixei claro que não havia necessidade de me agradecer, pois eu considerava uma grande honra e um aprendizado ter passado algum tempo naquele restaurante, mas, à moda italiana, eles não aceitaram "não" como resposta.

Portanto, aceitei e, juntamente com Lottie (a coprodutora que é ao mesmo tempo meu braço direito e o lado esquerdo do meu cérebro), reuni um grupo de cerca de quinze pessoas que haviam trabalhado na série, e nos regalamos com algumas das melhores comidas de Roma: *carciofi*, timos e costeletas de cordeiro, além da degustação de três massas romanas clássicas — *alla gricia*, *all'Amatriciana* e, a especialidade da casa, *spaghetti alla carbonara*.

Quão felizes ficaram nossos anfitriões e quão feliz fiquei ao ver a alegria de meus colegas ao descobrir, mordida a mordida, os tesouros da cozinha familiar do Pommidoro? Ora, todos muitíssimo felizes com certeza.

1º de março

Voltando para o apartamento após um longo dia de filmagens, parei no Circoletto, um pequeno restaurante/bar de vinhos no mesmo quarteirão do hotel em que estou. Sempre quis ir até lá, pois me parecia diferente da maioria dos lugares naquela área, mas nunca tinha entrado. É um lugar casual, com uma clientela bem juvenil (certo, quase toda clientela é mais jovem do que eu hoje em dia, a menos que eu esteja visitando um asilo) e que parecia formada sobretudo por italianos. Diante do longo balcão, pedi uma taça de vinho a um dos proprietários, um rapaz cheio de tatuagens que se mostrou extremamente empolgado por minha presença, para falar de forma eufemística. Quase saltitando, ele me disse que eu tinha que experimentar um dos sanduíches dele. Respondi que já havia comido (ou seja, havia engolido às pressas o que sobrara do almoço daquele dia antes de deixar o set), mas ele insistiu que eu provasse o sanduíche, então insisti em dizer que já estava de barriga cheia, e ele insistiu mais um pouco, e então o irmão dele apareceu e também insistiu, e um cara sentado a meu lado, amigo deles, também insistiu, de modo que, vendo-me em desvantagem numérica e já exausto, não tive opção a não ser concordar. Instantes depois, surgiu à minha frente um cálido sanduíche de língua bovina com picles caseiros, maionese suave e pão tostado. Por causa da dificuldade que tenho em comer carne (mais um efeito da falta de saliva), hesitei, com medo de me engasgar, mas acabei provando. Jamais tomei uma decisão tão sábia. E jamais fiquei tão feliz por ter sido obrigado a comer alguma coisa. O sanduíche era sofisticado e intenso, diferente de tudo que já comi em Roma. Uma iguaria totalmente nova, feita com clássicos ingredientes romanos preparados de forma inusitada. Depois, os irmãos, Nicolò e Manuel, me serviram alcachofra *alla giudia* (hummm) e mais uma taça de vinho, comi mais alguma coisa (não me lembro do quê, mas estava ótimo) e então fiquei zangado comigo mesmo por ter passado tanto tempo na cidade sem entrar por aquelas portas e me sentar em um dos bancos desse oráculo culinário disfarçado de simples bar de vinhos.

3 de março

Terminei meu trabalho em *Conclave*. Confiei minha atuação às mãos hábeis do diretor e do editor, algo que sempre deixa qualquer ator meio nervoso. Às vezes, trechos que considerávamos parte integral de uma cena ou de um momento do filme acabam largados no piso da sala de edição. Se bem que, como já não usamos filme, o piso da sala de edição fica livre de pedacinhos de celuloide. Hoje, tudo aquilo simplesmente desaparece no éter digital. Trabalhar com pessoas excelentes no que fazem é uma alegria enorme, e acontece com menos frequência do que deveria. O fim das filmagens me entristece, mas me anima a perspectiva de passar um tempo em casa. Antes, contudo, Felicity e eu passamos uns dias em uma ilha tropical com meus cunhados, Emily e John, e alguns amigos, para celebrar o aniversário de 40 anos de Emily. (Eu a conheci quando ela estava com 22. Meu Deus. Por que essa tal de "passagem do tempo" não nos dá uma folga?) John organizou o evento à perfeição, passamos ótimos momentos, com bom clima, boa comida e bons amigos. Após dois meses usando uma batina de cardeal nos dias frios, úmidos e soturnos de Roma, o sol, as dunas e o mar eram tudo de que eu precisava. Eu não queria ir embora.

27 de março

Almocei na embaixada italiana com o embaixador do Reino Unido, Inigo Lambertini, e o *chef* Francesco Mazzei. Já havia encontrado o embaixador, e conheço o talentoso Francesco há mais de dez anos. Felicity e eu tivemos um de nossos primeiros encontros em um dos restaurantes dele e alguns anos depois acabamos fazendo nossa recepção de casamento lá.

O embaixador Lambertini nos convidou para discutir a possibilidade de oferecer um almoço ou um jantar ao rei e à rainha, algo comum quando um novo monarca é coroado. Quando o embaixador enviou o convite ao rei Charles, Sua Majestade lhe disse que iria, "mas apenas se Stanley Tucci for convidado também".

O que posso dizer, caro leitor? Eis meu quinhão nesta vida.

Fiquei extremamente lisonjeado, é claro, mas logo me recompus (mais ou menos) e me lancei à tarefa de pensar em como poderíamos organizar o evento. Discutimos pratos, lugares e épocas do ano e, por fim, decidimos servir quatro pratos, alternando entre receitas italianas e inglesas que complementassem umas às outras, depois torcemos para que o rei e a rainha desfrutassem ambas as culturas tanto quanto a comida.

28 de março

Fui ao Rochelle Canteen para o lançamento do livro de uma das clientes de Felicity, Claire Ptak. Ela é proprietária do Violet Cakes, em Londres, e o livro se chama *Love Is a Pink Cake*. Não sou muito fã de sobremesas — prefiro terminar as refeições com um *espresso* ou um digestivo —, mas o livro é realmente fabuloso. Rochelle Canteen, propriedade de Melanie Arnold e Margot Henderson (esposa do famoso *chef* inglês Fergus Henderson), fica em um recanto pouco movimentado, não muito longe da Liverpool Street. Oculto por uma alta parede de tijolos, o restaurante é pequeno, mas inclui uma área ao ar livre com cobertura. Assim que entramos naquele espaço interno/externo, Londres desaparece, e, aconteça o que acontecer, o clima, o lugar e o tempo se tornam vagos. Tudo o que existe é a elegância casual do lugar e aqueles que ali estão no momento. Senti como se estivesse em um quadro impressionista que acabava de ganhar vida, embora nem as roupas dos fregueses nem a decoração sugerissem algo do tipo. Talvez fosse apenas a luz ou a suavidade do design e da comida. O cardápio, que muda conforme a época do ano, é original e criterioso, mas não pedante. Aqui está:

LANÇAMENTO DO LIVRO
LOVE IS A PINK CAKE
28/3/2023

MENU

Laranja-de-sangue, couve-rábano & molho de leitelho
Tomates de inverno assados, salada de alface-americana & anchovas
Conserva de camarão, picles & torradas
Pão

Paleta de cordeiro assada, chalotas & alhos frescos
Nabos & verduras

Arroz-doce com ruibarbo da Claire

Bird in Hand Espumante 2020
Bird in Hand Chardonnay 2016
Bird in Hand Syrah 2020

Um agradecimento especial à floricultura
Wild at Heart e Square Peg

Rochelle Canteen

5 de abril

Fomos à Flórida para visitar meus pais. Ter a energia vibrante das crianças em casa fez muito bem a eles e à minha irmã Gina, que fica com eles durante o inverno. Minha mãe nos entupiu de comida, o que lhe trouxe ainda mais alegria. Meu pai estava mais forte do que na última vez que o vira, alguns meses antes. Chegou a ir conosco à praia, embora não tenha sido fácil para ele andar na areia macia. Na maior parte do tempo, não fizemos quase nada, exceto comer e levar Millie e Matteo a uma das pequenas piscinas comunitárias que integram o vasto condomínio em que meus pais moram. Brincamos na água com eles e jogamos Marco Polo, fazendo mais barulho do que os moradores do condomínio estão acostumados, e por horas a fio fizemos o possível para ajudar Matteo a capturar e segurar camaleões. Durante os cinco dias de nossa estada, minha mãe preparou várias receitas com massa do repertório dela: costeletas de frango, costeletas de cordeiro, endívias com favas e, claro, pizza e *focaccia*, especialmente para Matteo e Millie. Adorei vê-los comer o que os irmãos mais velhos deles e eu crescemos comendo. Todos aqueles pratos maravilhosos que remontam a incontáveis gerações, nascidos da pobreza, mas que persistem na era digital, nutrindo corpos jovens e velhos e solidificando os vínculos entre ambos. A comida que minha mãe serviu foi idêntica à que costumava preparar para meus filhos mais velhos quando se hospedavam com ela e meu pai. Como ocorre com a maioria dos avós, hoje ela se mostra muito mais disposta a satisfazer as vontades de cada neto durante as refeições do que no tempo em que eu e minhas irmãs éramos pequenos. Isso é compreensível, tendo em vista que, naquela época, ela trabalhava em turno integral e ao chegar em casa ainda preparava uma formidável refeição de três pratos todas as noites. Não é isso, contudo, que os avós fazem. Os avós fazem as vontades dos netos. Esse é um dos motivos pelos quais as crianças adoram visitá-los. Hoje em dia, porém, muitas vezes criamos nossos filhos como se *nós* fôssemos os avós. Isso perturba certo equilíbrio familiar que funcionou por gerações. De qualquer forma, mimando um pouco as crianças ou não, o importante é que elas aprendem a amar comida caseira. A comida caseira fortalece nossos laços quando estamos juntos, nos mantém conectados quando estamos longe e preserva nossa memória quando já não estamos neste mundo.

12 de abril

De volta a Londres. Mais uma chamada de vídeo com mais uma produtora, na tentativa de encontrar um novo lar para *Searching for Italy*, ou seja lá como vamos renomear o programa, já que, por questões legais, não podemos usar o mesmo nome. Felizmente, há muito interesse. Provei algumas roupas para o lançamento na Inglaterra de *Citadel*, série da Amazon em que trabalhei no ano passado. Celebramos o aniversário de minha agente, Jenn Plante, em nossa casa, com Lottie. Fizemos risoto, bife e salada, e Jenn comeu com gosto. Quando começamos a trabalhar juntos, 25 anos atrás, ela seguia a dieta de uma criança petulante de 6 anos. "Não como isso" era a resposta a quase qualquer comida, exceto as mais insossas. Felizmente, depois de passar bastante tempo comigo, a dieta que ela seguia se tornou muito mais variada. No entanto, ainda odeia cozinhar. No entanto, um dia chegaremos lá, quer ela goste, quer não, pois continuarei na vida dela, quer ela goste *de mim*, quer não.

13 de abril

Fiz a coletiva de imprensa para *Citadel*. Richard Madden e uma amiga, Cheryl Calegari, vieram nos visitar, e então preparamos mais bife e massa. Eles trouxeram um bolo de chocolate que foi uma das coisas mais doces e mais deliciosas que já provei. Richard é muito rigoroso com a dieta, pois muitos dos papéis exigem bastante fisicamente, mas, ainda assim, comeu dois pratos de massa, bife e metade do bolo. Fiquei feliz. Ele estava feliz também. Em determinado momento da noite, por insistência dele, "hiperdecantamos" uma garrafa de vinho, pondo a bebida em um liquidificador por alguns segundos. Funcionou? Acho que sim, mas meu paladar estava confuso por causa do bolo de chocolate que eu tinha acabado de comer. Preciso tentar de novo.

15 de abril

Vim à Escócia para encontrar Joe Russo na universidade em que a filha dele se formou, St. Andrews. Os irmãos Russo, Joe e Anthony, criaram um festival de cinema no *campus* para os estudantes e a comunidade. Pediram que eu participasse de uma projeção de *A grande noite* e, após o filme, desse uma palestra com Joe. Ele mostrou-se muito articulado, como sempre, e as perguntas dos estudantes foram inteligentes e ponderadas, todas sobre cinema e não sobre a vida das celebridades e toda essa besteira. Fiquei impressionado, pois geralmente não é assim. Gostaria de voltar para dar uma aula. (Ao longo dos anos, dei muitas aulas e seminários, além de ter trabalhado como conselheiro de jovens cineastas no Sundance Lab por vários verões, e sempre achei gratificante. Em geral, sinto que aprendo mais do que os próprios estudantes.)

Também pretendo voltar para comer o *fish and chips* que experimentei no *pub* adjacente ao hotel em que me hospedei, com vista para o famoso campo de golfe de St. Andrews. Foi uma das melhores porções de *fish and chips* que já provei, e, após uma década no Reino Unido, acho que tenho grande autoridade para opinar. Talvez eu deva aprender a jogar golfe, só para ter um pretexto para voltar. Ou talvez volte e pronto. Não tenho intenção alguma de jogar golfe. Prefiro ser esfolado vivo.

Além disso, comi uma excelente refeição italiana com a família Russo e alguns amigos em um restaurante que eles costumam frequentar. Muito, muito bom. Pedi berinjela à parmegiana e estava deliciosa. Há uma grande população de imigrantes italianos na Escócia, e, pelo que sei, isso nunca é um ponto negativo.

20 de abril

No saguão do aeroporto, comi um *croissant* que estava bastante bom. Tentei comer umas coisas parecidas com *tater tots*, que são bolinhos fritos de batatas raladas, mas estavam tostadas demais, e uma colherada da gosma que os ingleses chamam de *baked beans*, mas não consegui porque achei muito nojento.

O voo atrasou. Já no avião, percebi que estava com fome por causa do atraso, então comi a entrada de camarão frio, que estava satisfatório, bem cozido e nem um pouco farinhento, como ficam os camarões quando cozidos *demais*. Na parte esquerda da bandeja, havia uma pequena tigela com uma papa dourada coberta por uma espécie de compota vermelho-púrpura, o que causou certa confusão em mim e na minha vizinha de poltrona, uma mulher de meia-idade que estava lendo *Uma pequena casa de chá em Cabul*. Enquanto eu examinava a gororoba, ela murmurou em um sotaque do leste de Londres: "Não tenho ideia do que seja isso, mas não parece muito apetitoso." Concordei e disse que talvez fosse homus. Ela deu de ombros e eu também.

Ousei provar. A coisa tinha pouco ou nenhum sabor, nem um vestígio sequer de tahini, somente a secura triturada do grão-de-bico, mas não tinha certeza. Senti o olhar de minha vizinha à espera de uma opinião. Virei-me para ela e dei de ombros novamente. Ela sorriu e voltou ao livro. Experimentei com cautela a compota que adornava a gosma e concluí que era a versão sacarosa e esturricada de uma *caponata*. A *caponata* é uma espécie de *ratatouille* agridoce siciliana, com pimenta, berinjela, tomate, passas sultanas, vinagre, açúcar, aipo, pinhões e assim por diante. Em geral, quando bem-feita, é deliciosa. Aquela não estava bem-feita nem deliciosa.

Voltando à gororoba, tive certeza de que era uma pasta de grão-de-bico. Na verdade, tive *mais* do que certeza, pois logo em seguida meu estômago reagiu como de costume quando como grão-de-bico. Pedi um uísque para ajeitar as coisas, lamentando não ter comprado uma barra de proteína ou algo do tipo antes de embarcar para não ter que comer a comida do avião. Decidi que, assim que chegasse ao hotel, precisaria de um bom treino de musculação para me sentir bem novamente.

Após fazer o check-in, fui conduzido à minha suíte, no quinto andar, que contava com um terraço a céu aberto grande o bastante para receber uma pequena festa de casamento. Telefonei para minha filha Isabel, que estava no próprio quarto — ela estava me servindo de *groomer*, ou maquiadora profissional, na divulgação de *Citadel* por Londres e Roma. ("*Groomer*" é uma péssima palavra. Compara o ator a um cavalo e o profissional de maquiagem a um pervertido sexual, já que em inglês pode significar tanto "cavalariço" quanto "pedófilo".)

Seja como for, eu a convidei para desfrutar a luz do sol que abençoava meu terraço, já que ambos passamos meses sem ver nada semelhante, pois moramos em Londres, onde o sol insiste em agir como um forasteiro. Lottie juntou-se a nós alguns minutos depois. Quebrei a promessa de fazer exercício pouco depois do check-in, pois o sol romano e uma garrafa de Franciacorta logo esmagaram meu ímpeto. Estourei a rolha, e nós três saboreamos uma efervescência seca e discreta enquanto o cancioneiro norte-americano ressoava em meu celular, posicionado dentro de uma xícara de café para amplificar o som.

Preciso arranjar uma caixa de som.

À noite, o jantar foi no Piatto Romano, com Richard e parte da equipe dele. O restaurante famoso e informal fica no bairro de Testaccio, onde estive poucos meses antes, enquanto filmava *Conclave*. A comida é ótima, mas dessa vez o que mais me chamou a atenção foram os aperitivos.

Eram os seguintes:

Favas com legumes salteados e *guanciale*: uma combinação perfeita. As favas, suculentas; o *guanciale* conferindo uma estranha doçura.

Miniabobrinhas marinadas em vinagre e açúcar por três dias: refinado e delicioso.

Pequenos *carciofi alla giudia*: trata-se das onipresentes alcachofras fritas de Roma, que originalmente eram preparadas pela população judaica e acabaram se tornando uma das receitas favoritas dos romanos. Como ocorreu injustamente por muitos séculos, os judeus foram segregados em um gueto por um decreto papal em 1555. Como grande parte de Roma e seus arredores eram inacessíveis a eles, tinham que se alimentar de restos e miúdos de animais, ou quaisquer outras coisas que pudessem cultivar ou colher nas vizinhanças. Com poucos ingredientes, criaram alguns dos melhores pratos que a cidade tem a oferecer até hoje.

Abundantes no Lácio, região onde Roma está orgulhosamente localizada, as alcachofras são consumidas quase todo dia, de inúmeras formas, na devida estação. As duas receitas mais populares são *carciofi alla romana* e *carciofi alla giudia* (*alla giudia* significa "à maneira judaica" em italiano). Dizem que, como a culinária judaica ortodoxa exige a separação entre leite, carne e vegetais, os judeus de Roma encontraram um jeito de fritar alcachofras em azeite de oliva em vez de manteiga, criando, assim, essa iguaria. Acho isso estranho, pois a manteiga não é muito usada no Lácio, e na verdade o mesmo se aplica às regiões ao sul de Bolonha e Turim. Sabemos apenas que as *carciofi alla giudia* são deliciosamente viciantes quando preparadas da forma correta, e as que comi se encaixavam perfeitamente nessa categoria. Foram servidas em um saco de papel, como pipocas, só que muito melhor.

22 de abril

Poucos dias depois, partimos de Roma e fomos a Los Angeles em um jato particular. Por favor não pense que voar em jatinhos é algo que faço o tempo todo. A produtora da série tem muito dinheiro e costuma usar jatos, pois são mais eficientes quando o cronograma está apertado. A comida no avião estava medíocre, mas o vinho era bom. Conversamos, comemos e bebericamos, depois dormimos e voltamos a comer, conversar e bebericar durante as dezessete horas que levamos para ir de uma das cidades mais antigas do planeta a uma das mais novas. O motivo do atraso foi uma greve dos controladores de tráfego aéreo franceses, uma vez que, aparentemente, precisávamos deles para sobrevoar o país. Ouvimos dizer que, como o restante dos conterrâneos deles, estavam em greve porque Macron havia aumentado a idade de aposentadoria de 35 para 36 anos, ou algo assim.

Após desembarcarmos em Los Angeles, delirando de tão cansados, Lottie e eu fizemos o check-in no hotel, tomamos banho e fomos ao Sugarfish, no outro lado da rua. É um pequeno restaurante japonês que serve um cardápio limitado, com o que chamam de "sushi da velha guarda". Nada de sopa missô, tigelas de arroz, massa *soba* ou saladas, apenas sushi e nigiri. Foi um dos peixes mais frescos que já provei; o arroz estava quente e quase doce; e o molho de soja, escuro e cremoso. Uma pequena garrafa de saquê gelado e cerca de seis pratinhos com porções cruas de vários tipos de peixe encheram nossa barriga em um piscar de olhos. Depois de vários dias comendo panelas e mais panelas de massa na Itália, foi um descanso bem-vindo.

As exibições e as coletivas de imprensa transcorreram bem ao longo dos dias seguintes. No intervalo, Lottie e eu almoçamos no Il Pastaio, de propriedade da família Drago, que há cerca de cinquenta anos possui vários restaurantes em Los Angeles. Fui apresentado ao local por meus agentes da época, em minha primeira viagem a LA, quase quarenta anos atrás. Recordo claramente, pois foi um oásis em uma cidade que me desagradou logo de cara. As proporções de Los Angeles me pareciam descomunais, sobretudo porque eu me orientava com um guia Thomas. A Wikipédia descreve os guias Thomas como "atlas de capa mole com espiral". *Atlas!* Não simples *mapas*! O tal guia era a única maneira de chegar aonde se queria chegar sem ir parar em Vancouver ou Guadalupe. Todos os dias eu tinha que ir a reuniões e audições em vários cantos da cidade, e acho que cheguei atrasado a todas elas porque me perdia com muita frequência. Quando dirigia, fazia o possível para não dobrar à esquerda, pois sempre vinha um trânsito imenso da direção contrária. Isso tornava cada deslocamento duas vezes mais longo do que normalmente seria. Eu mal parava para comer, e quando comia era geralmente sem sair do carro, passando no *drive--thru* de alguma rede de fast-food, pois temia me atrasar ainda mais caso estacionasse para ir a um restaurante. Eu odiava. Acho que perdi quase cinco quilos em duas semanas. A melhor parte da estada foi me hospedar com meu primo Steve e o namorado dele, hoje marido, que também se chama Steve, e passar um tempo convivendo com os dois.

Seja como for, minha primeira refeição em um restaurante da família Drago foi risoto de tinta de lula com camarões, e estava uma delícia. Mesmo na Itália, após tantos anos, achei poucos que se comparassem. Pensei em pedir o risoto, mas mudei de ideia, pois a tinta deixaria meus dentes pretos, me obrigando a ficar de boca fechada e sem sorrir nas próximas entrevistas do dia. Então, pedi uma massa *paglia e fieno* com abobrinha, manjericão, alho, queijo parmesão e um pouco de manteiga.

"*Paglia e fieno*" significa "palha e feno". É uma combinação de dois tipos de *tagliatelle*, um feito com farinha e ovos e o outro, com a adição de espinafre. As tiras amarelas parecem palha e as verdes dão a impressão de fiapos de feno seco, daí o nome. Estava muito bom e me lembrou do *spaghetti alla Nerano*, um prato da Campânia com ingredientes semelhantes.

Lottie pediu uma massa com brócolis ramoso e linguiça, e apreciou bastante o prato, mas, embora não tenha lhe pedido uma provinha, fiquei com a impressão de que não estava tão bom quanto o meu.

26 de abril

Nova York, último dia da turnê de divulgação. Depois de passar por Los Angeles, eu me senti animado por estar de volta à Big Apple, onde vivi por muitos anos quando jovem. As ruas fervilhavam de pedestres, ao contrário de LA, onde é raro ver humanos usando as pernas para o devido propósito. E, ao contrário do que ocorre na árida e poeirenta Los Angeles, o ar de Nova York estava úmido e intenso (pode parecer nojento, mas não era). A caminho de Manhattan, olhei para cima e os prédios que eu já conhecia pareceram ainda mais altos do que em minha última passagem por ali. Manhattan. *A Cidade. New York, New York.* Uma cidade tão incrível que não basta dizer o nome uma vez.

Chegamos ao entardecer e fizemos o check-in no Crosby, um simpático hotel do grupo hoteleiro Firmdale (em breve mencionarei mais um). O Crosby, previsivelmente, fica na Crosby Street, no SoHo, um bairro hoje muito diferente do que era quando me mudei para Manhattan, em 1982. Na época, o SoHo era apenas uma sucessão de galpões outrora usados por fábricas, esplêndidos prédios de ferro fundido de meados do século XIX. No início dos anos 1970, artistas começaram a se mudar para esses locais, atraídos pela vasta metragem, os pés-direitos de seis metros e os preços de pé-sujo. No início dos anos 1980, embora o número de inquilinos houvesse aumentado e as galerias começassem a surgir, lembro-me de que o bairro tinha poucas lojas e restaurantes e por volta das nove da noite as ruas ficavam relativamente vazias. No entanto, poucos anos após minha chegada, já havia incontáveis galerias, restaurantes, lojas e assim por diante. (Minha chegada não teve nada a ver com isso.) Essa valorização forçou muitos artistas a se mudar, à medida que os aluguéis subiam ou os prédios se transformavam em cooperativas habitacionais e condomínios cujos preços dificilmente poderiam pagar.

Embora hoje o bairro seja um lugar muito simpático, onde cada centímetro desperta a cobiça do mercado imobiliário, sinto falta da versão menos refinada. As ruas ficavam silenciosas ao escurecer, e podíamos passear tranquilamente entre os edifícios de pedra e ferro fundido, caminhando pelas sombras de escadas de incêndio projetadas pela luz suave que pairava sobre as ruas de paralelepípedo. Eu adorava o fato de que esses paralelepípedos eram blocos de pedras belgas, trazidos como lastro em navios mercantes que vinham da Europa, que depois encontraram uma brilhante utilidade ao pavimentar as ruas de um lugar que viria a ser uma das mais significativas criações humanas. Foi em parte por causa dessa história que eu queria tanto me mudar para Nova York quando era mais novo. O que buscava não era apenas a infindável novidade e energia do lugar, como tantos jovens, mas também o passado dele. Essa é uma das razões pelas quais adoro Londres, uma cidade cuja história é dois milênios mais antiga que a de Nova York. Os romanos fundaram o primeiro assentamento significativo, Londinium, por volta de 47 d.C., embora tenham sido encontrados vestígios de povoamento que datam de milhares de anos antes. Com efeito, rúcula selvagem ainda cresce em cantos e recônditos da cidade porque os romanos levaram a planta com eles para Londres.

Em suma, eu me interesso mais pelo passado do que pelo futuro. Não quero andar de foguete pelo espaço nem viver em outro planeta. Não quero que meu celular faça mais coisas do que já faz, tampouco desejo que meu relógio seja capaz de ler meus batimentos cardíacos ou os pensamentos dos outros. Sou analógico. Não quero apenas estar *em contato* com o presente à medida que se desenrola, sem um aparelho me informando cada mínimo detalhe de tudo, mas também quero ter *contato físico*. Sou uma pessoa tátil, sinestésica, afeiçoada ao toque. Por meio do toque, absorvo informações. Hoje, tocamos principalmente a tela de nossos aparelhos. Esse toque eclipsou quase todos os outros. Em suma, nós nos tornamos menos táteis e, no futuro, isso tende a piorar. Não quero esse futuro. Não quero esse mundo. Não me importo em sujar as mãos. Quero cavar um buraco na terra e descobrir os resquícios de algo que teve alguma importância, ainda que secundária, para alguém que viveu muitos anos atrás, e depois quero ficar imaginando como foi a vida dessa pessoa. Por isso adoro explorar a lama nas margens do Tâmisa. Exumar os vestígios de vidas passadas é algo que me proporciona um fascínio infinito. Portanto, quanto mais antiga a cidade, melhor. Todavia, acabo de escrever esta diatribe antitecnologia em um computador com revisão ortográfica e um tesauro. Acabo de pesquisar nele como se escreve "tesauro". Fui em "ferramentas", que é onde vive o *Tesauro,* esse dinossauro informativo.

De qualquer forma, após descansar um pouco, fomos até o Raku, um popular restaurante japonês perto do hotel. Comecei com uma delicada sopa de ovos, e todos comemos *dumplings* de frango com legumes. Em seguida veio o bife de Wagyu grelhado. Provei um pedacinho, na esperança de poder comer o prato inteiro, mas minha falta de saliva me impediu. Contudo, consegui comer mais ou menos metade da fatia, o bastante para desfrutar uma amostra do sabor intenso e gorduroso do bife. Com relutância, permiti que o restante fosse devorado por aqueles que podiam apreciá-lo plenamente.

27 de abril

Acordei sem saber em que cidade estava, fiz meus exercícios, como de costume, mas não comi quase nada, pois tive que sair às pressas para duas entrevistas em partes diferentes de Manhattan.

A primeira foi em um programa ao vivo, *The View*, no qual eu não aparecia havia anos, mas foi divertido. (Como Whoopi Goldberg é engraçada e esperta!)

A segunda foi uma entrevista gravada e mais longa, com Willie Geist, no programa *Sunday Today*, dirigido por ele. Eu não o conhecia, mas, por coincidência, foi ele quem comprou minha casa em Westchester quando me mudei para Londres, há mais de dez anos. Willie e a esposa a adquiriram para passar os fins de semana, mas de lá para cá tornou-se a residência deles em tempo integral. Ele me mostrou uma foto das mudanças que fez na cozinha, e fui tomado pelas memórias da vida que tive naquele lugar.

Comprei a casa com minha falecida esposa, Kate, e lá vivemos com nossos filhos durante cinco anos, até ela falecer, em 2009. Fizemos uma reforma e acrescentamos uma suíte e uma sala de jogos, além de termos transformado um pequeno celeiro em dois estábulos para o cavalo dela e um pônei irritante. Plantamos dezenas de pinheiros para nos resguardar da rua; limpamos o terreno para fazer dois pequenos cercados para cavalos; plantamos três macieiras, uma para cada filho, e algumas bétulas; e reformamos o pátio e a área da piscina.

Mais importante, construímos uma enorme cozinha/sala de jantar/sala de estar que dava para o pátio, onde montamos uma cozinha ao ar livre com um forno a lenha para fazer pizza. Era uma maravilhosa combinação de espaços culinários interno e externo, ali dávamos inúmeras festas, jantares e promovíamos encontros o ano todo.

É a casa em que vi meus filhos saírem para o primeiro dia de aula, a casa em que vivíamos quando descobrimos a doença da mãe deles, a casa em que ela faleceu, a casa com vista para a magnólia onde parte das cinzas de Kate foram espalhadas.

É a casa em que Felicity morou comigo e meus filhos e onde partilhamos muitas refeições com familiares e amigos, tanto antigos quanto novos.

É a casa junto ao velho carvalho sob o qual Felicity e eu nos casamos, a casa onde a família dela, a minha e o pai de Kate passaram o Natal juntos pela primeira vez.

É a casa à qual meus filhos e eu, com grande tristeza e nervosa expectativa, demos adeus ao partir em direção a uma nova vida com Felicity na Inglaterra.

É a casa em que os Geist hoje fazem as refeições e celebram as festas, a casa onde as memórias deles agora vivem ao lado das nossas.

Após a entrevista com Willie Geist (a quem eu agora odeio, pois ele está morando na minha casa. Estou brincando. Talvez), voltei ao hotel, terminei de desfazer as malas, troquei de roupa e encontrei Lottie no restaurante do hotel. Pedimos uma sequência de pequenos pratos, e eles estavam... razoáveis. O sanduíche cubano poderia ter sido excelente, se não estivesse coberto com uma camada tão grossa de mostarda Dijon que era impossível comer sem lacrimejar.

Richard chegou logo depois, e pedimos dois martínis para celebrar o fim de uma longa turnê de divulgação. De brincadeira, filmamos o brinde com os martínis para o Instagram, e uns dias depois tanto nossos seguidores quanto a imprensa interpretaram o vídeo como um sinal de que Richard em breve interpretaria James Bond, pois há algum tempo o nome dele vinha sendo citado como possível sucessor de Daniel Craig.

À noite, não consumi nada no voo de volta, exceto uma pílula para dormir, que cumpriu a missão.

28 de abril

Cheguei em casa a tempo de ver meus filhos antes de saírem para a escola. Partiram momentos depois sob os cuidados da babá, que, juntamente com Felicity, deu conta de minha ausência com eficácia exemplar.

Fiz ovos mexidos, fritei um pouco de *prosciutto cotto* (presunto italiano cozido e fatiado), enfiei a mistura entre duas fatias levemente tostadas de um pão comprado na padaria da esquina, inaugurada na década de 1950, depois devorei tudo com voracidade, desabei na cama e lá fiquei por mais tempo do que havia planejado.

Pelo jeito, a pílula para dormir decidira que ainda não havia cumprido plenamente a missão.

À noite, após as crianças comerem *pasta con pesto*, cozinhei mexilhões no vapor com vinho branco, chalotas e alho, temperei com azeite de oliva e salsinha e em seguida servi com pão tostado. Também fiz, para mim mesmo, espaguete com molho de tomate fresco, pois estava com mais fome do que pensava. Felicity não quis provar nem um pouco. Não sei exatamente por quê. Acho que, ao contrário de mim, ela cansa de comer massa o tempo todo.

29 de abril

Nesta manhã, acordamos empolgados com os três dias de folga que teríamos pela frente, já que segunda-feira é feriado. Contudo, embora desejássemos só ficar em casa brincando com as crianças ou simplesmente assistindo-as pular na cama elástica horas a fio, tive um compromisso à noite que já estava marcado havia algum tempo.

Fiz diversos eventos desse tipo no ano passado para promover meu livro *Sabor*. São conversas simples, em forma de pergunta e resposta, divididas em duas sessões de 45 minutos. Alguém, um jornalista ou um escritor paciente e conhecido, faz perguntas sobre o livro e minha carreira e eu as respondo da melhor forma possível, tentando não passar vergonha. A segunda metade é aberta a perguntas do público.

Alguns dos eventos que fizemos no ano passado, no Coliseum e no Palladium em Los Angeles, foram realizados com o propósito de levantar fundos para a War Child, uma instituição de caridade que ajuda crianças vitimadas pela guerra em todo o mundo, e conseguimos arrecadar mais de 100 mil libras. O evento de hoje, generosamente mediado por minha cara amiga Hayley Atwell, ocorreu no Royal Albert Hall e angariou fundos para a Trussell Trust, uma instituição de caridade que apoio há algum tempo. Sinto necessidade de escrever sobre o assunto, pois é um lado do mundo da gastronomia que muitos de nós conhecemos pouco ou nada, mas que mesmo assim tem enorme relevância.

Integrei o conselho do Banco de Alimentos de Nova York por muitos anos e, ao me mudar para a Inglaterra, procurei por uma instituição semelhante e encontrei a Trussell Trust. A organização supervisiona mais de quinhentos bancos de alimentos na Grã-Bretanha e, atualmente, necessita de mais dinheiro do que nunca, pois o número de pessoas solicitando ajuda aumentou em 40% só no último ano. O custo das necessidades mais básicas, especialmente comida e combustível, disparou, à medida que o padrão de vida diminuiu.

É muito estranho que, embora hoje sejamos capazes de produzir comida em uma escala inédita e distribuí-la com uma rapidez sem precedentes, a insegurança alimentar ainda assim esteja aumentando. Isso não ocorre apenas em nações empobrecidas ou países devastados pela guerra, mas também em alguns dos países mais prósperos do mundo, incluídos os do Reino Unido. Por isso fiz o evento desta noite, que angariou mais de 100 mil libras para a Trussell Trust. Fiquei contente com a presença de meus filhos mais velhos, Isabel e Nicolo. Às vezes tento imaginar como deve ser estranho ver o pai nos palcos ou nas telas. Para os atores, é só um trabalho, mas a fama ocupa um lugar tão importante na sociedade, especialmente hoje em dia, que pode se tornar algo desconcertante para aqueles próximos a uma pessoa famosa. Meus filhos, no entanto, parecem estar habituados à situação e, na verdade, mostram-se muito protetores em relação a mim quando estamos em público, algo que inclusive aprecio muito. Entretanto, no fim das contas, só desejo aquilo que todo pai deseja: que meus filhos se orgulhem de mim.

Agora relatarei, com um sentimento de culpa, o jantar que tivemos esta noite após o evento altruísta. Foi em um pequeno restaurante grego que não conhecíamos, chamado Suzi Tros.

Primeiro nos serviram um cremosíssimo iogurte com endro, acompanhado de uma *focaccia* espessa e perfeitamente assada, seguida por uma intensa *taramasalata*, um *carpaccio* de robalo com um toque de *jalapeño* e alguns pratos de *tartare* de atum.

Evitei as porções mais apimentadas de almôndegas e berinjela assada, que vieram em seguida. De qualquer forma, como havia devorado os quatro pratos iniciais, bebericando um vinho branco cretense de sabor mineral, eu já estava satisfeito.

30 de abril

Para o jantar das crianças, fizemos costeletas de frango, arroz branco e romanesco no vapor — um legume pontiagudo, verde e parecido com brócolis. Felicity e eu comemos uma porção de barriga de porco, que ela preparou e cozinhou com mestria. O torresmo ficou viciante como aquela palavra que parece com "crocante", assim como a carne ficou tão suculenta que nem precisei me esforçar para engolir. Servimos com salada de batatas, repolho da feira de produtores e algumas taças de tinto francês, estava uma delícia.

Adoro me sentar para comer tranquilamente com a família. Eu me recordo de meu pai dizendo que, quando voltava do trabalho, ansiava por nos ver sentados à mesa para jantarmos juntos, mesmo quando éramos adolescentes temperamentais. Eu sentia o mesmo com meus adolescentes temperamentais (na maior parte do tempo) e sinto o mesmo agora com meus filhos mais novos. A dificuldade é que nossa vida é muito mais corrida do que a dos meus pais outrora. Tanto meu pai quanto minha mãe trabalhavam em escolas na vizinhança e, à medida que minhas irmãs e eu fomos crescendo e passamos a ter atividades após as aulas, chegavam em casa antes de nós, por isso, quando aparecíamos, a mesa já estava posta e o jantar era imediatamente servido. Acontece, porém, que Felicity e eu muitas vezes temos eventos de trabalho à noite ou no fim da tarde, o que nos impede de jantar com Matteo e Millie, e muitos de meus compromissos profissionais me obrigam a viajar ou trabalhar em horários estranhos. Geralmente damos o jantar às crianças por volta das seis ou seis e meia da noite, porque elas já estão com fome nesse horário e gostamos de colocá-las cedo na cama, o que costuma levar bastante tempo, como todo pai bem sabe. Dentes devem ser escovados; historinhas têm que ser lidas; tentativas de esvaziar a bexiga ou os intestinos devem ser feitas, independentemente dos resultados; canções têm que ser cantadas; e perguntas devem ser respondidas, tais como:

"Você é quantos anos mais velho do que a mamãe?"
"Vinte e um anos."
"Então por que ela é mais alta?"
E assim por diante.

Para falar a verdade, Felicity janta mais cedo com as crianças quando está em casa, mas eu acho difícil jantar cedo, embora saiba que é mais saudável. (Contudo, será que os espanhóis são pouco saudáveis, já que costumam jantar às dez na maioria das noites?) Acontece que muitos ingleses e americanos alimentam os filhos bem cedo. Há cerca de um mês, fui buscar Millie por volta das cinco da tarde na casa de uma amiga, e ela me disse que tinha acabado de jantar. Quer dizer que ela havia jantado às quatro e meia. Eu não imaginava que a amiga vivia em um asilo de velhinhos.

De qualquer forma, ocorre que mimamos um pouco nossos filhos, de modo que eles só aceitam comer algumas coisas — embora Matteo esteja diversificando os gostos, graças a Deus —, portanto muitas vezes fazemos um jantar para eles e outro para nós, a fim de comermos depois que as crianças já foram para a cama. Dá mais trabalho? Dá. Vale a pena? Às vezes. Para dizer a verdade, aguardo ansiosamente o dia em que não precisarei fazer dois jantares nem jantar em horários saudáveis. E poderemos comer a mesma coisa, tarde da noite. Todos juntos.

1º de maio

Nosso almoço pós-treino foi massa *soba* com caldo de frango caseiro, cebolinha francesa picada, folhas de alho selvagem e cebolinha. Tentei escalfar um ovo em meu prato, para fazer uma espécie de sopa de ovos, mas não deu muito certo. Estava gostoso, porém preciso aprender a escalfar o ovo na sopa da forma correta.

À tarde, fiz sanduíches de geleia para as crianças, acrescentando fatias de pepino e cenoura para aplacar a sensação de culpa por não preparar algo mais saudável do que um sanduíche de geleia. No entanto, como cada um trouxe um amigo para casa, pensei que sanduíches de geleia fossem uma aposta segura para alimentar quatro crianças. Felizmente, eu estava certo.

Após recolher os farelos de sanduíche e as fatias de pepino e cenoura, cortadas com tanto cuidado e que no fim ninguém comeu, abri a gaveta da geladeira e me deparei com quatro lindas berinjelas. *O que fazer com elas?*, pensei com meus botões.

Cortei duas delas de forma longitudinal, em fatias de espessura média; besuntei de azeite e salpiquei de orégano e sal; depois deixei-as na grelha, virando de tempos em tempos, por cerca de vinte minutos. Tinha visto Nigella Lawson preparar berinjelas dessa forma e me senti inspirado. Fatiei as duas berinjelas restantes da mesma forma e grelhei com azeite de oliva, alho, tomate-cereja, cebola roxa e sal. Felicity e eu comemos ambas as versões com pedaços de baguete aquecida, de pé junto ao balcão, como lanche da tarde. Da próxima vez, preciso me lembrar de acrescentar queijo de cabra.

Os amigos de nossos filhos foram embora no horário em que geralmente tomamos coquetéis, por isso decidi fazer um. Não um filho, e sim um coquetel. Pensei em fazer um martíni Vesper. Depois pensei melhor.

Por sugestão de Felicity, acabei fazendo um Paloma, drinque que ela provou recentemente pela primeira vez. Gim, suco de toranja, suco de limão-taiti e xarope de açúcar, tudo bem misturado, servido com gelo e uma boa dose de água gaseificada. A receita original é com tequila, mas prefiro a versão que leva gim. Muito refrescante. Eis uma das maneiras de preparar:

Paloma

Sal
60 ml de Tanqueray Nº TEN
60 ml de suco fresco de toranja
15 ml de suco fresco de limão-taiti
15 ml de xarope de açúcar
Gelo
Entre 85 e 115 ml de San Pellegrino fria
1 fatia de toranja e/ou limão-taiti, para guarnição

- Espalhe sal pela borda de um copo de coquetel.

- Despeje todos os ingredientes, exceto a San Pellegrino, em uma coqueteleira cheia de gelo.

- Chacoalhe por cerca de trinta segundos.

- Coe o líquido ao despejar no copo.

- Acrescente San Pellegrino a gosto.

- Guarneça com a fatia de toranja ou limão-taiti, ou ambas.

- Ofereça a alguém que você ame (e que tenha idade para beber) durante os meses de verão.

- Depois prepare um para você.

À noite, preparei um filé, reaqueci uma porção de *pastina* com manteiga e queijo e fiz um acompanhamento de ervilha para as crianças. Comeram muito bem.

Após as crianças irem para a cama, Felicity comeu o restante do filé com uma salada. Misturei o que restou de ambas as versões das berinjelas, cortei em pedaços pequenos e mexi em uma panela com um pouco de manjericão fresco enquanto fervia uma porção de *penne rigate*. Escorri a massa (reservando um pouco da água do cozimento, como sempre), coloquei um bom punhado na panela com a berinjela, acrescentei um pouco da água do cozimento para emulsionar, apaguei o fogo, ralei um parmesão por cima e depois mexi um pouco mais. No último minuto, acrescentei uma colherada de um queijo de cabra cremoso. O resultado foi uma versão do prato siciliano *pasta alla Norma* e estava muito gostoso. Preciso tentar recriá-lo um dia, mas temo que, como em geral acontece, a próxima tentativa saia forçada e não tenha tanto sucesso. É como a segunda apresentação de uma peça que foi muito bem na noite de estreia. Qualquer tentativa de repetir a atuação anterior falha miseravelmente, pois é a ideia de uma lembrança.

Antes de nos deitarmos, Felicity e eu assistimos a uma série criminal (existe outro tipo de série hoje em dia?) em um streaming. A maior parte dos atores era boa, mas a maior parte do roteiro não.

2 de maio

Durante meu treino, pensei o tempo inteiro em ovos e em como prepará-los para o café da manhã após os exercícios. O ovo. Em latim, *ovum*. O ovo está sempre em minha mente. Eu o adoro. Eu os adoro. Adoro a aparência deles e realmente adoro comê-los. De todas as formas. Fritos, mexidos, escalfados, cozidos de gema mole, cozidos de gema dura, na *tortilla* espanhola, na *frittata*, na omelete, à escocesa, pochê, em quiches, em sopas, e assim por diante. São praticamente a comida perfeita. Meu pai sempre quis escrever um livro de receitas com ovos, pois é aficionado por eles. Nas manhãs de sábado, quando o tempo estava bom, ele costumava armar o fogão portátil de duas bocas em nosso quintal e preparava ovos fritos ao ar livre. Dizia que assim o gosto ficava melhor. O grito de "Quem quer ovos?" naquela potente voz de barítono ecoava pela casa. Eu era sempre o primeiro da fila. E ele estava certo, os ovos realmente ficavam mais gostosos. Tudo fica melhor quando cozinhado ao ar livre. Por que será?

Às vezes entro no YouTube para ver Jacques Pépin preparando omelete, só pelo prazer de assisti-lo, embora ele cozinhe dentro de casa. Ele faz parecer fácil e consigo até imaginar o sabor. Gostaria de saber preparar omelete como Jacques Pépin. Gostaria de saber preparar *qualquer coisa* como Jacques Pépin. Em suma, adoro ovos. E Jacques Pépin.

Também adoro aqueles copos para comer ovo cozido.

4 de maio

Após me levantar, um pouco mais cedo do que o usual, pois queria me exercitar antes de algumas reuniões no SoHo, preparei o café da manhã das crianças e uns lanches para o recreio enquanto Felicity as trocava. Matteo comeu uma porção de cereais orgânicos, mas extremamente doces, e Millie tomou um pouco de iogurte. Eu tomei suco de laranja e um *espresso* duplo, como sempre. Depois do treino, só mordisquei uma banana, porque estava atrasado.

Ao finalizar as reuniões, por volta do meio-dia, percebi que estava faminto. Também percebi que, bem à minha frente, no outro lado da rua, estava o Tonkotsu, um lugar que serve *ramen* e que eu adoro. Entrei e, felizmente, logo me deram o cardápio. O local estava vazio, exceto por um freguês que me reconheceu, mas parecia não saber de onde, pois me olhava sem parar. Para chamar minha atenção, sugeriu que eu pedisse o Tokyo Ramen, porque é muito bom. Eu lhe disse que sabia, o que era mentira, e agradeci. Contudo, eu queria mesmo experimentar o prato, porque o caldo é à base de frango, não à base de porco (acho caldo de porco salgado demais), mas contém pedaços macios e gordinhos de porco e, claro, a massa. No entanto, como o sujeito havia sugerido o Tokyo Ramen, eu tive *medo* de pedir aquele prato, pois poderia parecer que estava abrindo uma brecha para conversarmos, o que por sua vez desencadearia uma bateria de perguntas sobre de onde ele me conhecia. Por um momento, congelei. Acontece que eu queria *muito* aquele *ramen*, portanto pedi, e minha profecia se concretizou.

Enquanto eu esperava o *ramen*, o sujeito intrigado continuou me olhando sem pestanejar, até que finalmente me perguntou de onde me conhecia, depois, de repente, percebeu que eu era ator, mas disse que não conseguia se lembrar de quais filmes eu fizera, então me perguntou se eu gostava da Inglaterra, e eu disse que gostava bastante, depois ele me contou algo sobre a ex-namorada e os filmes de que ele gosta, mas eu não conseguia me concentrar na conversa, porque estava com muita fome e tentando responder a um punhado de e-mails atrasados. Eu estava fazendo o possível para não ser grosseiro, mas não queria ter a mesma conversa que já tive tantas vezes e é mais ou menos assim:

Pessoa: De onde conheço você?

Eu: Não sei.

Pessoa: Você trabalha na... indústria farmacêutica?

Eu: Não.

Pessoa: Tem certeza?

Eu: Absoluta.

Pessoa: Eu conheço você... Conheço... Espere aí, você é famoso?

Eu: Hum, bem...

Pessoa: Você não é aquele cara da previsão do tempo?

Eu: Não. [desistindo] Sou ator.

Pessoa: Ah! Isso. Em que série você trabalha?

Eu: Não trabalho em nenhuma série.

Pessoa: Mas eu vi você na televisão.

Eu: Provavelmente.

Pessoa: Em quê?

Eu: Não sei.

Pessoa: Filmes?!

Eu: É.

Pessoa: Quais?

Eu: Já fiz muitos.

Pessoa: Por exemplo?

[Digo o nome de um filme.]

Pessoa: Não, não é esse.

Eu: Bem, como eu disse, já fiz...

Pessoa: Qual o seu nome?

[Digo meu nome. A pessoa pensa.]

Pessoa: Hum... me diga outro filme.

    A essa altura, eu geralmente peço licença com educação ou sugiro que procurem no Google.
    Basicamente, isso acontece sempre que saio para jantar. Ou então encontro alguém tão conhecedor da minha vida que sabe coisas a meu respeito que até *eu* desconheço. De qualquer forma, quando o sujeito foi embora, o *ramen* chegou e estava ainda mais gostoso do que eu esperava. Com um pouco de *edamame* e saquê gelado, me senti perfeitamente reconfortado.

Para o jantar, preparei um molho de tomate fresco com cebola, alho e manjericão, para servir junto a uma porção de massa de espinafre caseira que Felicity fez algumas semanas atrás e tínhamos guardado no congelador. No entanto, quando ela chegou em casa, tivemos uma briguinha e nenhum de nós comeu. Devolvi a massa ainda congelada ao congelador e guardei o molho em um potinho na geladeira. Odeio quando isso acontece. Tanto a discussão quanto a renúncia à refeição. A culpa é minha. Em parte, ao menos. A maior parte.

5 de maio

O alarme tocou às quatro e meia da manhã. Viemos passar três dias em Bordeaux. O novo rei da Inglaterra estava para ser coroado, e decidimos demonstrar nosso apoio visitando a pátria do inimigo secular da monarquia. Felicity, prudente como sempre, reservou um quarto de hotel no litoral. Uma casa bastante grande convertida em um hotel boutique chamado Villa La Tosca, que, embora não seja muito caro ou chique, é um lugar adorável e os funcionários, muito receptivos. Como era minha primeira vez em Bordeaux, estava muito animado.

Passeamos um pouco pela propriedade e as crianças encontraram girinos no pequeno riacho artificial, alimentado pelo transbordamento da piscina de água doce (ótimo design, especialmente para crianças), e depois nos sentamos para comer o almoço que a equipe do hotel havia preparado. Uma travessa de *fruits de mer* que consistia em ostras, camarões, berbigões rosados e marrons, lagostins e caramujos; além disso, havia na mesa tábuas de carnes curadas, queijos e compotas caseiras, duas baguetes, uma salada com molho suave e uma garrafa de vinho branco. Provavelmente um dos melhores almoços que já comi na França. De verdade.

Jantamos em um restaurante informal na boca da baía, mas não serviam apenas peixe. Comemos mais ostras, é claro, uma deliciosa sopa de peixe, excelente *foie gras*, *tartare* de salmão (com sementes de gergelim demais) e algo mais que não consigo lembrar. Uma garrafa de vinho local caiu bem com a refeição.

Millie e Matteo pediram bife e peixe frito, respectivamente, com um acompanhamento de massa sem molho. Matteo de fato comeu o peixe. Nos últimos tempos, ele vem tentando experimentar comidas novas por vontade própria. Acho que se sente inspirado pelas aulas de culinária que tem uma vez por semana na escola. Semana passada, preparou "salada de massa grega" com *penne*, pepino, tomate, pimentões, queijo feta e azeite de oliva, mas não chegou a pôr azeitonas. Disse que não gosta, ou talvez simplesmente não quisesse que a salada ficasse grega *demais*.

Desde que chegamos à França, Matteo tem se mostrado muito audaz em relação a comida. Claro que ele não para de nos lembrar das proezas que realizou, calculando e *re*calculando em voz alta quantos pratos diferentes experimentou nas duas refeições que fez até agora, então nos pergunta quantos pratos diferentes *nós* contamos entre os que ele provou, e, qualquer que seja o número que respondemos, ele sempre eleva a soma em um ou dois itens. Depois, come mais um pouco. E recomeça a contagem/recontagem. Apesar da fanfarronice e da obsessão numérica, estou muito orgulhoso dele. Será o ábaco humano mais bem-alimentado que o mundo já viu.

6 de maio

Café da manhã na sacada do quarto que estamos dividindo com as crianças. A comida habitual de um café da manhã francês. A melhor baguete em toda a história das baguetes.

Almoçamos em uma barraca de ostras, parte de uma longa fileira de barracas semelhantes que se estendiam pela baía de uma cidadezinha próxima. Camarões, mariscos, ostras, patê e pão, eis basicamente o cardápio inteiro. Millie comeu o pão. Matteo comeu os camarões. Fee e eu comemos tudo. E bebemos vinho branco. Tudo estava… ok. Voltaria lá? Não.

O gerente do hotel em que ficamos, Aurelien, que nos deu uma carona até a cidadezinha, foi nos buscar e nos trouxe de carro até o hotel. Em ambos os trajetos, conversamos bastante sobre comida, e, pelo papo, deu para notar que Aurelien é um cozinheiro de mão-cheia, oriundo de uma família de cozinheiros profissionais. Quando voltávamos para o hotel, ele perguntou se estaríamos interessados em ir à feira de produtores no dia seguinte, para comprar alguns produtos e cozinharmos juntos. Felicity e eu demos um pulo, empolgados. O que é difícil de fazer em um carro pequeno.

À noite, caminhamos uns minutos até o que parecia ser um lugar bem novo, sem características marcantes e com boa comida. Não me lembro do aperitivo que Felicity pediu, mas eu comi *ravioli* com minúsculos cogumelos do gênero Morchella, que vieram em uma quantidade excessiva de creme de leite, mas mesmo assim estava delicioso. De entrada, Felicity pediu vieiras, levemente seladas, e eu pedi o *boudin blanc*, que estava bom, embora um pouco insosso. Os legumes — ervilha *mangetout* e feijões-verdes — foram uma espécie de desfecho tristonho. Mas as batatas fritas estavam incríveis. Millie devorou o bife, e Matteo arrancou a pele do *boudin blanc* (outra comida que lhe exigiu coragem, como ele nos lembrou) e enfiou a carne entre dois pedaços de baguete.

7 de maio

Aurelien nos levou à feira de produtores, distante cerca de vinte minutos de carro. Não era grande nem variada, mas os produtos estavam frescos e eram das redondezas. Compramos peito de pato para um *carpaccio* que ele ia preparar, chalota, salsinha, tomate, alface, chipolata para as crianças e patê de coelho para nós. Eu queria comprar um pouco de tudo, e mais. Felicity e eu tendemos a exagerar nas compras em feiras de produtores, mas, por ter crescido em restaurantes, Aurelien não é o tipo de sujeito que desperdiça comida, portanto me lançava olhares de esguelha sempre que eu sugeria uma nova aquisição. Por fim, quando propus comprar um coelho inteiro e ele balançou a cabeça como um pai decepcionado, percebi que era hora de ir embora.

Não compramos frutos do mar porque Aurelien não gostou da aparência das ostras nem dos demais produtos, então telefonou para o peixeiro que o abastecia e trabalha perto do hotel e fez uma encomenda.

Em vinte minutos, estávamos na pequena *poissonnerie*, onde fomos recebidos por um peixeiro esbelto e excessivamente bonitão na casa dos 30 anos. Ele e Aurelien eram amigos dos mais chegados, como ficou claro quando Aurelien foi para trás do balcão, como se fosse o dono do lugar, e espinafrou o rapaz por não ter as ostras que pedira. No entanto, tinha caranguejos cozidos e alguns lagostins. Após provar dois *tartares* (um de dourado e o outro de atum, temperados com azeite de oliva, sal e cebolinha francesa), compramos um pote pequeno de cada e mais um substancioso pedaço de bacalhau com farinha *panko*, pois achamos que seria um bom jantar para as crianças. Aurelien não gostou, achou um exagero. Sei disso porque, quando fizemos o pedido, vi que ele contraiu o rosto.

Ainda desprovidos de ostras, rodamos por cerca de três minutos pela estrada até uma barraca de ostras e compramos duas dúzias do número 2 e duas dúzias do número 4. O tamanho das ostras é classificado por números, sendo 00 o maior e 5 o menor. Não sei por quê, e não me importa. Seja como for, por uma soma em euros bastante razoável, compramos 48 ostras para três adultos. Para comprar tantas e de tão boa qualidade em Londres, seria preciso fazer um empréstimo.

Quando voltamos ao hotel, as crianças correram até o riacho e empreenderam uma nova busca por girinos, enquanto púnhamos os aventais e começávamos a cozinhar. Iniciei o preparo das linguiças para as crianças e Aurelien nos ensinou a preparar a maionese caseira que criara.

Maionese do Aurelien

1 gema de ovo, batida com uma colher de sopa de mostarda de Dijon
Óleo de girassol, que deve ser respingado lentamente na mistura ao batê-la, até engrossar o bastante para formar morrinhos
Sal, pimenta e suco de limão a gosto

Ele também abriu as ostras, pois as facas que usava eram basicamente pequenas adagas e tanto eu quanto Felicity ficamos com muito medo de usá-las. Felicity lavou as alfaces e eu levei as linguiças para as crianças, depois piquei a salsinha e a chalota para a mistura de manteiga que poríamos nas ostras maiores, que mais tarde seriam finalizadas com farinha de rosca e postas na grelha por seis minutos.

Aurelien terminou de dispor as ostras cruas, os lagostins e o caranguejo em uma grande travessa de prata com fatias de limão. Finalizei as ostras grandes com a mistura de manteiga e chalota e com farinha de rosca, depois coloquei tudo no forno. Aurelien também preparou um molho de salada com azeite de oliva, vinagre balsâmico, sal, pimenta e mel.

Quando a parte superior das ostras ganhou uma cor de ouro acastanhado, nós as levamos direto à mesa no alpendre da cozinha, onde os outros pratos já estavam dispostos, além de vinho e pão. Ali, nós três comemos nosso banquete de frutos do mar, olhando para o próprio mar, e, exceto por meio caranguejo e três ostras, devoramos tudo o que havia na mesa. Estava tudo delicioso, especialmente as ostras de Aurelien. Meu Deus. COMO ASSIM?! *Quelle révélation!!*

Eu me empanturrei tanto que precisei de um *espresso* duplo para continuar funcionando ao longo da tarde.

8 de maio

Baguete, suco, *croissant* e café foram nosso café da manhã antes de deixarmos o hotel. Não comemos muito no avião, por motivos óbvios.

Em casa, no fim da manhã, preparei um molho de tomate leve para usar em diferentes pratos ao longo dos próximos dias. Também fiz feijão *cannellini* com nacos de cenoura, cebola, aipo e lascas de alho. Fervi uma porção de massa fina. Enquanto a comida cozinhava, servimos para as crianças um almoço que consistiu em salame, tomate, pepino, cenoura e baguete. Após fazer um purê com metade do preparo dos feijões e devolver à panela, acrescentei parte do molho de tomate e da massa para o almoço.

Gosto de fazer molho de tomate sempre que volto para casa após uma viagem, ou quando chego a uma residência de férias, ou quando me hospedo em algum lugar para as filmagens. O molho me enraíza. Após cozinhá-lo por alguns minutos, o novo espaço já fica com um cheirinho de lar. Obviamente, adoro ir a restaurantes, experimentar pratos diferentes ou tradicionais que tenham passado pelas mãos de um novo *chef*, mas sei que, após umas tantas refeições, logo desejarei ficar em casa, para poder comer o que eu quiser, na hora que eu quiser. E, para além de tudo isso, sinto falta do próprio *ato* de cozinhar. Escolher as receitas, encontrar os ingredientes, prepará-los, cozinhá-los, servi-los, comê-los. A satisfação e a alegria proporcionadas por esses atos tão simples tornam-se ainda maior quando partilhamos o resultado. Partilhar comida é um dos atos humanos mais puros.

À noite, fiz massa com manteiga e queijo para as crianças, com acompanhamento de brócolis e vagens, já que elas mal comeram verduras e legumes durante o fim de semana. Encontrei um pacote de bacalhau na geladeira que estava prestes a estragar, e então decidi prepará-lo *alla livornese*. Eis como o fiz:

Bacalhau *alla livornese*

Sal
Cerca de ½ kg de bacalhau sem pele (serve 2 pessoas)
Azeite de oliva extravirgem
Metade de uma cebola, picada
2 dentes de alho, cortados ao meio
12 pomodorini *(tomates pequenos), cortados de forma rústica*
4 folhas de manjericão, picadas grosseiramente
1 taça de vinho branco
Cerca de 8 azeitonas pretas ou verdes
(ou uma mescla de ambas), sem tempero
1 colher de sopa de alcaparras, enxaguadas

• Tempere levemente o bacalhau com sal e reserve.

• Em uma panela média, aqueça uma dose pequena de azeite em fogo médio. Acrescente a cebola e o alho, salteie até amolecerem, depois acrescente os tomates, o manjericão e um pouco de sal. Cozinhe até formar uma espécie de molho.

• Aumente o fogo, acrescente o vinho e espere o álcool evaporar. Diminua a chama, deixe a mistura cozinhando em fogo baixo e acrescente as azeitonas e as alcaparras. Ponha o bacalhau no centro da panela e jogue um pouco do molho de tomate por cima dele. Tampe a panela. Cozinhe por cerca de cinco minutos, depois vire o peixe e tampe a panela de novo, cozinhando por outros três minutos. O peixe deve ficar opaco no centro e quente. Sirva-o com o molho por cima e regue com um pouco de azeite extravirgem.

Como acompanhamento, servimos aspargos levemente escalfados. O processo inteiro levou cerca de quinze minutos, e devo admitir que ficou bom.

9 de maio

O almoço consistiu em apenas uns beliscos entre as reuniões por chamada de vídeo.

Felicity saiu esta noite. Disse que era algo ligado ao trabalho. Decidi acreditar nela.

Preparei linguiças chipolata para as crianças na nova air fryer (fascinante geringonça) e um prato de arroz e ervilhas, e isso foi tudo.

Após colocar meus filhos na cama, preparei massa *conchiglie* (em forma de conchas grandes) com cebola bem picadinha, alho, funcho, sementes de funcho, linguiça italiana moída e o molho de tomate que fiz na segunda-feira. Salteei tudo em uma panela, depois acrescentei a massa e um pouco de queijo. Comi três pratos às nove da noite. Pouco prudente, mas muito delicioso.

10 de maio

Não tomei café esta manhã, pois tive que fazer uma tomografia por emissão de pósitrons com contraste radioativo, então precisei ficar sem comer e beber, exceto água, até a hora do exame. Tenho que realizá-lo de seis em seis meses, porque passei por um tratamento de câncer de garganta há cinco anos e ainda preciso verificar a situação. É sempre um pouco angustiante. Torcemos, contra todas as possibilidades, para que os resultados sejam negativos, o que significa positivo no mundo dos diagnósticos. Depois podemos relaxar. Ao menos por um tempo. Após receber diagnósticos equivocados e atrasar meus exames por dois anos, hoje sou supervigilante. Embora o câncer estivesse apenas na base da língua, sem metástase, insisto em fazer regularmente exames do corpo inteiro, não apenas da cabeça e do pescoço. É melhor prevenir do que remediar. Sete anos atrás, não me preveni, e tive que remediar.

Conhecendo muitas pessoas que morreram de câncer, e tendo eu mesmo sofrido com essa doença, o medo é ainda muito presente, mas minha experiência e meu conhecimento permitem que eu ofereça apoio e conselhos a outros, de tempos em tempos. Também me tornaram mais forte para a próxima batalha, se acontecer. Acho que às vezes precisamos nos tornar extremamente fracos antes de encontrar uma força que não sabíamos ter.

O exame demorou um bom tempo, após o qual me descobri esfomeado. Vagueei pela Marylebone High Street em busca de um lugar para comer, mas vários estavam fechados, pois era muito tarde para o café da manhã e cedo demais para o almoço, então acabei em um restaurante que costumava frequentar nos tempos em que o proprietário era um amigo meu. Em um dia normal, eu não iria àquele lugar, por uma questão de lealdade, mas estava faminto. Pedi a entrada de fígado de frango, que veio sobre um pedaço de baguete torrada com ovos fatiados, pepinos e endro, e estava uma delícia.

Aspargos com ovo cozido de gema mole foi meu segundo prato. Havia tanto aspargos brancos quanto verdes, e todos estavam meio tristes e mirrados. Os brancos estavam tão velhos que haviam se tornado fibrosos e intragáveis, e os verdes eram quase tão duros quanto madeira, mas davam para comer. Que lástima, pois há alguns dias, na França, vi aspargos absolutamente maravilhosos, mas não comprei por receio de contrariar Aurelien. Em seguida, veio uma salada de beterrabas amarelas e vermelhas com um pouco de alface e quadradinhos de queijo de cabra na chapa, tudo coberto por um condimento suave de azeite de oliva com ervilhas e brotos de ervilhas. Estava bom, mas se o queijo de cabra estivesse aquecido teria sido dez vezes melhor. Com exceção da entrada, todos os outros ingredientes pareciam ter sido guardados na geladeira ou na despensa por tempo demais até serem preparados e finalmente servidos. No entanto, como eu estava esfomeado, comi tudo e bebi uma *lager* para ajudar.

Tirei um cochilo hoje à tarde, pois o contraste que injetaram em meu corpo para o exame estava me causando um pouco de mal-estar. Após uma hora de sesta e um *espresso*, me senti melhor.

Hoje à noite levei meu filho mais velho, Nicolo, ao St. John. É um dos muitos restaurantes de propriedade de Fergus Henderson, que também os administra. O St. John original abriu as portas em 1994 e deu início a uma nova onda na culinária inglesa. Tudo gira em torno da carne. Muita carne, de todos os tipos. Receitas que vão do focinho ao rabo. Desperdiça-se o mínimo possível. Não se trata de uma rede de restaurantes, pois, embora todos tenham uma estética urbana rústica — paredes brancas, mesas simples de madeira, encanamento à vista, cardápios de papel ou em lousas grandes —, os pratos do dia variam um pouco de lugar para lugar. Hoje, fomos a um novo estabelecimento do grupo, um local pequeno em Marylebone.

Bebi uma taça de vinho branco pungente enquanto esperava por Nicolo, que chegou logo depois. Após se formar em ciências políticas na Universidade de Sussex, Nico está estudando na Leiths, uma escola culinária de Londres, para se tornar *chef*. (Não vou fingir que não fiquei animado quando ele me disse que queria se tornar *chef* em vez de político.) Ele se saiu muito bem na universidade e está tendo um desempenho excelente em Leiths. Em suma, nasceu para isso. Tem todas as características necessárias a um grande *chef*: o talento nato, a imaginação, a determinação e a natureza exigente. E é um cara bonito. E um sujeito formidável. Vou parar de me exibir. Eis o que comemos:

Torrada com queijo derretido à moda galesa frita

Barriga de porco Middle-White com mostarda

Torrada de anchova e salada de salsa

Linguado ao limão com molho tártaro

Fígado de vitela com chicória refogada e nozes em conserva

Salada wedge

Uma garrafa de Chablis

Estava tudo incrível. Incrível.

Após o jantar, cada um seguiu seu caminho. Nico voltou ao apartamento que divide com a irmã gêmea, Isabel, e uma amiga deles e eu voltei para casa. Eles já não moram conosco e, a menos que ocorra algum desastre, talvez jamais voltem a morar. Sei que é um clichê, mas parece que ontem mesmo eu os segurava, um em cada braço, embalando os dois com canções, vendo os sorrisos suaves de ambos enquanto adormeciam.

O tempo passa rápido demais. Sempre ouvi essas palavras ditas por pessoas com a idade que tenho hoje, mas não entendia realmente o que queriam dizer. Agora entendo.

Quanto mais lentos nos tornamos, mais rápido o tempo passa. Como? Por quê? Será porque enfim entendemos o tempo e conseguimos vislumbrar quanto nos resta? Aos 63, provavelmente ainda tenho uns vinte anos de vida, ou trinta, se eu for muito sortudo. Ocorre que agora, ao contrário de quando era jovem, eu *sei* o que são vinte anos. Eu *sei* o que são trinta anos. Não são nada. Apenas um lapso de vida. Por isso as pessoas entram em pânico. Eu, pelo menos, entro. Portanto, penso na morte com frequência. Muita frequência. Frequência excessiva, talvez.

Penso nela de forma sincera. Pensamentos sobre a morte, tanto a minha quanto a dos outros, sempre estiveram muito presentes em minha mente, antes mesmo que eu e Kate adoecêssemos. A morte foi parte importante da minha formação, não apenas por ser um tema bastante discutido na cultura do sul da Itália, mas também porque o pai do meu pai era um lapidário e dono de negócio de monumentos fúnebres. A morte estava duplamente presente.

Meu pai, um artista, e meu tio, um arquiteto, muitas vezes projetavam lápides para o negócio, que se chamava Stanley Tucci and Sons. A maioria dos domingos durante minha infância transcorreu no cemitério Peekskill, onde muitos dos monumentos criados por minha família ao longo de décadas ainda estão de pé. O jazigo da família Tucci, projetado por meu pai, é um deles, e costumávamos visitá-lo regularmente para recordar minha avó paterna, que jazia ao lado da filhinha, que morreu aos 2 anos, e de outro parente, que faleceu poucos dias após nascer. Com o passar dos anos, meu avô foi ocupar o lugar dele no jazigo, assim como tios e tias, e um dia meus pais irão para aquele mesmo solo. O espaço foi projetado para receber muitos membros do clã Tucci. Morte com grande planejamento. É uma honra saber que meu nome será inscrito naquele bloco de granito, mas espero que alguém também plante, em algum lugar, uma árvore como lembrança. Uma oliveira. Oliveiras são tão úteis, e eu gostaria de ser útil de alguma forma, mesmo depois de morto.

11 de maio

Meia banana, suco de laranja e um *espresso* duplo foram meu café da manhã antes de fazer um treino de musculação com nosso instrutor, Daryll Martin.

Mordisquei meio *croissant*, escolha apropriada, já que assistia à apresentação da aula de francês de Matteo — todas as crianças estavam vestidas de animais e cantaram canções em francês sobre os animais de que estavam fantasiadas. (Que frase horrorosa eu acabei de escrever.) Matteo estava vestido de jacaré. Quando a boca da máscara se abria, a cabeça dele ficava visível, e portanto ele conseguia enxergar. O problema é que as mandíbulas se fechavam sempre que Matteo se mexia, de modo que parecia que a cabeça dele estava sendo devorada pelo jacaré. Após um tempo, a professora arrancou a máscara de jacaré para que Matteo pudesse enxergar e cantar sem impedimento. Fiquei com pena dele, mas tive que rir. Mais tarde, muitos pais me disseram que aquela foi a melhor parte do espetáculo. Fiquei muito orgulhoso.

Após uma longa reunião com a BBC Studios sobre a próxima fase de *Stan ainda em busca da Itália*, ou seja lá qual vai ser o título, Lottie e eu estávamos morrendo de fome, então fomos a um restaurante italiano que conhecemos nas redondezas.

Alcachofras fervidas e grelhadas, almôndegas com molho de tomate, ricota com óleo de limão, um toque de trufa negra e *focaccia* grelhada, esses foram os aperitivos que pedimos. Nada estava especialmente bom e a *focaccia* estava asquerosa. A grelha ou chapa que usaram não devia estar muito limpa, pois tinha gosto de algo atropelado por um carro em chamas. O prato de *pappardelle* com ervilhas e *pancetta* me causou certo mal--estar, pois estava pesado e parecia feito com margarina em vez de manteiga. Lottie pediu uma pizza pequena e uma salada, mal tocou em ambas.

No fim das contas, um terrível desperdício de comida e dinheiro. E o atendimento era demorado. Muito. Portanto, desperdício de tempo também. Não quero ficar reclamando, mas, se pagamos caro por uma refeição, a comida tem que ser boa e o atendimento tem que ser eficiente, ponto final.

Ofereceram um jantar para cerca de sessenta pessoas da indústria cinematográfica, no restaurante de um hotel, e fomos convidados. A comida estava uma merda. Provei uma porçãozinha de alguma coisa e me recusei a comer pelo resto da noite. Felicity comeu, e teve diarreia na manhã seguinte.

12 de maio

Mingau de aveia com mel e leite de amêndoas no café da manhã. Levei as crianças a pé até a escola.
Fiz uma aula de pilates de trinta minutos.
Reli minha anotação sobre o St. John e fiquei com fome, então tive que comer alguma coisa. Preparei ovos mexidos com sobras de arroz com ervilha e um pouco de cebolinha. Uma versão ruim de arroz frito com ovo. Ruim pra caramba, na verdade.
Eu me irritei comigo mesmo por não ter preparado o prato direito. Então percebi que Lottie havia comprado *bagels*, pasta de atum e *cream cheese* com cebolinha de um restaurante novo em Londres. O dono é de Nova York, então era de imaginar que a comida fosse autêntica.
E era.
Torrei meio *bagel* e em seguida o dividi na metade. Em um quarto do *bagel* coloquei uma colherada de atum com alface e na outra parte uma porção de *cream cheese*. Foi a melhor comida judaica de delicatéssen que provei desde que vim morar aqui, dez anos atrás.
Muito melhor do que meu arroz frito com ovo fajuto.

Fiquei com fome no meio da tarde. Comi umas minitorradinhas com *pomodorini*, queijo feta, azeite de oliva e manjericão e bebi metade de uma cerveja sem álcool. Gosto do sabor de vinho ou de cerveja para acompanhar a comida juntamente com água, mas, durante o dia, não quero saber de álcool. Há algumas cervejas não alcoólicas muito boas por aí.
Fomos jantar no Riva com Richard Curtis e Emma Freud. Fazia muito tempo que não os encontrava, foi bom pôr os assuntos em dia. São pessoas adoráveis e sábias demais para fazerem amizade com gente como eu. Acabei descobrindo que o Riva era um dos restaurantes favoritos do pai de Richard.

Emma tomou cerveja, Richard tomou vinho rosé, Felicity não bebeu nada, porque ainda estava mal do estômago, e eu bebi vinho branco. O Riva logo celebrará o 33º aniversário. Uma extraordinária proeza para um restaurante. Andrea Riva, natural da Lombardia, acumula batalhões de clientes fervorosos desde que abriu o negócio, pois a comida é autêntica, feita com ingredientes de altíssima qualidade e próprios de cada estação. Os funcionários são tão dedicados a Andrea quanto Andrea a eles. Para completar, ele tem um ótimo senso de humor; é um grande contador de histórias; fluente em francês, alemão, inglês e, claro, italiano; tem uma incrível gama de leituras; é basicamente uma enciclopédia culinária ambulante. Um tipo raro de pessoa.

Eis o que comemos:

Entradas

Flores de abobrinhas fritas recheadas com muçarela e anchovas

Caranguejos de casca mole fritos

Carciofi alla giudia *com* prosciutto *como acompanhamento*

Pratos principais

Richard: Leitão (servido o ano inteiro)

Emma: Nhoque com molho de manteiga de limão e aspargos

Felicity: O mesmo que Emma

Eu: Parpadelle *com* ragù *de carne*

Excelente. Estava tudo excelente. Acho que Richard comeu o leitão antes mesmo que o prato encostasse na mesa.

13 de maio

Felicity continua com problemas estomacais e Matteo voltou a ficar com a garganta inflamada menos de uma semana após o sumiço dos sintomas. Millie e eu estamos bem, mas não vai ser um fim de semana divertido.

Fiz um treino de musculação e depois meia hora de ioga com Monique, nossa instrutora de pilates e amiga querida. Hoje sou mais obcecado por exercícios do que antes de adoecer. De cinco a seis dias por semana, pratico pilates, ioga ou musculação. Nossos instrutores, Monique e Daryll, fortaleceram meu abdômen e aumentaram minha flexibilidade e minha capacidade aeróbica. Durante o período da doença, meus músculos ficaram atrofiados, e levei bastante tempo para recuperá-los. Além disso, quando alguém dedica tanto tempo ao estômago como eu, é uma boa ideia dedicar um pouquinho de tempo ao coração e ao restante do corpo também.

Depois, fiz uma omelete com dois ovos, um pouco de manteiga e azeite de oliva. Comi com anchovas e tomate fatiado, tudo dentro de uma baguete amanteigada aquecida. Meu Deus. Sério. Meu Deus. Enquanto escrevo isto, já estou ficando com fome de novo.

Ao perceber que muitos dos legumes e verduras na geladeira estavam prestes a passar (não sei por que sempre espero até que estejam com um pé na cova), preparei uma sopa com cebolinha, cebola, alho-poró, batata, um pouco de manteiga, azeite de oliva e o caldo de frango que Felicity havia preparado na panela de pressão elétrica. Bati tudo em um liquidificador de imersão, que não foi muito eficiente na realização da tarefa. (Anda fazendo um barulho estranho, acho que está quebrado.) Finalizei com uma pitada de noz-moscada e um pouco de pimenta; a sopa até que ficou boa, mas, como eu disse, estava mal batida e eu fiquei com preguiça de passá-la no processador, então simplesmente a enfiei na geladeira do jeito que estava.

Preparei para Millie um almoço composto de salame, baguete e tomate. Levei um sanduíche de salame para Matteo, que estava no quarto com ar abatido, escutando um audiolivro e ainda se sentindo bem mais ou menos. Ele adora audiolivros, assim como ler. Dois vícios muito saudáveis. Enquanto a sopa cozinhava, fiz um molho marinara para mim e acrescentei um pouco de *tagliolini* feito com ovos. Comi enquanto Millie e eu jogávamos uma versão com dinossauros de Cara a Cara. Depois tomei um *espresso* gelado enquanto jogávamos um jogo de cartas chamado Rat-a-Tat Cat.

Esta noite participei de uma conversa no Annabel's, um clube bastante chique ao qual eu jamais tinha ido. O estômago de Felicity a impediu de me acompanhar, então fui sozinho. (Sou muito corajoso.) Era o sexagésimo aniversário do Annabel's, e eles pediram que eu gravasse um vídeo e respondesse a algumas perguntas sobre o lugar, mas eu lhes disse que nunca tinha estado lá antes, portanto expressei apenas minhas primeiras impressões, que naturalmente foram positivas. Tomei um uísque no bar antes do jantar. Fiquei a uma mesa com meu entrevistador, Donald Sloan, diretor do Oxford Cultural Collective, e a simpática *chef* e apresentadora inglesa Andi Oliver. Ambos foram ótima companhia, e, claro, falamos muito sobre comida. O evento ocorreu no Matteo's, um dos sete restaurantes no prédio que abriga o Annabel's.

A comida estava deliciosa. Comi uma entrada de caranguejo condimentado com azeite de oliva e limão, e o prato principal foi berinjela à parmegiana. A parmegiana foi feita com muçarela, o que geralmente não me agrada, pois deixa o prato pesado demais, mas nesse caso o queijo foi usado de forma parcimoniosa e o resultado foi levíssimo.

Foi interessante notar que, mais uma vez, quase todos os funcionários eram italianos, do barman aos garçons, além do gerente etc. Cordiais, instruídos, eficientes. Sei que sou tendencioso no assunto, mas, a esta altura, já ficou claro para mim que, sem os italianos, os restaurantes de Londres entrariam em colapso. Que decisão interessante foi o Brexit. Tudo que podemos perguntar é: estavam mirando o tiro no pé de quem?

Quando o evento acabou, fui guiado pelo prédio labiríntico e por fim cheguei a um opulento bar feito de alabastro e vidro, ou algum material intermediário, cujo tamanho é metade de um campo de futebol. Todos os outros recintos do prédio estavam repletos de gente, mas ali não havia ninguém exceto um jovem casal e um barman solitário. O casal foi embora pouco depois. Enquanto esperava pelo táxi, achei que não devia perder a oportunidade de tomar um drinque sossegado a sós naquele ambiente tão incomum e suntuoso. Portanto, tomei um drinque. Quarenta e cinco minutos depois, estava deitado junto à minha esposa adoentada enquanto meus filhos roncavam hilariantemente alto, o ronco dos inocentes e de consciência limpa.

14 de maio

Felicity e Matteo estão melhorando, e o sol resolveu mostrar a face tímida. Ficamos lendo no jardim, o que significa que Felicity leu um livro inteiro e eu fiquei olhando o Pinterest enquanto as crianças pulavam na cama elástica. Arrebanhei quatro abobrinhas lívidas da geladeira, cortei em fatias circulares, cobri com azeite e sal e levei-as ao forno para assar por cerca de vinte minutos.

Fritei batatas fatiadas em uma panela de ferro, depois dispus em uma pequena assadeira com o marinara do dia anterior e um pouco de parmesão ralado, em seguida deixei assando por cerca de meia hora. É assim que a família do meu pai faz parmegiana de berinjela, mas dessa vez fiz a receita sem a berinjela.

Agora vou contar a verdade: estou escrevendo isto às 10h05 da manhã seguinte. Acabo de comer a parmegiana de abobrinha com baguete aquecida como café da manhã. Tive que me controlar para não comer tudo. Meu repertório é limitado, mas devo admitir que os pratos que preparo ficam muito bons. Contudo, queimei um pouco as batatas em meu afã por terminá-las rapidamente. Impaciência.

Em tantas tentativas de economizar tempo, tantas outras coisas são desperdiçadas.

À tarde, usamos o frango que tinha sobrado do caldo feito por Felicity para fazer uma pasta. Tentei reproduzir a maionese de Aurelien, mas o óleo de girassol que usei era tão forte que o resultado ficou horrível e tive que jogar tudo fora. Foi frustrante, pois eu quase arrebentei um manguito para bater a maldita gororoba.

Acabei me rendendo à Hellmann's, que na verdade adoro, e misturando-a ao frango com aipo e cebolinha francesa bem picada. Felicity e eu comemos a pasta com torradinhas que trouxemos da França, tudo finalizado com fatias de pepino.

Por que pasta de frango é tão reconfortante? Pasta de atum também. São muitas as vezes que me pego desejando um sanduíche de atum com alface em pão de centeio tostado preparado em alguma cafeteria de Manhattan. Devo ter comido centenas desses sanduíches nas duas décadas que passei naquela cidade. Com uma tigela de sopa, é uma refeição revigorante e nada cara. Enquanto escrevo estas palavras, só queria um daqueles sanduíches, mas infelizmente vou ficar querendo. Costumava caminhar quase de uma ponta à outra de Manhattan todas as semanas quando ficava desempregado, o que ocorria com bastante frequência. Visitava galerias de arte, museus e livrarias, ou apenas vagava pelos bairros, apreciando a arquitetura da velha Nova York, que vem sendo corroída ano após ano pela especulação imobiliária. Minhas andanças juvenis eram nutridas por tigelas de sopa (de frango, ervilha) e sanduíches (bacon-alface-tomate, peito de peru, frango e, claro, atum), consumidos em cafeterias antigas que, desde então, tornaram-se elas próprias vítimas do "progresso".

Qual é a nossa primeira lembrança relacionada a comida? Não tenho nenhuma. Alguém tem? Obviamente, somos apenas bebês na primeira vez que mamamos ou engolimos ruidosamente alguma comidinha mole, ou quando mastigamos o primeiro bocado de comida sólida, mas não conheço ninguém cuja memória remonte a tanto tempo assim. Mesmo quando já estamos mais crescidos e nos tornamos capazes de comer mais e mais coisas, quantas pessoas se lembram da primeira vez que comeram massa ou bife ou peixe, e se gostaram ou não? Quando você percebeu que gosta de salmão? Ou de hambúrguer? Ou de batatas fritas? Ou de tomate? Ou de manjericão? Ninguém se lembra. Simplesmente sabemos que gostamos dessas coisas e, portanto, comemos. É mais fácil recordarmos por que não gostamos de certas coisas, mas isso em geral ocorre quando experimentamos algo novo já adultos. No entanto, as razões para não gostarmos de certos sabores desde a infância costuma ser obscura. (A menos que a pessoa tenha crescido em uma casa cheia de péssimos cozinheiros, o que gera paladares confusos e repulsas desmedidas, nesse caso a razão é muito clara: tudo tinha um gosto horrível.) Quer gostemos, quer não de alguma comida, a maioria de nós não se lembra da primeira vez que a provou.

É como a percepção de que somos mortais. Tom Stoppard escreveu em sua brilhante peça *Rosencrantz and Guildenstern Are Dead*: "Onde foi parar aquele momento em que pela primeira vez tomamos consciência da morte? Deve ter tido um momento, na infância, quando nos ocorreu pela primeira vez que não vamos viver para sempre. Deve ter sido um instante devastador, gravado na memória. E ainda assim não consigo recordá-lo."

Algumas horas depois, comi um pouco da sopa de batata e alho-poró, recém-tirada da geladeira. Estava gostosa e geladinha, perfeita para um dia quente. Contudo, pequenas fibras de alho-poró e cebola se enfiavam entre meus dentes porque eu não tinha batido a sopa direito, e tampouco queria bater de novo. Por quê? Impaciência.

À noite, Felicity salteou umas vieiras, mas não ficaram tostadas por fora porque a panela não estava quente o bastante, o que por sua vez era minha culpa, pois eu tinha abaixado o fogo, já que a manteiga estava quase queimando, e não disse nada. As vieiras não ficaram tão boas quanto Felicity tinha planejado. Ela comeu algumas, eu me excedera na sopa fria pouco antes e comi só uma. Guardamos o que sobrou na geladeira. Depois, assistimos a *Colin from Accounts*, uma brilhante série de comédia australiana com episódios de meia hora de duração. A série aliviou a tristeza causada pelas vieiras mal tostadas.

15 de maio

Depois de levar as crianças à escola e me exercitar, preparei ovos mexidos e abacate com tomate fatiado. Felizmente, era um tomate que de fato tinha *gosto de tomate*. Como tantos produtos naturais hoje em dia, os tomates muitas vezes não têm gosto de nada. Quando isso começou a acontecer? Antigamente, as coisas costumavam ter o próprio gosto. Agora, apesar de parecer um tomate ou uma cenoura, o gosto é uma mera *lembrança*. Quando são orgânicos, legumes, frutas e verduras geralmente têm um gosto melhor, mas nem sempre. Lembro-me de arrancar cenouras da horta do meu pai e me lembro também de que a intensidade do sabor era vastíssima. O mesmo ocorria com tudo que ele plantava, de cebolas a ameixas. De qualquer forma, comi a combinação de ovo, abacate e tomate com uma pequena *tortilla* aquecida. Na verdade, comi duas. Estavam deliciosas.

A semana foi bem agitada, com participação em um podcast, chamadas de vídeo e dois eventos para a Prince's Trust. Junto à nossa amiga Holly Willoughby, fui convidado a entregar o prêmio a um dos ganhadores. Foi um evento enorme no Theatre Royal, antecedido de uma recepção com champanhe. Eu não imaginava que essa instituição de caridade tivesse uma atuação tão ampla. Desde que foi criada, em 1976, a Prince's Trust já ajudou mais de 1 milhão de pessoas, dando-lhes acesso a educação, terapia, moradia e formação profissional — tanto para quem está iniciando a carreira quanto para quem quer mudar de área. O objetivo do evento era homenagear alguns dos exemplos brilhantes de realização pessoal que se beneficiaram do fundo. Holly e eu entregamos o Prêmio Jovem que Faz a Diferença a um rapaz chamado Motaz, refugiado do Iêmen. Um ano após buscar refúgio em Belfast com a família, ele já é fluente em inglês, distingue-se nos estudos, trabalha como voluntário para ajudar outros por meio do fundo e está a caminho de realizar o sonho de se tornar dentista. Tem apenas 17 anos e, em sua breve vida, já passou por mais dificuldades do que nem sequer posso imaginar. Fiquei admirado.

Tive que sair logo após a entrega do prêmio, pois precisava participar de uma reunião por chamada de vídeo, e como o trânsito estava horrível, atravessei a pé a ponte de Waterloo e peguei o metrô. Estava com bastante fome, mas não queria comer muito, porque estava guardando espaço para o jantar, então parei na filial de uma rede chique, cujo nome não direi, em South Bank, e pedi um misto em um pão semelhante à *focaccia*. Os ingredientes estavam bons, exceto por uma espécie de mistura cremosa no recheio. Acho que talvez fosse molho bechamel, mas não posso afirmar. No entanto, posso afirmar que era nojento. Dei três mordidas e em seguida saltei para dentro do metrô com a sensação de que dera três mordidas além do que devia.

16 de maio

Hoje de manhã preparei as crianças para a escola sozinho, pois Felicity pegaria um trem para os Cotswolds com a finalidade de visitar o set de uma adaptação televisiva de *Rivals*, obra de uma cliente, Jilly Cooper. Dali a poucas horas eu pegaria um táxi rumo ao Palácio de Buckingham, para um evento que receberia os homenageados do dia anterior e os que entregaram os prêmios. Eu estava empolgado e, claro, um pouco nervoso, ao mesmo tempo que percebia quão irônica é a dicotomia da minha vida.

Antes de fazer tim-tim no palácio, eis-me aqui esfregando caçarolas e panelas, altercando com uma criança de 5 anos na tentativa de vesti-la com o uniforme escolar enquanto o irmão de 8 anos vaga pela cozinha seminu, com o rosto besuntado de geleia, pedindo repetidas vezes que eu o veja arremessar o minúsculo dardo que montou com um graveto, uma pedrinha e uns pedaços de fita adesiva.

As manhãs em que meus filhos se aprontam para ir à escola são fascinantes e me fazem pensar no filme *Feitiço do tempo*. Parece até que eles *nunca* foram à escola. É como se toda manhã fosse a *primeiríssima manhã* do *primeiríssimo dia* do *primeiríssimo ano* de escola. Também se comportam como se jamais houvessem vestido qualquer tipo de roupa e como se houvessem perdido a audição durante a noite, pois todas as nossas perguntas, pedidos e rogos ficam sem resposta. Velhos clichês, como estes citados em seguida, simplesmente evaporam no éter.

"Você poderia escovar os dentes?"

Sem resposta.

"Por favor, calce as meias."

Nada.

"Onde está sua blusa?"

Silêncio.

"O que gostaria de comer no lanche?"

Um longo bocejo.

"Pode, por favor, terminar de beber o suco de laranja?"
Uma bolinha é chutada.
"Por favor, sente-se e termine de comer."
Um copo de suco de laranja é derramado.

Lá estava eu, prestes a conhecer o recém-coroado rei da Inglaterra em um evento para convidados seletos, e era assim que passava a manhã. Do banal ao monárquico em questão de minutos.

Após mais uns minutos dessa loucura redundante, Felicity desceu as escadas em um passo leve e gracioso, lindamente arrumada, bem-penteada e cheirando a jasmim ou outro perfume bastante sedutor, beijou as crianças e murmurou uma célere despedida que mal pude escutar em meio ao barulho da água da pia. Ela obviamente havia esquecido que eu iria trocar figurinhas com a realeza hoje de manhã, pois as únicas palavras dirigidas a mim foram: "Pode coar aquele caldo que fiz ontem à noite?"

Ao ouvir a porta se fechar com um estrondo, torci para que o trem dela atrasasse.

Para o evento no palácio, decidi usar um terno trespassado de linho com um xadrez na cor creme, uma camisa branca, gravata, meias e sapatos marrons. Amo roupas tanto quanto amo comida e gosto de me vestir não apenas com elegância, mas também de forma apropriada para qualquer que seja a ocasião. Detesto o fato de nosso mundo ter se tornado tão casual. Muitas pessoas, ao irem ao teatro ou a um restaurante, vestem a roupa que usam em casa, que na maioria das vezes é uma camiseta e um jeans ou até uma calça de moletom. Fiz uns vídeos sobre coquetéis durante a quarentena para meu Instagram, e uma pessoa comentou muito empolgada que eu estava usando calças e cinto. Encaremos a verdade: hoje, os adultos se vestem como crianças. Não estou dizendo para usar um terno todos os dias, desde que não se trate de calção, tênis e camiseta estampada com logos enormes ou frases do tipo "Parei de beber, por hoje" ou "Sem tempo para estas merdas" seguida por uma lista de "merdas" já é um passo na direção correta.

O evento iria ocorrer entre o meio-dia e as 14h15, e os organizadores avisaram que só seriam servidos biscoitos (os cookies da Inglaterra), chá e café. Portanto, fomos aconselhados a comer algo antes de ir, já que não almoçaríamos tão cedo.

Após aprontar as crianças para a escola, fiz exercícios e preparei um farto café da manhã com uma porção reaquecida de massa *ziti*, ovos mexidos e cebolas salteadas. Não foi o melhor prato que já fiz, mas comi bastante, pois temia que a fome me deixasse irritadiço no palácio.

O evento foi ótimo, Holly e eu conversamos com Motaz, que se porta com grande segurança e senso de humor. De fato, serviram apenas café, chá e biscoitos no grande salão onde todos os ganhadores e apresentadores interagiam enquanto esperavam a chegada do rei. Quando Sua Majestade enfim apareceu, nós nos separamos em grupos, de modo que Holly, Motaz e eu ficamos juntos, aguardando que o rei Charles viesse até nós.

Conheci Sua Majestade quando ele ainda era príncipe, em um evento de culinária no qual fez um discurso sobre sustentabilidade, aquecimento global e agricultura orgânica, temas que ele começou a promover antes que se tornassem populares ou ao menos conhecidos. Naquela ocasião, ele se mostrou tão charmoso e articulado quanto hoje. Ao se aproximar de nós, parabenizou magnanimamente Motaz; mostrou-se encantado com Holly, como todo mundo; falou comigo sobre a paixão que tinha por comida italiana e me disse que era fã de *Searching for Italy*. Eu lhe agradeci e ele perguntou quantos filhos tenho. Eu lhe disse que tenho cinco, e ele respondeu: "Bem, filhos nos mantêm jovens." Eu disse "Será?", e ele riu com gosto. (Senti uma amizade desabrochando.)

Quando o evento acabou, peguei um táxi e fui para casa, onde enfrentei mais uma sessão de escárnio e oportunismo por parte de meus filhos enquanto preparava mais uma refeição que talvez até condescendessem em comer. Não tirei o crachá com meu nome, trazia estampado o selo real e estava preso na minha lapela por um alfinete, fiz isso para impressionar as crianças, ou talvez como um lembrete visual, caso houvessem se esquecido de como me chamo.

Quando cheguei, eles não se mostraram nem um pouco impressionados. E insistiam em me chamar de mamãe.

Gentalha.

18 de maio

Mais uma vez me vi no aeroporto de Heathrow, rumo a Dublin, com o propósito de gravar um comercial para a Diageo, fábrica de bebidas proprietária do gim Tanqueray Nº TEN, produto que promovo, e depois participar de uma sessão de perguntas e respostas no Festival Internacional de Literatura de Dublin.

No lounge do aeroporto, comi mingau de aveia e um *croissant* com suco de laranja. Voltei a experimentar *tater tot*, e dessa vez estavam mais crocantes. Adoro batatas, em qualquer forma, formato ou receita.

Chegando ao hotel, pedi ovos escalfados, torradas e salsicha, estava tudo delicioso. Comecei a coletiva de imprensa sobre o gim, o que durou algumas horas.

Após as entrevistas, fomos a um lugar chamado Pichet, onde filmamos uma degustação de coquetéis no bar, com o embaixador irlandês do T10 e um barman chamado Federico Riezzo, ou apenas Fede. Ele, claro, não é irlandês. É ridiculamente italiano. Apenas mora em Dublin. Meu Deus, os italianos estão por toda parte.

No Pichet, o jovem barman preparou para mim e Fede um coquetel de vermute da casa, gim T10, bitter de laranja e uma guarnição de bagas de alcaparra. Sempre evito bagas de alcaparra. Talvez porque as primeiras que experimentei, anos atrás, estivessem excessivamente salmouradas e ácidas, de modo que nunca mais quis provar. No entanto, as que nos foram servidas estavam leves e suaves, com um miolo macio e gosto floral.

A baga de alcaparra é o fruto do arbusto, enquanto a alcaparra propriamente dita é o botão da flor ainda não desabrochada. Salgadas ou salmouradas, têm sido parte da dieta mediterrânea por séculos. A Wikipédia acaba de me informar que Plínio, o Velho, escreveu sobre os usos de ambos os ingredientes para tratar enfermidades do fígado, dos rins e da bexiga, e, quando misturados a vinagre, para curar úlceras na boca. Vai saber quais benefícios podem trazer à saúde quando associados a gim e vermute... Mesmo assim, posso atestar que me senti muitíssimo bem após alguns golinhos e uma mordidela.

A comida no Pichet, preparada por Mark Moriarty, estava extraordinária. Contudo, foi apenas a primeira de cinco incríveis refeições que eu faria ao longo dos próximos dias. Felicity veio me encontrar na manhã seguinte, assim como nossos amigos Aidan Quinn e a esposa, Lizzie Bracco, que estavam a caminho de Cork, onde Aidan seria homenageado em um festival de cinema. Fazia muito tempo que não os via, mas após passarmos uns poucos momentos juntos foi como se jamais houvéssemos nos separado. Felizmente, Felicity havia organizado um itinerário gastronômico para os próximos dias, e mergulhamos de cabeça na programação. Embora Aidan tenha nascido nos arredores de Chicago, passou boa parte da infância na Irlanda e sempre falou do país com enorme afeição e até saudade, de modo que foi uma grande alegria andar com ele por Dublin. Também foi uma grande alegria vê-lo comer. Digo isso porque, no tempo em que nos conhecemos, há quase quarenta anos, quando Aidan me dirigiu em uma peça de um só ato em Nova York, ele tinha uma das piores dietas que já vi. Não consigo me lembrar dele comendo outra coisa além de ovo frito, torrada, hambúrguer, bife muitíssimo passado e batata. Nada de peixe, salada, legumes ou vinho. Somente cerveja e muitos cigarros. Entretanto, ao longo dos anos, ele sabiamente — pois de fato é um homem muito sábio — melhorou a dieta e parou de fumar. Desenvolveu um profundo interesse e um vasto conhecimento por vinhos tintos e, embora ainda seja um pouco implicante com coisas como cebolas (por quê?), não apenas tem uma dieta muito saudável, como também ama e aprecia comida de uma forma que *ele* mesmo jamais achou que faria. Nos dois dias seguintes, comemos nestes restaurantes:

Uno Mas: *Tapas* muito boas.

Library Street: Simplesmente ótima comida em um ambiente adorável.

Fish Shop: Restaurante minúsculo, com cerca de dez lugares para se sentar, incluindo o balcão. Ostras incríveis. Tudo incrível.

Note: Cheio de gente. Delicioso.

Fazer cinco refeições variadas e maravilhosas em sequência é algo difícil em quase qualquer cidade. Em Dublin, porém, foi fácil.

Embora Aidan e eu tenhamos passado bastante tempo na companhia um do outro ao longo dos anos, e mesmo com todas as viagens individuais a trabalho ou por lazer, nunca havia calhado de estarmos juntos na Irlanda, terra dos ancestrais dele, nem na Itália, terra dos meus. Por mais que valorizemos os respectivos passados étnicos e tenhamos conversado apaixonadamente sobre o assunto ao longo de décadas, jamais havíamos encontrado tempo para explorá-los em conjunto. A própria vida deve ter nos impedido. Apesar disso, por alguns dias, estávamos enfim juntos na terra ancestral de Aidan, e tive a oportunidade de passar um tempo com meu querido, talentoso e generoso amigo que tanto me ajudou quando éramos jovens atores e tanto me apoiou enquanto ser humano nos momentos mais difíceis. Caminhei com ele e Lizzie, sua esposa há 35 anos, pelo *campus* lindamente iluminado da Trinity College, e ouvi Aidan me contar dos tempos em que viera morar em Dublin e tivera que trabalhar em lugares pavorosos para ganhar a vida como ator inexperiente, às vezes vinha àquela universidade para assistir a uma peça barata e comer o pão e a sopa inclusos no ingresso. Histórias que eu provavelmente já ouvira antes — em fins de semana prolongados na casa dele no norte de Nova York, onde também nos reuníamos em muitos Anos-Novos, sentados ao redor da fogueira que ele preparava e cuidava carinhosamente ao longo da noite —, mas não me importei em ouvir de novo.

21 de maio

Voltei para casa. Desfiz as malas e pus as roupas para lavar. Passei algum tempo com as crianças. Fiz as malas para minha viagem à Itália, amanhã. Tento evitar viagens em sequência, mas desta vez não tive escolha. Não apenas viajar em si é cansativo, como fazer e desfazer as malas também cansa e, francamente, é uma chatice.

22 de maio

Fiz exercícios; fui a um evento escolar em que Millie recebeu um Golden Book Award por ser uma excelente menina, algo que certamente é. Dali tive que ir direto para o aeroporto, a contragosto.

Peguei um avião para Milão, depois fiz um trajeto de carro de uma hora até Bréscia, onde Lottie e parte da equipe de *Searching for Italy* já estavam instaladas desde o dia anterior.

Tínhamos que filmar uns vídeos para a internet sobre a linha de utensílios de cozinha que projetei com GreenPan e a qual leva meu nome, algo que estamos desenvolvendo há algum tempo e cujos produtos serão lançados no próximo outono. A empresa me procurou uns anos atrás e me perguntou se eu gostaria de desenvolver uma linha de utensílios que seriam vendidos em todos os lugares, mas eu queria algo especial, que fosse comercializado apenas em determinadas lojas e on-line, e também insisti que tudo fosse fabricado na Itália. Por fim, chegamos a um acordo e, com o trabalho do brilhante designer Jan, chegamos a um modelo e a um produto que deixou todos contentes.

Sempre quis projetar utensílios de cozinha, pois meus pais davam tanta importância à estética das panelas e caçarolas quanto à funcionalidade delas. (Meu pai chegou até a projetar e fabricar alguns de nossos utensílios de madeira.) Felizmente, herdei muitos dos utensílios escandinavos de mesa e cozinha que meus pais usavam quando eu era criança.

Durante as décadas de 1960 e 1970, produtos escandinavos estavam muito na moda. A marca dinamarquesa Dansk tinha uma loja em Mount Kisco, uma cidade vizinha que costumávamos visitar de vez em quando. Em sábados alternados, geralmente saíamos em família para fazer algumas tarefas, coisa que na época eu tentava evitar, é claro, mas agora me recordo disso com afeição. Essas tarefas incluíam passar no banco, na loja de bebidas, na loja de ferramentas e no Bedford Barn, um estabelecimento eclético que vendia de tudo, inclusive roupas baratas não esfarrapadas. Também passávamos na Caldor, uma rede de lojas de departamentos, hoje extinta. A Caldor era o lojão do nordeste dos Estados Unidos no período pós-guerra, e eu adorava andar pelos bem supridos corredores, que continham todo tipo de coisa, de roupas a ferramentas, de panelas a equipamentos esportivos, material para pesca, barracas, tênis, fogões portáteis, bicicletas, arcos e as respectivas flechas, armas BB e um vasto sortimento de rifles, pistolas e revólveres. Uma arma diferente para cada membro da família. Como diz a velha canção, "para mim, isto é a América". No fim da viagem, em geral parávamos na já mencionada loja Dansk. Ainda ouço minha mãe gritando para meu pai, cada um em um cômodo da casa, enquanto nos preparávamos para nossa excursão de sábado:

"Stan! Não me deixe esquecer! Quero parar na Dansk porque estão com uma liquidação!"

Não sei por que ela não esperava para falar quando estivesse perto dele. Talvez a gritaria ajudasse ambos a se lembrar de que ela queria ir à loja. Fico me perguntando se os dinamarqueses fazem a mesma coisa.

Seja como for, Jan, o designer de utensílios de cozinha, que aliás não é dinamarquês, mas holandês, disse que havia me estudado por meses antes de fazer os primeiros esboços. Com isso ele quis dizer que havia assistido a muitos dos vídeos que filmei em minha cozinha e baseou o modelo dele nas minhas panelas, nas caçarolas e nos utensílios, além de ter elaborado a paleta de cores com base na minha casa. Depois de mais algumas reuniões, demos o toque final na aparência e criamos o que creio ser um conjunto muito bonito de panelas não aderentes e livres de PFAS. Não há de quê.

O pessoal da rede Williams Sonoma, que vai comercializar a linha com exclusividade, nos levou para um excelente jantar em Bréscia, cidade que me pareceu não apenas muito próspera, mas também talvez a mais limpa que já vi na península italiana.

A comida estava muito boa, mas veio em tal quantidade que meu estômago se recusou a aceitar mais após o terceiro prato, e não consegui comer a linda *tagliata* que o *chef* trouxe. No entanto, eu já estava muito bem servido do mais delicioso *prosciutto*, massa, risoto e vinho branco.

23 de maio

Filmamos na fábrica da Lumenflon, que todo ano produz mais de 8 milhões de utensílios de cozinha para diferentes empresas.

24 de maio

Hoje fomos a uma casa alugada para eu colocar os utensílios em ação, preparando diferentes pratos e usando o máximo de panelas e caçarolas possível. Tudo seria filmado. Escolhemos pratos de nossos livros de receitas, sem vergonha de aproveitar para impulsionar as vendas dos livros também. Eis o que preparei:

Molho de tomate fresco com espaguete

Risoto de aspargo

Cacciatore *de frango*

Bife oreganato

Ensopado de peixe

Os utensílios se saíram ainda melhor do que eu imaginava. E, de alguma forma, todos os pratos ficaram bons, o que nem sempre acontece quando cozinhamos só para gravar conteúdo e capturar imagens. Após nove horas cozinhando sem parar (a atividade de que mais gosto) e posando para fotos (a atividade que mais detesto), eu me sentia exausto, mas muito aliviado por ver que a linha havia funcionado tão bem.

Esta noite fomos a um restaurante, e a comida estava terrível.
Na verdade, estava uma *bosta*.
Estava tão ruim que não consigo me lembrar da comida que nem comi.
O *chef* (e uso o termo de forma bastante vaga) estava obviamente tentando "distorcer" algumas receitas clássicas da região. Só o que posso

dizer é que o jantar foi uma distorção do início ao fim, pois o sujeito perdeu toda a noção do que é uma boa comida. Além disso, tudo foi servido em pratos retangulares de tamanho exagerado, um pouco côncavos, claro sinal de que a comida será horrorosa. Se você avistar um prato desses em um restaurante, saia imediatamente.

Não consigo entender por que algumas pessoas sentem a necessidade de reinventar a roda se não sabem nada sobre física. Neste caso, a afirmação vale para os pratos *e* a comida.

Um prato simples.
Uma tigela simples.
Um garfo simples.
Uma colher simples.
Uma faca simples.
Em seguida, faça uma boa comida. Simples.
É só o que deveríamos querer e é só o que necessitamos.

Quem quiser ou necessitar mais do que isso, deve reconsiderar os próprios valores.

É simples assim.

25 de maio

Muito cansado, peguei um avião de volta para casa. Viajar para mim é sempre irritante, mas, como disse, fazer as malas talvez seja ainda pior, ainda mais hoje em dia. Transferir líquidos e cremes para os recipientes de tamanho certo, quando se viaja apenas com bagagem de mão, é uma atividade demorada. E, inevitavelmente, por mais minucioso que sejamos, um tubo ou uma garrafa ou um objeto cortante que esquecemos no fundo da mala são detectados pelo scanner, e então começa a embaraçosa vistoria de um segurança com luvas azuis que vasculha nossas roupas íntimas. Embora alguns aeroportos tenham máquinas que de alguma forma sabem diferenciar líquidos, géis e cremes nefandos de seus sósias benignos, tornando o processo muito mais rápido e civilizado, ainda são poucos os terminais que dispõem dessa tecnologia. Portanto, as revistas continuam.

À noite, fomos ao Scott's, em Richmond, com alguns amigos. Há um Scott's maravilhoso em Mayfair, e esse fez jus à reputação do outro.

26 de maio

Enchi o carro de coisas para passarmos uma semana nos Cotswolds com as crianças. Sempre levamos massa, tomate enlatado, feijão, uma lata de 5 litros de nosso azeite favorito, a maior caçarola que tenho, arroz para risoto, vinho, outras bebidas, um conjunto de pegadores de cozinha e minha faca favorita. (Fui tolo e esqueci de trazer parmesão e sal *kosher*.) Fazemos isso porque esses são os ingredientes básicos do nosso dia a dia e, no caso dos utensílios, porque a maioria das casas, independentemente do tamanho ou do valor do aluguel, tem uma cozinha em geral mal equipada e acabamos tendo que comprar panelas, escorredor etc., de modo que agora simplesmente trazemos nossas coisas. É estranho o que acontece em muitas casas inglesas: o dinheiro vai todo para a edificação e o jardim, mas a cozinha é negligenciada. Foi uma alegria constatar, ao chegarmos, que essa casa era uma exceção.

Viemos encontrar nossos amigos Anita e Heinrich, que têm três filhos adoráveis de 15, 11 e 5 anos. Se os filhos não fossem adoráveis, não passaríamos o feriado com a família. Quando as pessoas criam os filhos de maneira muito diferente da nossa, acho difícil passar mais do que uma noite na companhia deles. Estou me referindo às regras básicas para crianças. Refeições corretas, hora para comer, hora para dormir, bom comportamento, dizer "por favor" e "obrigado" etc. É isso. Sei que criar filhos nunca é fácil, e toda criança é diferente uma da outra, mas crianças necessitam e querem uma vida estruturada, e é nossa obrigação proporcioná-la. Certamente não sou um pai perfeito, mas faço o possível para ser divertido, justo e firme, e às vezes consigo. Talvez esteja sendo muito idealista ou antiquado, mas odeio crianças malcomportadas e pais preguiçosos. De qualquer forma, os filhos de nossos amigos são ótimos, então não sei por que estou falando disso.

Prevejo uma semana cheia de culinária. Anita se formou em Leiths ano passado, após saltitar entre diversas profissões e conseguir tempo para criar os filhos. Os pais dela são da Índia Ocidental, mas ela cresceu no Texas e é uma cozinheira maravilhosa, hoje uma *chef* de verdade e obcecada por comida.

Eles chegaram algumas horas depois de nós e estavam com muita fome, por isso preparei uma tonelada de massa marinara.

27 de maio

Hoje de manhã Anita fez uma *frittata*, que acabou queimando porque ela acrescentou leite (totalmente desnecessário, eu deveria ter avisado) e não mexeu sem parar. Resgatamos o prato cortando a parte carbonizada, e estava bastante bom.

Logo após o café da manhã, Anita e eu fomos a uma feira de produtores e compramos costeleta, lombo de porco, um frango inteiro e um monte de legumes e verduras. Ela marinou a carne suína com gengibre, azeite de oliva, alho e outros ingredientes que permaneceram um segredo para mim, depois botou a combinação na geladeira e deixou lá por dois dias. Assei o frango para fazermos uma salada e usar a carcaça a fim de preparar um caldo para risoto ou algo assim.

À noite preparei massa com abobrinha, e todo mundo ama esse prato desde que o preparei em *Searching for Italy*. Fritar a abobrinha em diferentes levas é algo que consome bastante tempo, mas vale a pena no final.

28 de maio

Para o café da manhã: ovos escalfados em marinara, aspargos como acompanhamento. Delicioso.

Felicity, organizada como sempre, reservou uma mesa em um *pub* aqui perto para o clássico *Sunday roast*, o assado de domingo que é uma tradição inglesa. Era um lugar chique, simpático e aconchegante, que recebera vários prêmios ao longo dos anos pela comida e pela bebida. Fizemos nosso pedido e estávamos todos muito empolgados, mas então algo deu errado. Nossa comida demorou demais porque um cliente havia derrubado cerveja em um computador, ou algo assim, fato que só descobrimos quando estávamos de saída.

Felizmente, a comida das crianças veio rápido, talvez os pedidos tenham sido entregues ao *chef* pré-derramamento de cerveja. Enquanto esperávamos e esperávamos, achamos estranho que nenhum funcionário fosse nos avisar que haveria um atraso, tampouco explicar o que havia acontecido. De tempos em tempos perguntávamos aos atendentes sobre nossa comida, e eles nos diziam apenas que iam dar uma olhada. No entanto, acho que não chegavam a dar uma olhada *de verdade*, pois simplesmente desapareciam por mais quinze minutos. Após esperarmos uma hora e meia, a comida finalmente chegou. Eu comi uma merluza com salicórnia que deve ter levado sete minutos para ficar pronto. Estava apenas bom. Os demais comeram outras coisas, como carne, mas eu estava irritado demais para prestar atenção. As batatas fritas estavam boas.

No fim, o dono do restaurante nos pediu umas desculpas bem mornas, para não dizer outra coisa, e não fez o que qualquer bom *restaurateur* teria feito, ou seja, não cobrar pelo vinho, pela sobremesa, ou algo assim, como forma de nos compensar pela longa espera. Na Itália, teriam compensado até demais. (Se bem que na Itália isso jamais teria acontecido, vamos dizer a verdade.) E era um *gastropub* premiado. Ficamos ofendidos e perdemos quase 400 libras. Acho que não voltaremos. Além disso, com um grupo tão grande de pessoas, não vale a pena comer fora com frequência. No interior, bons restaurantes são raros e isolados, o que implica longos trajetos por estradas sinuosas, algo que nem sempre é agradável com crianças, especialmente se uma delas costuma sentir náuseas ao andar de carro, como Millie. Então, quando estamos de férias, em geral ficamos em casa e fazemos a nossa comida, o que para mim está ótimo.

29 de maio a 2 de junho

Eis algumas das coisas que preparamos pelo resto da semana:

Bolinhos de abobrinha fritos

Salada de tomate

Nhoque com massa caseira (feita por Felicity) com molho pesto e vagens

Costeletas assadas e lombo de porco marinado

Risoto com aspargos e abobrinhas

Hambúrguer

Sopa de legumes, com o caldo de frango que preparamos

Anita e eu preparamos a sopa juntos, e aqui está o que usamos e como fizemos:

Minestrone Tucci

Azeite de oliva extravirgem
1 cebola grande em cubinhos
1 cebola roxa grande picada
2 dentes de alho picados
3 talos de aipo em cubinhos
3 alhos-porós pequenos picados
3 cebolinhas picadas

3 cenouras em cubinhos
2 abobrinhas médias em cubinhos
2 litros de caldo de frango ou de legumes
6 pomodorini *cortados em quatro*
2 batatas grandes em cubos
2 maços de repolho (acelga ou couve toscana são bons substitutos)
4 folhas de manjericão
1 crosta de parmesão tipo Reggiano *(mais ou menos do tamanho da palma da mão)*
Sal
Pimenta-do-reino moída na hora
2 latas (400 g) de feijão cannellini *pré-cozido (opcional)*
2 xícaras de ervilha, fresca ou congelada (após descongelar)
2 ou 3 xícaras de parmesão tipo Reggiano *ou* Pecorino *ralado*
1 xícara de salsinha picada

- Despeje um pouco de azeite de oliva em uma panela grande. Acrescente as cebolas, o alho, o aipo, o alho-poró e a cebolinha e salteie tudo em fogo médio até amolecer. Adicione a cenoura e a abobrinha, cozinhe por cerca de cinco minutos.

- Acrescente o caldo e deixe levantar fervura. Adicione o tomate, a batata, o repolho, o manjericão, a crosta de parmesão, e sal e pimenta a gosto. Diminua o fogo até ficar em fervura baixa e deixe cozinhar de vinte a trinta minutos, mexendo de tempos em tempos. (Se quiser, acrescente o feijão.) Após quinze minutos, adicione a ervilha e cozinhe por mais cinco a dez minutos.

- Sirva em tigelas grandes, com *croutons*, parmesão ou *Pecorino* ralado, um fio de azeite de oliva extravirgem e um pouquinho de salsa picada.

Farto.
Saudável.

1º de junho

Em nossa última noite de férias, Felicity convidou algumas pessoas da produção de *Rivals*, incluído o encantador David Tennant, que conhecemos quando fiz a série *Inside Man* alguns anos atrás. Preparamos berinjela e cinco chuletas em uma chapa, porque a churrasqueira estava muito longe e já estávamos atrasados em relação ao cronograma (e não era uma churrasqueira comum, mas uma Big Green Egg, que ainda não aprendi a usar direito, embora tenha uma há oito anos), além de batata assada com alho, azeite de oliva e alecrim.

Em determinado momento, Matteo veio à mesa, e de repente me lembrei de que David havia narrado os livros da série *Como treinar o seu dragão*, de Cressida Cowell, que Matteo escuta há anos. Quando comentei algum tempo atrás que conhecia David, Matteo me olhou com grande desconfiança, mas ali estava David, aquele escocês brilhante, esguio e que parece não envelhecer, em pessoa, para provar que eu não estava ostentando o nome dele por engano. Matteo levou um minuto para compreender que a voz que escutara tantas vezes e por tanto tempo vinha de uma criatura de carne e osso que pertence a uma categoria de seres humanos denominada "atores", e que estava bem ali, sentada ao lado dele. Quando a ficha enfim caiu, ele arregalou os olhos e ficou encarando David. Então pediu que ele fizesse a voz do Banguela, um dos dragões da série. David, muito simpático, atendeu ao pedido, e os olhos de Matteo ficaram ainda mais arregalados. Acho que meu filho dormiu muito bem naquela noite. Ou talvez nem tenha dormido. David deve ter tido pesadelos com dragões e vikings cujas vozes se pareciam muito com a dele.

5 de junho

Fiz uma chamada de vídeo com Francesco Mazzei e o embaixador Lambertini para continuar debatendo o banquete que em algum momento pretendemos oferecer àquele cara que em breve será meu melhor amigo, o rei Charles. Falei que, em minha opinião, nossa ideia original de alternar pratos ingleses e italianos era um pouco forçada e seria uma receita para o empachamento. Em vez disso, sugeri que elaborássemos um genuíno cardápio italiano, com o máximo possível de ingredientes ingleses, algo que Francesco faz há anos nos restaurantes dele. Eis alguns dos pratos que sugeri (obviamente as escolhas serão ditadas pela estação do ano em que o evento ocorrer):

Risoto com funghi: outono

Nhoque com salicórnia: primavera/verão

Tagliata *(bife na grelha): qualquer estação*

Robalo em crosta de sal: qualquer estação

Bacalhau ou hadoque alla livornese*: qualquer estação*

Massa com vôngole: depende do mês

Frittata*: qualquer estação*

Cordeiro assado: melhor na primavera

Torta de frutas: primavera, verão, outono

Presunto assado (defumado) com mostarda di frutta: qualquer estação

Claro que alguns ingredientes teriam que vir da Itália, como azeite de oliva, parmesão, arroz de risoto (arbóreo, *carnaroli* ou *vialone nano*) e talvez tomates, mas podemos encontrar aqui mesmo nas Ilhas Britânicas todos os outros ingredientes de que precisaríamos para fazer esses pratos italianos clássicos. Por exemplo, o robalo pode vir dos mares ao sul e a oeste do Reino Unido; os ovos deliciosos, do próprio ducado da Coroa; o carneiro, de Gales; a carne de porco, de qualquer parte da Inglaterra; e a carne bovina, da Escócia ou de Herefordshire. As ervas — alecrim, tomilho, salsa — são fáceis de encontrar aqui, e o sal marinho Maldon, de Essex, é um dos melhores do mundo. (Ok, o ideal seria usar um limão italiano de Amalfi em vez de um equivalente cultivado em um jardim murado inglês ou em uma estufa, mas temos que ser flexíveis.)

Decidimos que Francesco examinaria essas opções e as organizaria em um cardápio coerente. O embaixador então enviaria um convite no qual explicaria a intenção do evento, que é basicamente uma celebração de produtos britânicos e da culinária italiana em honra de Sua Majestade, o rei Charles. Se o jantar de fato ocorrer, conto para você.*

---

* O rei cancelou o jantar. Tudo bem, há muitos monarcas no mar.

7 de junho

Reunião no Clube Groucho com o *chef* executivo Erion. Há algum tempo conversamos por chamada de vídeo sobre a possibilidade de eu ajudá-lo a elaborar o cardápio para um evento de cerca de oitenta membros do clube, diante dos quais eu seria entrevistado. O Groucho, agora sob nova direção, vem realizando esse tipo de evento com diferentes *chefs* há cerca de um ano.

O Clube Groucho foi apropriadamente nomeado em referência ao rei da comédia, Groucho Marx, que um dia disse: "Não entro para clubes que me aceitem como sócio." Criado em 1985 por um grupo de amigos do mundo literário como alternativa aos enfadonhos e pernósticos clubes que na época só aceitavam homens, ainda funciona a todo o vapor. Em 2000, quando estava gravando um filme chamado *Conspiração* para a HBO, fui levado ao clube pela primeira vez por meus colegas de elenco, entre eles Kenneth Branagh, Kevin McNally e Colin Firth — hoje meu amigo de longa data e, certa vez, amante nas telas —, todos nos divertimos muito.

Na reunião, disseram que eu seria entrevistado pela espirituosa autora, apresentadora e crítica gastronômica Grace Dent, que eu sempre quis conhecer. Chequei uma última vez o cardápio que havíamos elaborado e visitei a cozinha e o salão de jantar em que aconteceria o evento. Como será em agosto, decidimos que o seguinte cardápio seria apropriado:

Carciofi alla romana

Focaccia

Melão com prosciutto

Spaghetti alle vongole

Bacalhau alla livornese

Granita de Prosecco

Frutas frescas

Só como nota: *carciofi* (alcachofras) *alla romana* são diferentes da versão *alla giudia*, que descrevi anteriormente. A receita *alla romana* em geral leva pequenas alcachofras roxas. Primeiro, as folhas externas são arrancadas, depois o caule é aparado até sobrar apenas dois ou três centímetros, então a penugem interna é retirada e a cavidade é preenchida com um pouco de hortelã picada, alho, sal e pimenta. Em seguida, as alcachofras são fervidas até ficarem bem macias e finalizadas com azeite de oliva. Por último, é só comer. Elas derretem na boca. E nós ficamos felizes pra caramba.

8 de junho

Lottie e eu tivemos uma reunião com o gerente de um hotel que me convidou a abrir um restaurante lá. Sempre quis abrir um restaurante, mas preferiria algo pequeno. Não importa o tamanho, Felicity odeia a ideia porque é um trabalho gigantesco e quase sempre uma empreitada em que só se sai perdendo. O local é bem grande, mas, como o hotel se ofereceu para pagar as reformas e tudo o mais, é difícil não considerar a possibilidade. Sei de um *chef* que seria a opção ideal, embora na verdade a ideia tenha sido de Lottie. Seria, obviamente, um restaurante italiano. Uma *trattoria* levemente chique, com pratos sazonais de todas as regiões da Itália. Nada de exagerado nem metido a besta. Só comida boa. Se tudo se concretizar antes que eu termine este livro, farei mais revelações.*

Após a reunião, Lottie e eu almoçamos em um lugar no qual já havíamos comido antes e que serve guioza. Estava bom, mas não tão bom quanto recordávamos. Muito embora o arroz frito com camarão estivesse excelente. Eu poderia comer arroz frito com camarão todo dia. Já fiz esse prato várias vezes com algum sucesso, mas não de forma consistente. Tenho certo receio de fazer pratos que não sejam italianos ou mediterrâneos. Não sei por quê. Talvez porque tivesse que expandir a gama de ingredientes em minha despensa, ou por ser distraído demais para seguir uma receita. Com a comida italiana, se eu estiver seguindo uma receita e tiver a impressão de que algo está faltando ou de que o gosto não está certo, sei como consertar. Com outros tipos de comida, eu ficaria perdido. Então, por medo, acabo me aferrando ao que conheço. Meu professor de atuação sempre nos encorajou a "ir além do que é confortável", não apenas enquanto atores, mas enquanto pessoas. Ao longo dos anos tomei a decisão consciente de seguir esse conselho no trabalho e em outros aspectos da minha vida, mas não

---

* Declinei a oferta de abrir um restaurante. Muito trabalho para pouco lucro.

na cozinha. Acho que está na hora de começar. Significa que terei que planejar refeições com antecedência. Deus me ajude.

À tarde, encontramos alho selvagem crescendo no jardim. (É apenas nosso quintal, mas os ingleses chamam de jardim, que é muito melhor.) Plantamos algumas sementes ano passado e achávamos que todas houvessem morrido, mas pelo visto algumas germinaram. Nosso jardineiro nos mostrou, as plantinhas estavam ocultas por uns arbustos. Ele cortou todas as folhas, deixou-as de molho na pia e depois transferiu algumas para um local ainda mais ensombrado, junto ao escritório de Felicity, onde esperamos que floresçam.

Adoro alho selvagem. As flores são de um branco cintilante e delicado e o aroma é poderoso e um tanto inebriante. Encontrei essa planta pela primeira vez quando estava fazendo um filme terrível no interior da Inglaterra. Um dia, andando de volta para nosso acampamento, cruzei a floresta antiga na qual filmávamos e avistei tapetes de flores brancas com folhas verdes afiladas, em forma de lança, em ambos os lados da trilha. Antes que pudesse fazer algum comentário sobre aquela beleza, fui confrontado com o cheiro impactante. A pessoa que me acompanhava disse que eram alhos selvagens. Fiquei fascinado. Eu não tinha sequer ideia de que tal planta existisse. O parente mais próximo dela é o alho-poró-bravo, que também adoro, e embora tenha o gosto parecido com o do alho, o alho-poró-bravo é aparentado com o alho-poró e a cebola. Pouco depois, pude provar o alho selvagem, e desde então sempre o procuro em matas e feiras quando está na época certa.

Perante essa dádiva de nosso jardim — pequena e inesperada, porém muitíssimo bem-vinda —, decidi preparar um *pesto* a mão, em vez de usar o liquidificador. Assim que viu o que eu estava fazendo, Matteo perguntou se podia ajudar. Acho que ele só queria pôr as mãos irrequietas na faca *mezzaluna* que eu estava usando. No começo hesitei, mas, após explicar que aquele era um utensílio muito afiado, mostrei a ele como usá-lo. Não é uma tarefa simples para ninguém, muito menos para um menino de 8 anos, e ele se saiu bem, muito embora na maior parte do tempo a tenha usado como uma faca normal, em vez de balançá-la de um lado para outro. Enquanto ele estava focado, piquei um punhado de salsa, um punhado de manjericão e um pouco de parmesão. Jogamos o fruto de nosso trabalho em um pilão de mármore e demonstrei como moer tudo.

Picar coisas com uma lâmina afiada e esmagar coisas com um pedaço de pedra maciça são atividades muito prazerosas para um menino em fase de crescimento. Por que nunca havia pensado em aproveitar a nascente agressividade daquele jovem para me ajudar na cozinha? Enquanto Matteo descarregava a testosterona incipiente contra o mármore, fui aos poucos vertendo azeite de oliva na mistura. O resultado foi uma pasta verdejante de pungente terrosidade ou terrosa pungência.

Como já se aproximava a hora de as crianças dormirem, fervi um pouco de massa e misturei-a ao *pesto*, e Matteo comeu uma tigela e meia. Uma experiência agradável tanto para o pai quanto para o filho.

Millie se recusou a tocar no prato e preferiu massa com manteiga e queijo. Talvez ano que vem.

10 de junho

Estou sozinho com Millie e Matteo, pois Felicity está em uma espécie de retiro em Bordeaux com dois colegas de trabalho, algo em que quase acredito.

De manhã, fiz crepe para as crianças, alguns besuntados com Nutella, outros salpicados de açúcar e com respingos de limão. O primeiro ficou bom, já os outros foram fracassos constrangedores, mas as crianças foram gentilmente compreensivas. (Felicity é quem costuma fazer crepes, eu preparo panquecas americanas.) Só tive sucesso quando troquei a panela de cobre especialmente projetada para fazer crepes por uma menor de aço inoxidável. Provei um e estava bom. As crianças ficaram contentes e meu embaraço desapareceu, à espera de um ressurgimento quando eu cometer um novo tropeço culinário.

Como o fim de semana prometia ser quente, enchi uma piscina inflável para as crianças e depois as levei a uma pizzaria perto de casa para almoçar. O dono é de Nápoles e faz uma clássica pizza napolitana excelente. Meus filhos pediram *focaccia*, pois Millie odeia molho de tomate (quem é essa pessoa?) e Matteo parece preferir a pizza das redes de restaurantes. Comeram quase tudo, inclusive um pedaço grande de *prosciutto*. Eu pedi uma pizza com molho de tomate, manjericão e ricota que estava deliciosa. Após o almoço, caminhamos para casa, cada um de meus filhos segurando um copo de *sorbet* de manga nas mãozinhas oleosas.

À noite, Lottie e uns amigos dela, a maravilhosa atriz Sophie McShera e o namorado, Otis, viriam para um jantar cedo. Eu não sabia o que preparar. Queria pegar um bife na geladeira e jogar na grelha de churrasco, mas estava tão quente lá fora que não suportei sequer a ideia, e além do mais Sophie é piscitariana, de modo que abortei o plano. Então botei uma porção de cebolas de Tropea na cesta dos *allium*. Não sei de onde surgiram, mas fiquei animado.

Cebolas de Tropea vêm da costa oeste da Calábria e só podem ser cultivadas em uma pequena área (os arredores da cidade de Tropea), pois ali há um tipo singular de solo arenoso. Com forma de chalota e casca roxa, essas cebolas são tão doces que podem ser colhidas do chão, descascadas e comidas como maçãs. Eu as comi assim quando filmei um episódio justamente sobre elas, e o sabor era extraordinário. De repente, me ocorreu que, estando aquelas cebolas bem na minha frente, eu poderia usá-las para fazer um prato vegetariano que aprendi ao filmar aquele episódio.

Após telefonar para o peixeiro e pedir que separasse dois robalos pequenos, pois pretendia usá-los no prato principal, comecei a trabalhar, pondo a mesa enquanto as crianças chupavam picolés de fruta, de pé e sem roupa na piscina inflável. Eis a refeição que acabei fazendo:

Espaguete com cebola de Tropea

- Cortei as cebolas em fatias bem finas, depois salteei em azeite de oliva extravirgem com um dente de alho cortado também em fatias fininhas. Coloquei para refogar e fui acrescentando aos poucos um caldo de legumes (com cenoura, aipo, cebola e sal) que eu havia preparado uns vinte minutos antes. Depois misturei tudo ao espaguete já cozido, em uma caçarola grande, e adicionei queijo parmesão, Romano e manjericão picado.

Robalo assado/grelhado

- Peguei os robalos já sem as vísceras e as escamas (porém com a cabeça e o rabo) e recheei com fatias de limão, sal, alecrim, tomilho, salsa e alho, depois besuntei por dentro e por fora com azeite de oliva extravirgem e espalhei uns dez *pomodorini* ao redor. Assei os peixes e os tomates em fogo brando por um tempo e coloquei na grelha por alguns minutos.

Salada

- Pepino, aipo e funcho com vinagrete de limão.

De alguma forma, a comida ficou pronta bem na hora (acertar o horário da refeição não é meu ponto forte, especialmente quando estou cozinhando sozinho) e estava uma delícia. Lottie disse que foi o melhor robalo que já preparei. *Por que não acreditar nela?*, pensei.

11 de junho

Para o café da manhã das crianças, assei uns *croissants* congelados, que em geral acho melhores que os frescos que se encontram nas cafeterias absurdamente caras de Londres. Como é domingo, esvaziei a prateleira dos legumes e verduras, para que seja reabastecida amanhã.

Assei as batatinhas e cenouras que restavam com alho, cebola, alecrim, tomilho e azeite de oliva extravirgem. Usei o alho-poró, já meio murcho, a cebolinha e as batatas maiores para fazer uma sopa de batata com alho-poró (que pode ser consumida quente ou fria — eu, aliás, prefiro fria), além disso salteei os últimos pimentões vermelhos com cebola e dei uma derramadinha do vinho rosé que estava bebericando, para acompanhar o peito de frango salteado. Achei que assim daria a Felicity opções de pratos leves, mas substanciosos, para quando retornasse das badernas gálicas.

Ao chegar, ela se mostrou muito contente em ver as crianças, amassou nossos filhos com abraços e beijos e me deu um beijo apressado na bochecha antes de começar a comer. Pouco depois, enquanto todos assistíamos a um dos filmes de Harry Potter, ela adormeceu ao lado de Millie, que estava completamente acordada.

Parece que alguém teve um fim de semana agitado. Decidi permanecer em doce ignorância.

12 de junho

Tive uma reunião com os curadores da National Portrait Gallery, que tiveram a gentileza de me conduzir em um tour privado pela exposição de fotografias de Paul McCartney, *Eyes of the Storm*, que em breve será aberta ao público. Devo entrevistá-lo diante de uma plateia de estudantes para promover a exposição, assim como o espaço recém-reformado. Conheci o ex-Beatle há cerca de 22 anos, na casa de Aidan Quinn. Por coincidência, Mary, filha dele, se tornou uma boa amiga minha. A exposição na National Portrait Gallery estava maravilhosa. Consistia em imagens feitas por um jovem brilhante experimentando com a fotografia enquanto documentava momentos que iriam mudar para sempre não apenas a música, mas também o mundo inteiro.

Ao deixar a National Portrait Gallery, eu estava faminto, já que meu café da manhã fora irrisório. Não queria almoçar em um restaurante, pois planejava ir logo para casa escrever sobre o assunto que estou escrevendo neste exato instante, mas precisava comer alguma coisa e não queria simplesmente comprar um sanduíche de segunda, então acabei fazendo o que não queria e fui almoçar em um restaurante. Fui direto ao J. Sheekley, uma instituição do West End que funciona desde 1896.

Quem passa sob os memoráveis toldos vermelhos que exibem o nome do estabelecimento, encontra um restaurante reservado e elegante à moda antiga, com um balcão de ostras, banquetas de couro, toalhas de mesa brancas e paredes cobertas de fotografias em preto e branco de atores e atrizes famosos do teatro inglês. Embora não seja barato, é uma boa opção para quem está cansado das muitas redes de restaurantes que pontuam as ruas e as vielas do distrito de teatros em Londres. O cardápio é composto de pratos com peixes e é ecologicamente sustentável.

Pedi uma lager escocesa, que estava forte e muito vigorosa, juntamente com duas entradas, sopa de ervilha e tempurá de camarão.

Fiquei muito tentado a pedir o *fish and chips*, pois sei que é excelente. Todavia, é um prato bem grande, e eu sabia que, se comesse, teria que lutar contra o sono durante a tarde, e ainda tinha algumas tarefas a realizar, como escrever este livro e outras coisas que atores desempregados fazem.

Bebi a lager, tomei a sopa e comi os camarões, estava tudo ótimo. Faltava um pouco de sal na sopa, então acrescentei uma pitada, mas tenho a impressão de que quando acrescento sal a uma sopa já pronta acabo por sentir apenas o gosto do sal. Será que só eu acho isso? De toda forma, foi a quantidade certa de comida para me satisfazer sem me deixar apático.

13 de junho

Felicity, Lottie, Isabel, Nicolo, alguns amigos e eu fomos ver Harry Styles em Wembley.

Impressionante.

É como se ele tivesse uma combinação do talento, do charme e da energia de todos os grandes músicos e intérpretes que já fizeram música ou a interpretaram.

E é um cara legal.

E adora comida italiana.

E adora cozinhar.

E é nosso amigo.

E nós o adoramos.

Quem *não* o adora?

16 de junho

Lottie e eu partimos em uma viagem a Aspen, Colorado. Após fazer o check-in no aeroporto, recebemos algumas opções de lounge e escolhi a sala da Cathay Pacific. Já havia voado por essa companhia muitas vezes alguns anos atrás, de Nova York a Vancouver, enquanto gravava um filme de qualidade duvidosa; portanto, sabia que a comida ali era quase sempre melhor do que a dos outros.

No lounge, Lottie e eu pedimos o "Combinado Chinês", que consistia em duas guiozas no vapor, de sabores diferentes, e *baozi* com recheio de carne guisada com frutas secas, além de *chow mein* com legumes e uma tigela de *congee* de frango com cogumelo.

Adoro *congee*. Experimentei pela primeira vez há 35 anos, em Vancouver, onde estava trabalhando em um programa de TV. Vancouver tem uma vasta população de origem chinesa, ainda mais agora, após a soberania inglesa sobre Hong Kong expirar, e tanto os produtos quanto a culinária asiática lá são extraordinários. *Congee* fazia parte do café da manhã no set de filmagem, e eu não me cansava de comer.

Para quem não conhece, o *congee* é feito com arroz cozinhado lentamente, durante várias horas, em grande quantidade de água, até ficar com uma consistência de mingau. Como é ainda mais suave que o mingau de cereais, seu sabor tem que ser intensificado com cogumelos, frutos do mar, legumes, cebolinhas e assim por diante. É uma comida que acalenta o coração e dizem fazer bem à saúde, e se isso for verdade, então está tudo uma maravilha. Se não for, acho que não me importo. Vou continuar comendo mesmo assim.

Dez horas até Dallas. Duas horas de escala. Uma hora e meia até Aspen. Ambos os voos atrasaram. Total de 21 horas de viagem. Alguém me dê um tiro.

Por fim, chegamos a Aspen. A última vez que estive aqui foi há mais de uma década, para o Aspen Ideas Festival. Juntamente com Wren

Arthur (que conheci graças a Robert Altman) e Steve Buscemi, com quem eu tinha uma produtora na época, organizei um painel com médicos e cientistas de todo o mundo para discutir tratamentos tradicionais e alternativos para o câncer. Estávamos na fase inicial de produção de um documentário sobre o tema, mas infelizmente não pudemos concluir o projeto. No painel, estava meu caro amigo Niven Narain, cientista e também diretor de uma empresa que vem fazendo enormes avanços em tratamentos não tóxicos para o câncer e outras doenças, e o dr. Shimon Slavin, do Hospital Hadassah, em Jerusalém, que alguns anos antes havia tratado Kate com um protocolo que não estava disponível nos Estados Unidos.

Embora o empenho do dr. Slavin obviamente não tenha tido êxito, nunca fiquei tão impressionado com a determinação, a honestidade e a gentileza de um médico ao tratar um paciente cujas chances de sobrevivência eram mínimas. Um homem realmente extraordinário.

Antes de Kate começar o regime brutal de tratamento, conseguimos explorar um pouco de Jerusalém. Alguém nos disse que devíamos experimentar o homus servido em um restaurante palestino na Cidade Velha. Então fomos até lá.

Era um restaurante minúsculo, com cerca de dez mesinhas, e acho que só serviam homus, pão pita e salada de tomate e pepino. A decoração consistia em engradados de garrafas de água e refrigerantes empilhados. À direita da entrada havia um pequeno balcão, sobre o qual jazia uma enorme tina de cobre cheia de homus, a borda e a parte superior das paredes internas estavam incrustadas com vestígios dos homus de outrora. De imediato, pensei que certamente sofreria uma intoxicação alimentar pós-prandial. Não poderia estar mais equivocado. Não apenas me senti muito bem depois da refeição, como também comi um homus delicioso.

Hoje em dia o homus está por todos os lados, de restaurantes chiques a redes de fast-food, e, como tantos de nós, já comi um bom bocado. Todavia, agora sei que, a menos que volte àquele lugar e me sirva daquele antigo caldeirão novamente, jamais provarei um homus tão bom quanto aquele.

Estar em Aspen me trouxe boas lembranças. Há cerca de doze anos, recebi um prêmio do festival de cinema local, e Kate e eu aproveitamos a ocasião para esquiar. A experiência foi ótima, assim como a comida, especialmente no Nobu e em um pequeno restaurante francês nas encostas, onde, não fosse o fato de todos os fregueses estarem falando inglês e usando chapéus de caubói, daria para jurar que estávamos em Verbier. (Nunca estive lá.) O queijo *raclette* e o *vin blanc* estavam sempre à mão e nas bocas.

Após a árdua viagem, Lottie e eu enfim chegamos ao hotel. Fazia muito tempo que eu não comia nada, por isso telefonei para o serviço de quarto e pedi uma canja de galinha e um hambúrguer. Quando terminei de tomar banho e desfazer as malas, a comida já havia chegado e eu a comi com voracidade. Algo terrível de se fazer antes de dormir, mas às vezes necessário. Entre acordar no meio da noite por causa da fome ou acordar porque comi demais, prefiro a segunda alternativa. Acho que poderia ter pedido salada Caesar como um meio-termo satisfatório. Na próxima viagem, mas duvido.

17 de junho

Acordei cedo, fui à academia e depois tomei um café da manhã ainda mais alto em colesterol do que o jantar. Ovos escalfados, bolinho de batata ralada frito em muita manteiga, torrada e abacate.

Posei para fotos e gravei alguns vídeos curtos para a San Pellegrino no festival Food and Wine, depois almocei em um restaurante de frutos do mar, e a experiência foi boa. Experimentei três tipos de ostra, mas, infelizmente, duas delas, da Ilha do Príncipe Eduardo, estavam com um gosto insípido e metálico. As ostras Ichiban, do estado de Washington, estavam ótimas, mas nenhuma se comparou aos moluscos de Bordeaux. Onde está o litoral francês quando precisamos dele?

18 de junho

A viagem de volta para casa fez com que a ida para Aspen parecesse um piquenique. Foi mais ou menos assim:
    O voo de Aspen a Dallas foi cancelado por problemas mecânicos e pela falta de mecânicos para resolver tais problemas.
    Conseguimos outro voo, em cima da hora, para Chicago, onde, em vez de fazer a conexão para Londres pela American Airlines, faríamos pela British Airways.
    Também nos disseram que teríamos assentos reservados em um voo da American Airlines que sairia mais tarde, caso perdêssemos a conexão.
    Aterrissamos no terminal 1 do Aeroporto O'Hare, em Chicago, com cerca de quarenta minutos para pegar o voo seguinte, no terminal 5.
    O Aeroporto O'Hare possui mais de 3 mil hectares.
    Pegamos o trem para o terminal 5.
    Passamos pelos procedimentos de segurança.
    Corremos até o portão 17 do terminal 5.
    O portão 17 mostra um voo para Estocolmo, não Londres.
    Somos informados de que o voo da British Airways para Londres vai sair do portão 33.
    Corremos para o portão 33.
    O Aeroporto O'Hare possui mais de 3 mil hectares.
    Várias pessoas gritam meu nome enquanto passo apressado.
    Fico com vergonha.
    Não há ar condicionado do portão 17 em diante.
    Chegamos ao portão 33 ensopados de suor, provavelmente do suor de outras pessoas também.
    O portão é aberto para embarque.
    Apresentamos as passagens.
    Alguém nos diz para irmos até o balcão ao lado, pois nossos passaportes precisam ser verificados novamente.

Constrangidos, saímos da fila sob muitos olhares.
Vamos até o balcão e apresentamos os passaportes.
A charmosa atendente pestaneja e balança a cabeça várias vezes enquanto digita as informações no computador.
Diz que não consegue nos encontrar no sistema.
Explicamos que alguém mudou nosso voo da American Airlines para a British Airways.
Ela diz que precisa chamar um supervisor.
O supervisor chega.
Ele balança a cabeça ainda mais do que a atendente, mas não tem charme nenhum.
Nenhum mesmo.
Ele diz que nossos assentos foram dados a outros passageiros, mas não sabe como, quando ou por quê.
Diz que não tem como nos ajudar.
Explica que a American Airlines cedeu nossos assentos a outros passageiros e provavelmente nos pôs em um outro voo, mais tarde, por achar que perderíamos a conexão.
Sem charme algum, ele nos diz que temos que ir ao balcão da American Airlines.
Neste momento percebemos que ele não é apenas desprovido de charme.
Ele é um babaca.
Perguntamos onde fica o balcão da American Airlines.
"Terminal 3", diz ele.
Detecto um traço de satisfação sob a aparente falta de sentimentos.
Na verdade, ele é um *baita* de um babaca.
Partimos em direção ao terminal 3.
O Aeroporto O'Hare possui mais de 3 mil hectares.
Caminhamos estoicamente até nosso destino.
Muitas pessoas gritam meu nome enquanto passo.
Isso me deixa pouco à vontade.
Chegamos ao fim do terminal 5.
Perguntamos a um segurança simpático como chegar ao terminal 3.

Ele nos diz que, se seguirmos na direção para a qual está apontando e apresentarmos as passagens a um guarda, não vamos precisar passar pelo procedimento de segurança de novo.

Nós dizemos que não temos passagens.

Ele nos olha com tristeza.

Ele diz que não temos escolha senão fazer o caminho mais longo e passar pela segurança de novo.

Nós agradecemos.

Ele nos diz que sente muito e realmente espera que nosso dia melhore.

Ele não é um babaca.

Ele é gente boa.

O outro cara continua sendo um babaca.

Fazemos o caminho mais longo.

Pegamos o veículo para o terminal 3.

Vamos ao balcão da American Airlines e fazemos o check-in.

Um rapaz educado confirma que temos assentos reservados para o voo que parte mais tarde.

No entanto, somente *eu* estou na classe executiva.

Lottie foi relegada à classe econômica premium.

Pedimos que a mudassem de classe.

Somos informados de que a classe executiva está lotada.

Lottie fica desanimada.

Ela não se melindra com esse tipo de situação, mas é um voo longo e noturno, não a culpo.

Passar oito horas deitada de costas em um avião faz muita diferença, verdade seja dita.

Passamos pelo procedimento de segurança.

Chegamos ao lounge.

No balcão, um sujeito simpático diz a Lottie que vai avisá-la se abrir uma vaga na classe executiva.

O lounge tem o calor humano de uma sala de subdiretoria corporativa.

Procuro o bar.

Olho o bufê.
Meu Deus.
Não.
Sei que jamais conseguirei apagar aquela imagem da mente.
Encontro o bar self-service e me sirvo de uma dose de uísque.
Evitando contemplar o horror do bufê, pego um pãozinho muito branco da cesta de pães, para forrar o estômago.
Lottie come uma banana e três cubos de queijo.
Temo que ela fique constipada.
Ela diz que não liga.
Esperamos.
Beberico uma garrafa de água e uísque e dou uma mordidinha no pão.
Uma supervisora nos encontra e pede desculpas por toda a confusão.
Ela é adorável e simpática.
Diferente do outro supervisor, que era um babaca.
Ela diz a Lottie que talvez consigam mudá-la de classe no portão de embarque.
Ficamos mais felizes.
Ela diz que vai nos dar uma carona de carrinho até o portão.
Ganhamos uma carona de carrinho até o portão.
O carrinho tem uma haste com uma luz amarela piscando e emite um bip-bip ressonante.
Isso chama muita atenção.
Ainda mais pessoas gritam meu nome.
Agora *eu* me sinto um babaca.
Chegamos ao portão.
O atendente diz que Lottie primeiro terá que ocupar o assento na classe econômica premium e depois passar à executiva.
Não sei por quê.
Na verdade, não me importo.
Quando passo pelo portão, um atendente pergunta se meu assento é o 6D.

Verifico a passagem, que está ensopada de suor.
É o 6D.
Ele diz que meu monitor de TV não está funcionando.
Quase fico decepcionado, mas não tenho energia nem para isso.
Lottie diz que pode trocar de assento comigo, já que não vai assistir a nada mesmo.
Embarcamos.
Lottie muda de classe.
Trocamos de assento.
Começo a fazer palavras cruzadas.
As luzes se apagam.
Somos informados de que houve um problema com a energia elétrica, mas levará apenas alguns minutos para ser resolvido.
A cabine começa a ficar quente pela falta de ar condicionado.
Esperamos na pista por duas horas.
O problema é resolvido.
Ainda assim não decolamos.
A chefe dos comissários avisa, via sistema de comunicação interna, que o avião está sem água potável e não podemos decolar sem água potável.
Ela está certa.
Se bem que, àquela altura, já estou disposto a arriscar.
Entreouço a chefe dos comissários telefonar para alguém no terminal e dizer, com bastante aborrecimento, que já pediu água potável a três departamentos diferentes e não recebeu nenhuma resposta.
A água chega momentos depois.
Os comissários de bordo ocupam as respectivas posições e se preparam para a decolagem.
Tomo uma pílula para dormir e me preparo para ver *John Wick 4: Baba Yaga.*

22 de junho

Felicity e eu fizemos uma viagem de carro de quatro horas até o sul da Inglaterra, onde recentemente compramos uma casa. Está precisando de uns arranjos, digamos assim. Levaremos ao menos dois anos e meio e gastaremos quase toda nossa renda só para deixá-la habitável. Quando as obras acabarem, talvez eu já esteja em um asilo. Se é que poderei pagar um. Onde eu estava com a cabeça?

Ficamos de visitar a casa com o arquiteto e o engenheiro amanhã cedo, então esta noite seguimos de carro até o pequeno hotel em que estamos hospedados, o Highcliffe House, que é administrado por um casal maravilhoso. Após o check-in, comemos em um lugar chamado Old Bank.

O restaurantezinho é gerenciado por Liam, um cara de 22 anos que abriu o local quando a pandemia ainda mostrava a maldita cara. Liam e o pai, que é construtor, encarregaram-se eles mesmos da reforma. O restaurante serve principalmente carne, e a carne, assim como quase todos os demais ingredientes, é de origem local.

Eis o que comemos:

Entrada: arancini *de rabada,* calamari *ao sal e pimenta.*

Meu prato principal: barriga e lombinho de porco refogados

Prato principal de Felicity: contrafilé ao molho béarnaise

Estava tudo delicioso. Já mencionei que Liam tem só 22 anos? Tenho meias mais velhas que ele. O fato de que esse jovem tenha conseguido abrir e manter um excelente restaurante de oito mesas em uma cidadezinha pacata e de difícil acesso, logo após uma pandemia, é uma proeza impressionante. Eu e Felicity ficamos muito admirados. Quando eu tinha essa idade, estava vagando por Manhattan e esperando que alguém me desse uma oportunidade para praticar a nobre vocação que eu estudara com tanto afinco, ou seja, fingir ser uma pessoa diferente. Trágico, se parar para pensar, mesmo sem fazer a comparação.

23 de junho

Passamos o dia na casa com o arquiteto, o engenheiro e os paisagistas. Estou muito animado com a perspectiva de criar um novo lar aqui, um lugar onde possamos passar tempo juntos em família, aonde amigos e parentes possam vir para feriados prolongados, onde eu possa construir um ateliê e uma cozinha para gravar o programa culinário que vem dominando minha mente faminta há algum tempo, onde possamos plantar uma horta e um pequeno pomar e nos beneficiarmos dos frutos a cada estação, onde minhas filhas, ou meus filhos, possam se casar, onde Felicity possa trazer o(s) amante(s), onde meu(s) proctologista(s) possa(m) me atender em casa e onde nossos netos possam passar um tempo com os primos por anos e anos quando eu já não estiver aqui. Realizar todas essas coisas levará bastante tempo e uma soma considerável do "vil metal", mas espero que o dedo inconstante de Hollywood não se volte contra mim por ao menos mais uma década.

24 de junho

No caminho de volta para casa, fizemos uma parada e, em um furgão estacionado por ali, pedimos dois folhados de salsicha e uma empanada da Cornualha. Não estavam nada ruins. Então voltamos à estrada, que estava bastante ruim — a viagem que deveria durar quatro horas se transformou em um estirão de cinco horas e meia.

25 de junho

As crianças ficaram vendo televisão enquanto fazíamos uma dolorosa, mas necessária, sessão de ioga com Monique. Ajudei as crianças a se vestirem e depois fomos à feira de produtores da região. Comi uma *tortilla* e tomei um gaspacho, comprados de um espanhol que trabalha na feira há muitos anos. Ambos estavam deliciosos. Comprei uma porção de peito de frango, um bife e algumas sacolas de miniabobrinhas. Planejávamos preparar todos esses ingredientes no mesmo dia para nossos amigos Blake Lively e Ryan Reynolds, que chegaram recentemente e estão hospedados cerca de 2,5 quilômetros, em uma casa que Felicity encontrou para eles. Vieram com a família inteira, incluído o acréscimo mais recente. Blake está delirante pela falta de sono e Ryan está exausto por causa das filmagens do terceiro filme de *Deadpool*. Achamos que seria legal fazerem uma refeição caseira na casa alugada. Nossos filhos ainda não conheciam os deles, mas todos se deram bem, o que facilita a vida de todo mundo, verdade seja dita.

Na cozinha mal equipada deles (mais uma mansão inglesa com um exíguo sortimento de utensílios culinários disponível para locação), conseguimos, de alguma forma, fazer um *spaghetti con zucchine alla Nerano* e depois preparamos os peitos de frango da seguinte forma:

Costeletas de frango

SERVE 4 PESSOAS

4 peitos de frango grandes
Sal
2 ou 3 ovos (o bastante para revestir o frango)
2 ou 3 xícaras de farinha de rosca

Azeite de oliva (não extravirgem)
Fatias de limão, para guarnição

- Remova o sassami de cada peito de frango. Corte o frango ao comprido. Ponha dois pedaços de cada vez entre duas folhas de papel-manteiga e bata suavemente até ficar mais ou menos com metade da espessura original. (Você pode deixá-los mais finos, se preferir.) Faça o mesmo com todas as fatias e também com os sassamis.

- Tempere o frango com sal e reserve.

- Bata os ovos em uma tigela pequena.

- Ponha a farinha de rosca em uma travessa grande.

- Mergulhe cada fatia de frango nos ovos e depois na farinha de rosca. Em seguida, reserve.

- Quando todas as fatias estiverem empanadas, leve uma frigideira grande ao fogo médio e derrame cerca de ½ xícara de azeite. Quando o óleo estiver quente, acrescente algumas fatias de frango e cozinhe ambos os lados até dourar (deixe espaço entre cada fatia, do contrário não ficarão bem cozidas). Em seguida, coloque-as em uma travessa. Cozinhe em porções e acrescente azeite, se necessário. Quando terminar, sirva imediatamente com o limão e uma salada verde.

Nota: Você também pode usar farinha *panko* ou uma mistura de farinha de rosca com farinha *panko*.

Essas costeletas também são perfeitas para piqueniques, basta fazer sanduíches com baguete ou um bom pão italiano. Manteiga, mostarda ou maionese, alface e rodelas de tomate combinam muito bem com essa receita.

Blake escalfou alguns aspargos na manteiga. Um toque de limão em ambos os pratos acentuou todos os sabores. As crianças comeram frango e massa com manteiga e queijo. Fritamos o bife para Ryan, que está fazendo uma dieta alta em proteína. (Que saco, meu Deus.) Basicamente, todos comemos bastante. Blake é boa de garfo e agora precisa comer ainda mais, já que está alimentando uma pessoinha noite e dia.

Quando a refeição acabou, já estava anoitecendo, então colocamos as crianças no carro, torcendo para que Millie não vomitasse no caminho, como frequentemente ocorre mesmo em viagens curtas. Por segurança, entregamos a ela o saco plástico que sempre temos à mão para tais ocasiões e partimos. Chegamos em casa sem desastres digestivos.

Ao ler minhas anotações, percebo que menciono bastante a predileção de Millie por massa com manteiga e queijo, e de fato ela come esse prato com muita frequência. Não posso culpá-la. Esse simples triunvirato é consumido por crianças e adultos todos os dias ao redor do mundo. Não estou falando de macarrão com queijo em suas muitas versões, pois se trata de uma coisa totalmente diferente, e sim me referindo à massa (quase qualquer formato) com manteiga e queijo parmesão. Tal prato vem agradando os comedores exigentes e confortando os enfermos e angustiados desde que esses três ingredientes existem, o que provavelmente é tempo pra caramba. Por quê? Talvez a extrema simplicidade nos ajude a manter o foco no que é necessário: conforto e saúde. Comer um prato simples nos traz clareza. A massa com manteiga e queijo ri diante de nossas vidas complexas.

26 de junho

Felicity está passando uma semana em Nova York. Sei que está trabalhando e o faz com mais brilhantismo do que nunca, mas odeio quando ela está longe. Sem Felicity, partes imensas da vida se esvaziam. Adoro ficar sozinho com as crianças, mas adoro ainda mais quando estamos todos juntos. Ela deixa tudo melhor.

27 de junho

Preparei os pratos de sempre para as crianças durante a semana. Em uma dessas noites, Matteo pediu *spaghetti con tonno* (atum), e realizei o desejo dele com muita alegria. Millie ficou à beira das lágrimas ao ouvir que esse seria o jantar, mas, quando eu disse que ela só teria que comer uma tigelazinha e então poderia comer massa com manteiga e queijo, o fluxo de lágrimas se interrompeu.

Spaghetti con tonno é uma das minhas comidas favoritas desde que eu era menino. Eis como se prepara:

Spaghetti con tonno

Azeite de oliva extravirgem
1 cebola média, cortada pela metade e depois em fatias finas
1 lata (cerca de 1kg) de tomates inteiros
4 folhas de manjericão
Sal
1 ou 2 latas (cerca de 340 g) de atum italiano em óleo (depende da quantidade de atum que você preferir)
Cerca de 450 g de espaguete (cozido al dente*)*

- Coloque um fio de azeite em uma panela média e em seguida acrescente a cebola. Cozinhe em fogo baixo até a cebola amolecer. Parta os tomates enlatados com as mãos ou amasse com um garfo, depois adicione à cebola cozida. Acrescente as folhas de manjericão e sal a gosto. Deixe levantar fervura e cozinhe por alguns minutos, em seguida mantenha o fogo entre médio e baixo. Cubra a panela, mas não totalmente, e deixe o molho borbulhar por uns vinte minutos.

- Adicione o atum, volte a cobrir a panela (mas não totalmente) e deixe cozinhar por mais dez minutos. Misture o molho ao espaguete e sirva. A adição de queijo ralado é desaconselhável. Extremamente. Na verdade, não faça isso sob hipótese alguma.

De alguma forma, a combinação de atum, cebola e tomate cria um molho maravilhosamente perfumado e viciante. Matteo comeu com voracidade e eu também. Millie se saiu muito bem, embora houvesse pouquíssimo atum no prato dela, e nem sequer pediu a prometida massa com manteiga e queijo. Considerei um triunfo, no que diz respeito a uma refeição com meus filhos.

30 de junho

Nico se formou em Leiths e agora é um *chef* graduado. Fiquei impressionado e orgulhoso. Mais uma vez, eu o levei para almoçar no Riva, onde comemos muito bem e bebemos um maravilhoso vinho branco que o sr. Riva escolheu e compartilhou conosco. (A esta altura, ir ao Riva é como ir de um cômodo a outro em nossa casa.) Quando terminamos a garrafa, o sr. Riva abriu outra, porque queria seguir bebendo, mas é claro que nós o ajudamos. Quando fui pagar a conta, ele me disse que aquele vinho exuberante e nada barato era por conta da casa. Discuti inutilmente. Um grande *restaurateur* italiano é a própria encarnação da generosidade.

Jantei com Colin Firth e Tom Ford no River Café. Fazia tempo que não os via, e nos divertimos bastante. Comemos massa e peixe. Como sempre, a comida estava ótima. E o assunto sobre o qual conversamos não é da sua conta.

Duas fartas refeições italianas em um único dia tiveram um efeito pesado. Onde eu estava com a cabeça? Como fui agendar as duas coisas para o mesmo dia? Quando voltei para casa encontrei Felicity com as malas desfeitas, comendo a sopa de feijão-verde que eu havia preparado para o retorno dela e a chegada de meus pais, no dia seguinte. Depois fomos para a cama.

1º de julho

Meus pais chegaram. Fiquei muito alegre por vê-los, assim como todo mundo aqui em casa. Também fiquei aliviado. O alívio agora é parte integral do que sinto sempre que os vejo. Gostaria que não fosse assim, mas é. Pusemos Millie para dormir em um colchão inflável no quarto de Matteo, pois meu pai vai dormir no quarto dela, que fica a apenas *um* lance de escadas do térreo, enquanto o quarto em que minha mãe está hospedada fica a *dois*. Por causa de um problema no joelho, subir escadas é um esforço hercúleo para ele, além de ser algo perigoso a esta altura.

Não é nada divertido assistir ao envelhecimento de alguém que amamos. Especialmente alguém tão ativo e enérgico quanto meu pai. É duro, pois parece uma grande injustiça. É duro, porque é aquilo que todos tememos. É duro, porque sabemos que é inevitável. É duro, porque sabemos que não há remédio. E acima de tudo é duro porque parece desnecessário. Por que as coisas têm que ser assim? Por que não podemos ser como as tartarugas, que vivem mais de um século sem muita mudança? (Talvez as tartarugas mudem, mas é difícil notar. Ou você já ouviu alguém dizer "Acho que minha tartaruga está ficando meio devagar"?)

Por que não podemos ser como o teixo, que tem a capacidade de viver por milhares de anos? Há um teixo na Escócia que, segundo a crença, tem 5 mil anos e ainda está viçoso, dando novos brotos. Quero que todas as pessoas que eu amo sejam como essa árvore.

Sei que uma vida tão longa é impossível, mas, tendo em vista os avanços na ciência, em breve seremos muito mais longevos do que somos hoje. Infelizmente, acho que não viverei o bastante para descobrir quão longevo eu poderia ser com a ajuda da ciência.

Diante desse fato lamentável, eu gostaria ao menos de ter a oportunidade de permanecer em uma idade de minha escolha por um período prolongado. Fazer uma breve pausa no processo de envelhecimento, por, digamos, dez ou vinte anos. Acho que é uma solicitação perfeitamente razoável e alguém deveria torná-la realidade.

Se esse alguém estiver interessado em saber, eu escolheria permanecer com 40 anos por uma década mais ou menos. Aos 40, já somos maduros; somos experientes no amor e na perda, no sucesso e no fracasso; provavelmente ainda não precisamos de óculos; ainda conseguimos acordar de manhã e andar dia afora sem dores nas articulações e nos músculos; e nossa memória segue intacta. Aos 40, ainda não somos velhos; chegamos apenas ao início da meia-idade e estamos prestes a nos tornarmos respeitáveis.

De toda forma, espero que alguém descubra como transformar essa minha brilhante ideia/desejo/necessidade/esperança em uma realidade para outras pessoas, pois já estou vinte anos à frente.

Aqui sentado, meus joelhos doem enquanto escrevo estas palavras. Por que doem? Só estou sentado.

E assim encerro minha argumentação.

Agora vou descansar.

2 de julho

Minha mãe e Nicolo fizeram almôndegas hoje. Como sempre, ela estava obcecada pela gordura na carne moída. É crença de minha família que a carne moída precisa ter ao menos 30% de gordura para que as almôndegas fiquem do jeito que devem ficar. O maior índice de gordura que já consegui encontrar no mercado foi 20%, no Marks & Spencer. Contudo, a carne que compro de um açougueiro da feira de produtores parece ter um pouco mais de gordura, por isso prefiro usá-la.

Após examinar a carne que eu havia acabado de descongelar, comprada na feira de produtores, minha mãe não gostou nem da aparência, nem do cheiro, nem da textura. (Um fato que ela me lembraria muitas, muitas vezes nas 36 horas seguintes.) Então ela disse que o M&S tinha carne moída com 20% de gordura, e eu respondi que sabia muito bem disso e garanti que a carne diante dela tinha mais gordura, embora eu não soubesse o percentual exato. (Na Inglaterra é difícil achar carne moída com alto índice de gordura, porque os animais se alimentam principalmente de pasto, não de milho, grãos, casca de sementes e soja, como o gado americano. Além disso, ao contrário dos congêneres nos Estados Unidos, o gado inglês também não recebe injeções de hormônio e antibióticos, o que é melhor para todo mundo.)

Minha mãe optou por não acreditar na palavra do próprio filho e partiu em busca de uma carne moída gorda o bastante para o gosto ela, de modo que fez várias viagens a vários estabelecimentos. Para falar a verdade, ela faz isso de duas a quatro vezes por dia sempre que me visita. Em parte é porque aqui nas redondezas há um M&S, um Sainsbury's, um açougue, uma peixaria, duas padarias e três maravilhosas quitandas de verduras, tudo perto o suficiente para irmos a pé, e, além disso, minha mãe adora ir ao mercado. Outro motivo pelo qual ela faz tantas miniviagens é porque, inevitavelmente, ela — ou alguém —

sempre se esquece de comprar algum ingrediente. Contudo, mesmo que outra pessoa se ofereça para ir rapidinho comprar a peça que falta no quebra-cabeça culinário do dia, minha mãe sempre recusa a ajuda e vai ela mesma. Talvez isso indique a *verdadeira* razão de ela ir ao mercado tantas vezes: ela precisa se mexer.

Hoje em dia as pessoas usam uma vasta quantidade de dispositivos para contar os passos diários, pois, segundo a ciência, quanto mais caminhamos, melhor para a nossa saúde. Não há dúvida de que isso é verdade, mas o número de passos que minha mãe dá em um dia normal — e o mesmo valia para a mãe dela — causaria um curto-circuito em todos os aplicativos do mundo.

Os italianos meridionais, em especial as mulheres, devem possuir traços do DNA encontrado na *Capra aegagrus*, ou cabra-selvagem. A capacidade que elas têm de subir ladeiras ou andar sem parar por horas a fio, incansavelmente, é um desafio à compreensão. Na época em que morreu, aos 88 anos, minha avó tinha as pernas de uma moça de 20. O mesmo vale para minha mãe, aos 86, mas ela não está *nem perto* do fim. Na verdade, ao contrário do filho, parece estar rejuvenescendo. Como? Por quê? Genética. Dieta. Metabolismo. Sim, claro. E também... movimento. O movimento é a vida afirmando a si mesma, é a vida se expandindo. Como eu disse, é comprovado pela ciência, daí todos os aplicativos de caminhada. No entanto, a ironia é que isso já estava óbvio séculos atrás. Ninguém precisa consultar um cientista para constatar que se movimentar faz bem. Basta acompanharmos uma senhora de 86 anos da Calábria quando for às compras, depois segui-la pela cozinha por um único dia, para termos a evidência necessária. Se alguém conseguir acompanhar o ritmo de uma senhorinha da Calábria, é bem provável que venha a ter uma vida muito longa.

No fim das contas, minha mãe fez as almôndegas com a ajuda de Nico. Eu não me meti. É uma péssima ideia juntar cozinheiros demais na cozinha. Ainda assim, enquanto me ocupava de outras tarefas, entreouvi discussões, comentários e lamentos entre eles — qual pão deveriam usar (além da carne, o pão é um ingrediente crucial para uma boa almôndega) e se o pão estava velho demais ou muito novo; a quantidade de alho, queijo, salsa, ovos, sal; e, claro, o grande dilema, o percentual de gordura.

Seja qual for a proporção de ingredientes que acabaram usando, o resultado ficou delicioso. O único problema é que, como as almôndegas foram feitas para serem comidas no dia seguinte, meus filhos mais velhos surrupiaram tantas ao irem embora que mal deixaram o mínimo necessário para uma refeição decente. Da próxima vez, vou trancar as almôndegas em um cofre refrigerado.

No dia seguinte, quando comemos as almôndegas, meus pais reclamaram mais um pouco da quantidade insubstancial de gordura e do sabor da carne, que acharam "muito carnosa". Honestamente, não posso dizer que estavam errados, mas às vezes temos que deixar para lá.

5 de julho

Participamos do jantar da War Child no Riva. Eis o cardápio:

Prosciutto *e* melone

Flores de abobrinha fritas recheadas com muçarela e anchovas

Lagostim grelhado

Mix de legumes grelhados

Risotto alla Norma

Bistecca tagliata

Você deve ter notado que, com frequência, as mesmas receitas acabam pululando por estas páginas. O motivo é que são clássicos sazonais italianos e, para um restaurante ou mesmo um cozinheiro amador, relativamente fáceis de preparar para uma grande quantidade de pessoas. (Exceto o *risotto alla Norma*, nesse caso seria mais fácil preparar *pasta alla Norma*, pois massa é mais simples de cozinhar para um grupo grande.) São pratos que muitos convidados já conhecem e, na maioria das vezes, agradam a todos os gostos e a todas as necessidades dietéticas. Além disso, são bons de verdade. O sr. Riva e a equipe serviram à nossa mesa de 22 pessoas com a elegância de sempre. Mais importante, alcançamos nosso objetivo de arrecadar 100 mil libras para uma instituição de caridade importantíssima em um período crucial. E qual período não é crucial para uma instituição de caridade que ajuda crianças vitimadas pela guerra? Infelizmente, sempre há uma guerra acontecendo em algum lugar.

10 de julho

Fee e eu fomos a Paris de trem (que na minha opinião deveria ser o único meio de locomoção) para visitar Emily, John e minha agente, Jenn. Estavam lá para a *première* francesa de *Oppenheimer*. John, de forma generosa e gentil, organizou uma visita particular pelo Museu d'Orsay, o que foi bastante empolgante. Fazia muito tempo que eu não visitava o local e havia esquecido quantos tesouros impressionistas estão abrigados ali. Depois, paramos em uma famosa loja de arte e compramos alguns materiais.

Adoro desenhar e, por isso, sempre que viajo levo materiais de desenho. Quanto mais tempo fico longe de casa, mais material levo. Se me deparo com uma loja de materiais de arte, não consigo me controlar: sempre entro e compro alguma coisa. Meu pai ensinou a mim e minhas irmãs não apenas a *olhar* o mundo, mas também a realmente *vê-lo* e, se estivéssemos inspirados, capturá-lo por qualquer meio que escolhêssemos. Ele sempre nos apontava os detalhes de uma árvore, de uma pedra ou do céu; ou a luz e como ela incidia sobre as coisas, dando-lhes forma, e o fato de que essas formas pareciam se transformar em outras coisas; ou que o miolo de uma alcachofra é algo extraordinário, que o interior de uma beterraba é lindo e se parece com os anéis de uma árvore, e quando a mesma beterraba é cozida e posta em uma travessa, regada com azeite de oliva, um toque de vinagre de vinho tinto e um pouco de sal e orégano, não apenas o gosto dela é sublime, mas também o líquido colorido e quase psicodélico criado por esses ingredientes é uma coisa igualmente magnífica. Quando olhamos algo por um instante a mais do que faríamos em geral, isso altera a forma como o vemos e como vemos todas as coisas dali em diante. Por isso meu pai era — e ainda é — um grande professor.

Voltamos ao hotel, tomamos um pouco de vinho e depois fomos até as margens do Sena. Um barco fluvial era nosso destino, pois a Universal Pictures estava dando uma festa para os envolvidos no filme e os agregados, como eu e Felicity. No barco, havia algumas pessoas com quem já trabalhei ao longo dos anos, e enfim conheci Robert Downey Jr., de quem sou grande fã. Ele é tudo o que Emily havia dito: brilhantemente engraçado, charmoso e mais do que simpático.

Um jantar bastante formal foi servido enquanto o barco subia e descia lentamente pelo Sena. O evento estava ótimo. A comida, não.

O primeiro prato foi gaspacho de melancia. Após prová-lo, temi que o seguinte — bife rolê besuntado em uma pasta verde — também fosse desnecessariamente pretensioso e esquisito, portanto preferi declinar.

Comi um pedaço de pão, beberiquei um pouco de vinho branco e tentei conversar com Cillian Murphy, mas estava demasiado embevecido pelo esplendor daquele astro e não consegui formar frases coerentes.

12 de julho

Emily, Jenn, meu novo melhor amigo Robert D. Jr. e o agente de Robert, Phil, vieram jantar conosco. Todos os meus filhos estavam presentes, assim como meus pais e Lottie. A lista de convidados cresceu ao longo do dia, portanto tive que ajustar o cardápio várias vezes. Pretendia fazer um risoto com ervilhas e aspargos, mas, à medida que o número de pessoas foi crescendo, decidi fazer uma massa com cebola, um pouco de alho, ervilhas, manteiga e parmesão. Preparar risoto para tanta gente é sempre difícil, e não podíamos optar por nenhum tipo de carne ou molho à base de carne, pois Robert não come carne, e Felicity e eu geralmente nos curvamos ao vegetariano ou piscitariano à mesa. Quando há veganos entre os convidados fica mais difícil, mas costumamos fazer um ou dois pratos que satisfaçam as estritas exigências dessa dieta.

Devo admitir que batalho um pouco com a ideia do veganismo. Entendo aqueles que seguem a dieta vegana por motivos de saúde (tenho um amigo que a seguiu por um tempo para aliviar a inflamação causada por anos de esportes e trabalhos como dublê) e como uma forma de apoio proativo à sustentabilidade, mas, nas profundezas egoístas do meu ser, sei que teria grande dificuldade em lidar com a incrível limitação culinária, especialmente em viagens. Acredito que a chave seja comer tudo de forma moderada. A vida é muito curta, e provar todos os tipos de comida me traz uma alegria tão grande que eu jamais conseguiria ser dogmático a esse ponto, mas é uma escolha admirável quando alguém consegue segui-la.

Mais cedo, neste mesmo dia, minha mãe e eu fomos à peixaria e compramos dois filés grandes de bacalhau (pelos quais ela insistiu em pagar), porque eu queria fazer bacalhau *alla livornese*.

Preparei a massa e o bacalhau com a ajuda de muitas pessoas, e enquanto comemos e conversamos e bebemos vinho fiquei pensando em como sou sortudo em ter à minha mesa todas essas pessoas engraçadas e ridiculamente talentosas que admiro tanto e em poder apresentá-las, ainda que de forma breve, às pessoas que mais admiro, meus pais.

A indústria cinematográfica e televisiva na Inglaterra vem crescendo em ritmo acelerado na última década e meia. Estúdios antigos estão em expansão e novos estão sendo construídos em Londres e nos arredores, pois com frequência é mais barato para os produtores americanos gravarem programas e filmes aqui, devido à redução de impostos e ao extraordinário reservatório de talentos, tanto em frente às câmeras quanto atrás delas. Considero sorte que minha mudança para Londres tenha coincidido com esse *boom*, não apenas porque posso trabalhar em uma grande variedade de projetos e no fim do dia voltar para casa e dormir na minha cama, mas também porque muitos de meus amigos que moram nos Estados Unidos vêm regularmente trabalhar aqui por longos períodos.

Isso fez com que nossa casa se tornasse um segundo lar para os nômades do mundo do celuloide. Felicity e eu adoramos receber amigos de terras além-mar, pois assim podemos passar um tempo de qualidade com eles e eles têm um respiro da comida de restaurantes e do serviço de quarto.

Atores são ao mesmo tempo a chama e a mariposa. Buscam a companhia uns dos outros e encontram camaradagem instantânea na vivência comum do estilo de vida peripatético. Na maioria das vezes, as pessoas — sobretudo os homens — não fazem amigos facilmente, e, quando fazem, costumam levar anos para se mostrarem abertas, sinceras e vulneráveis umas às outras. No entanto, os atores em geral são diferentes. Fazer amizades rapidamente é um aspecto inato da psique dos atores, em parte porque é uma exigência do nosso trabalho.

Bom dia, Ator X, aqui é a Atriz Y, que vai interpretar sua esposa. Vamos começar as filmagens com a cena número zero, quando você sai do chuveiro e a confronta sobre o caso extraconjugal, então ela o seduz e tenta matá-lo. Ou vice-versa.

Como atores às vezes ficam meses longe de casa, encontrar os colegas após o trabalho para tomar um drinque e jantar ou fazer um passeio no dia de folga são coisas vitais para afugentar a solidão — e conseguir fazer amizade quase que instantaneamente torna isso mais fácil. É um trabalho intenso gravar cenas emocionalmente pesadas por horas a fio, por semanas ou meses, muitas vezes em um lugar no meio do nada e com um clima horrível, é algo que acelera o metabolismo da amizade nos atores, nem que seja para ter alguém compreensivo que escute nossas intermináveis diatribes sobre as longas horas de trabalho, a chuva, as acomodações, a comida no set, o diretor ou (sim, acontece) um colega de cena. Nossa casa se tornou uma espécie de santuário para esses histriões de olhos lacrimejantes que peregrinam a Londres com a finalidade de encontrar ou manter a fama e a fortuna. E ficamos muito felizes em recebê-los.

13 de julho

Levei meus pais à exposição de fotos de Paul McCartney, aquela que visitei algumas semanas atrás em preparação para a entrevista que faria com ele, na recém-reformada National Portrait Gallery. Eu estava bastante nervoso, mas é fácil conversar com Paul, de modo que tudo correu de maneira serena e o encontro será para sempre um dos pontos altos da minha vida. E, obviamente, isso ainda é um eufemismo.

Enquanto percorríamos a exposição e eu empurrava a cadeira de rodas do meu pai, percebi que ele mal interagia e cochilava com frequência. Desde que chegara, passava muito tempo dormindo, parecia um tanto distante, apresentava dificuldade de se lembrar das palavras e falava de forma arrastada. Em casa, perguntei a minha mãe se ela havia notado essas coisas, e ela disse que sim. Aventei a hipótese de que ele houvesse sofrido um pequeno derrame e disse que talvez devêssemos chamar um médico. Ela concordou. Eu estava com medo. Meu pai é tão ativo quanto um homem de 93 anos com o joelho desgastado pode ser. Ainda tem todas as faculdades mentais, ainda fabrica joias em uma oficina pequena no alpendre, ainda desenha, ainda pratica caligrafia e trabalha como *sous chef* para a incansável e brilhante cozinheira que chamo de mãe. Portanto, vê-lo daquele jeito me levou a imaginar um batalhão de possibilidades desagradáveis que poderiam se desenrolar ao longo dos próximos dias.

Após um médico examiná-lo em nossa casa, nós o levamos ao hospital, onde foi visto por um especialista em "medicina aguda". Isso significa, basicamente, que se trata de um médico especializado em descobrir o que há de errado com um paciente quando todos os outros especialistas falharam. Após dois dias e uma bateria de exames, o médico anunciou que alguns dos remédios que meu pai tomava poderiam estar causando sintomas semelhantes aos de um derrame, assim como a exaustão, pois estava interferindo na pressão diastólica dele. No dia seguinte, após suspendermos dois suplementos e duas medicações, meu pai praticamente voltou à velha, embora *não tão velha*, forma. Em suma, os médicos dele haviam receitado remédios demais, algo que não é raro nos Estados Unidos, especialmente quando se trata de idosos. Foi fascinante ver que o resultado positivo pelo qual estávamos torcendo foi quase imediato após seguirmos as novas recomendações. Todos ficamos muito aliviados. Como dizem alguns, torça pelo melhor, mas prepare-se para o pior. Dessa vez, o melhor aconteceu.

Experiência igualmente fascinante, mas bem menos positiva, foi conhecer a pequena e triste cafeteria que fica no lobby desse novíssimo e moderníssimo hospital. No balcão, junto à caixa registradora, repousava uma quantidade abundante de bolos, bolinhos, cookies e outros sacarosos equívocos do mundo dos lanches. Ao fundo, havia mais um balcão, com sacos de batatinhas fritas, assadas ou tostadas, além de salgadinhos de todos os tipos e sabores, como lentilha, milho, arroz, cenoura e vários outros legumes, talvez até casca de árvore. Saquinhos e mais saquinhos e mais saquinhos, *ad nauseam*.

Em frente a essa apoteose do sódio, havia uma geladeira pequena com exíguas porções de atum, salada e ovo espremidas entre as inchadas fatias de um pão, conjuntos esses que se passavam por "sanduíches", além de alguns wraps de faláfel desbotados e um único wrap vegetariano sem glúten. Para piorar a situação, o café era horrível.

Comprei um sanduíche e o achei abominável. Minha mãe se recusou a comer. (Ela consegue ficar horas sem comer nada ou bem pouco, como um fuzileiro naval ou um camelo.) A comida dos pacientes, servida no quarto, era um pouco melhor do que a de costume na maioria dos hospitais, mas ainda assim inaceitável, especialmente para o paladar de meu pai.

Por que será que as pessoas da área médica, ao mesmo tempo que fazem tudo o que for possível para nos manter saudáveis e até para *salvar nossa vida*, minam os próprios esforços servindo uma comida pavorosa? Eis a pergunta que todo diretor de hospital deveria fazer a si mesmo. A diretoria de certas escolas talvez devesse pensar no assunto também.

Seja como for, no sábado de manhã meu pai recebeu alta e voltamos para casa, e então ele se barbeou, tomou um banho e se acomodou em frente ao televisor para assistir à final de duplas masculinas de Wimbledon. À tarde a cozinha rumorejou de atividade, o que resultou em uma maravilhosa refeição com toda a família, incluído meu muitíssimo desperto pai. Felicity e minha mãe prepararam nhoque caseiro, porque todo mundo gosta e combina com muitos molhos. Nicolo fez um molho de tomate fresco com lagosta. Bebemos vinhos tinto e branco e nos banqueteamos em um festim digno de um patriarca de 93 anos e a respectiva família. Apesar de saber que não seria o último evento desse tipo, eu me senti aliviado e contente ao ver meu pai e minha mãe se divertindo à mesa. Esse é o lugar deles, onde ficam mais felizes.

16 a 17 de julho

Felicity e eu fomos ao Newt, um lugar deslumbrante em Somerset que ocupa uma área enorme e tem uma fazenda ativa, três restaurantes e lindos quartos de hotéis, tudo integrado de maneira elegante em prédios renovados. Tivemos vontade de ficar lá para sempre. A comida, majoritariamente vegetariana, cujos ingredientes eram selecionados das muitas hortas, estava sublime e nos fez esquecer a existência da carne vermelha. A cebola assada crocante por fora e macia por dentro lembrava alcachofra frita. O *hangop* (iogurte coado caseiro) com pão de fermentação natural estava viciante. A abobrinha com *aioli* estava extraordinária e a barriga de porco (que quase sempre pedimos, porque adoramos), polpuda e perfeitamente crocante por fora, porém só demos uma provinha, porque, como de hábito, nosso olho foi maior que a barriga. Almoçamos lá dois dias seguidos, apreciando a vista das magníficas hortas e pomares.

No segundo dia, quando eu estava à espera da comida, um cavalheiro idoso se aproximou e me disse quanto havia apreciado *Searching for Italy* e que ele e a esposa eram grandes fãs meus. Revelou então que ela havia falecido fazia pouco tempo, que teria ficado muito alegre em me encontrar e que ele desejava que ela estivesse presente naquele momento.

As mãos dele tremiam um pouco quando apertaram a minha, à qual se aferrou com força. Percebi que o tremor era causado pela idade e pelo nervosismo, mas também compreendi que era resultado da onda de emoções profundas.

Quando falou da falecida esposa, eu soube instantaneamente que ele carregava, dentro dele, a companheira e todos os sentimentos dela. Uma vez que a esposa já não estava entre nós, *ele* havia se tornado o canal por meio do qual ela ainda podia vivenciar o mundo e pelo qual o mundo ainda podia vivenciá-la.

Quando uma pessoa que amamos morre, nós a absorvemos. Acolhemos em nós os sentimentos dessa pessoa e passamos a enxergar a vida pelos olhos e pelo coração dela, ao mesmo tempo que por meio de nossos sentidos e emoções. Em essência, nós nos tornamos o outro. Essa não é uma escolha consciente. Apenas acontece. E acontece porque ainda não somos plenamente capazes de aceitar a ausência daquela pessoa. Isso a mantém viva, ou, pelo menos, a torna menos morta.

Tive vontade de abraçá-lo ao lhe dar condolências, mas não abracei. Talvez tenha achado que seria demais para nós dois.

Enquanto ele segurava minha mão, eu sabia que a sensação real e visceral que ele tinha de que a esposa estava presente naquele momento — uma experiência que teriam partilhado se ela estivesse viva — desvaneceria com o tempo. No entanto, ele ainda não sabia disso, nem precisava saber. Essa compreensão — ou esse conhecimento — levaria anos para chegar. Contudo, a presença dela em ocasiões como aquela jamais desapareceria por completo. Permaneceria para sempre. Para sempre. No entanto, em breve seria menos predominante. Com o tempo, a presença dela se faria sentir no corpo dele, no coração, nos pensamentos, às vezes de forma suave, às vezes de forma brusca, mas não voltaria a durar tanto quanto hoje. Um dia, daqui a muitos anos, essa presença haverá de pousar no cume da alma daquele homem por apenas um ou dois segundos, trazendo um tremor do passado e o vislumbre de um futuro que poderia ter ocorrido.

Então voltaria a desaparecer.

Quando estava indo embora, ele me deteve e perguntou se algum dia eu escreveria um livro de receitas para cônjuges enlutados. Sem saber o que responder, mencionei o livro de receitas que Felicity e eu escrevemos e expliquei que os pratos eram simples e que ele talvez os apreciasse. Então ele perguntou se havia receitas para apenas uma pessoa.

18 de julho

Matteo é obcecado por futebol. As paredes do quarto dele estão cobertas com fotos de grandes jogadores recortadas de jornais. A maioria delas é do ídolo Harry Kane, que jogou no Tottenham e agora está no Bayern de Munique. Pelé também está nas paredes. Mostrei a Matteo alguns vídeos de Pelé, contei que era um jogador brilhante e que tive a sorte de vê-lo jogar com o Cosmos de Nova York nos anos 1970. Fui assistir ao jogo no Shea Stadium com colegas do time de futebol da minha escola. Pelo que me lembro, tivemos sorte de conseguir ingressos, pois seria o último jogo de Pelé.

O estádio estava lotado e até Muhammad Ali estava na plateia, sentado a pouca distância de nós. A certa altura, Ali deixou o assento e se dirigiu ao corredor. Um de meus colegas me convenceu de segui-lo para tirar uma foto — acho que ele tinha uma câmera —, e lá fomos nós. O pugilista estava indo ao banheiro, acompanhado por um segurança. Nós o seguimos furtivamente, paramos no umbral e ficamos olhando as costas de Ali enquanto ele se aliviava como qualquer outro homem em um mictório. Eu estava dizendo a meu amigo que queria voltar a nossos lugares quando escutei um rugido ensurdecedor vindo da arquibancada. Corremos de volta e descobrimos que Pelé havia acabado de marcar um gol. Aquilo doeu em mim. Não apenas porque meu ídolo futebolístico fizera um gol e eu o perdera, mas também porque decerto seria o último gol que ele faria como jogador profissional — e foi mesmo. Perdi a oportunidade de ver "O Maior de Todos os Tempos" marcar o último gol na carreira para ver outro "Maior de Todos os Tempos" urinando. Se algum dia eu levar Matteo a um jogo de Harry Kane, nenhum de nós vai deixar o assento, não importa qual célebre bexiga busque alívio no banheiro.

Seja como for, eu me alegro ao ver o amor que ele sente pelo mais belo dos esportes. De tempos em tempos, Matteo diz que um dia será jogador profissional. E de *outros* tempos em tempos, ele diz que um dia será herpetólogo. E em cada uma dessas ocasiões eu acredito no que ele está dizendo e desejo que ambos os sonhos se realizem.

Fiz risoto de cogumelos para mim e Felicity. Ficou muito bom. É muito mais fácil fazer risoto para apenas duas pessoas. Queria pôr açafrão, para transformá-lo em um verdadeiro *risotto milanese*, mas sei que Felicity não gosta. Dentre os pratos que minha mãe fazia quando eu era menino, *risotto milanese* era um de meus favoritos. Ela sabia a exata quantidade de açafrão que deveria usar. Se colocamos demais, o arroz fica amargo, daí vem a resistência de Felicity. Quer dizer, eu provavelmente costumo pôr açafrão demais. Sempre que estou em Milão, esse é o primeiro prato que peço. Em geral é feito sem cogumelos, mas acontece que eu amo com cogumelos. Risoto é uma receita tão delicada e temperamental. Para prepará-lo, é preciso ter a paciência de um santo, além de uma considerável capacidade de concentração. Fazer um bom risoto é uma arte, que ainda não dominei de fato, mas estou me aprimorando. Embora, no fim das contas, eu saiba que o risoto é um animalzinho selvagem, evasivo e arisco, que permanecerá eternamente indomado.

Um fim de tarde de julho (a data é incerta)

Em um fim de tarde ensolarado no início do verão, Felicity e eu estávamos cozinhando, como de hábito, e decidi fatiar umas abobrinhas para assá-las na grelha de churrasco. Nem sempre me agrada fazer legumes grelhados, mas as abobrinhas eram muito grandes e não ficariam boas se eu fosse salteá-las, pois ficariam aguadas, e eu não estava com a disposição necessária para prepará-las à parmegiana. Portanto, botei as abobrinhas para marinar, acendi o fogo e as joguei na grelha, e é claro que algumas fatias caíram pelas frestas das grades, o que me irritou bastante. (Por algum motivo, sempre me esqueço de comprar algum implemento que impeça esse acidente.) Acabei conseguindo pôr o restante das abobrinhas na grelha sem causar desastres, e então a campainha toca. Felicity diz que não vai atender porque está ocupada e, além disso, ela *sempre* atende à porta, será que *eu* não posso atender dessa vez? A contragosto, vou atender à porta, mas me esqueço de antes dar uma olhada pelo monitor para ver quem está lá fora.

Abro a porta e, em frente a mim, vejo um homem de boa aparência, intencionalmente despenteado, de 40 e tantos anos, usando um casaco Barbour e coturnos Wellington, e com ele, na ponta de coleiras gastas, estão dois cachorros de alguma raça que pessoas que se vestem assim costumam levar para todo lugar. Ele se apresenta com um sotaque bacaninha e me diz que integra a diretoria de uma instituição de caridade que apoia crianças órfãs.

Sinto uma pontada no coração só de ouvir essas palavras. Ele então me diz que sabe que meus filhos perderam a mãe.

Outra pontada, mais profunda.

Ele pergunta se, tendo em vista a experiência de meus filhos, eu não aceitaria colaborar com a instituição participando de um evento, como fez o renomado ator Fulano de Tal e o ilustre Sicrano de Tal-e--tal-e-tal.

Após a menção de outros nomes famosos, que pairam em meu umbral, tartamudeio por alguns instantes, porque me sinto intimidado pelo ar superficialmente aristocrático do sujeito, mas também porque não sei o que responder, já que começo a ficar tocado com as lembranças tão entranhadas em mim que vêm à tona e porque essa conversa começa a me incomodar.

Então, por algum motivo, de repente peço desculpas por não o convidar a entrar e lhe explico que estou preparando o jantar e, além disso, nossos gatos talvez não reajam com muita cordialidade quanto à presença dos cachorros e vice-versa. Ele diz que compreende e me fala mais sobre a instituição, e eu digo que, se ele mandar um e-mail para a minha assistente com todas as informações importantes, darei uma olhada. Anoto o e-mail em um papelzinho e lhe entrego, ele me agradece, eu fecho a porta e volto à grelha da churrasqueira.

A grelha que eu havia deixado no fogo alto.

A grelha sobre a qual agora jazem os resquícios carbonizados de abobrinhas cuidadosamente fatiadas e delicadamente marinadas.

Fico furioso.

Grito um bocado.

Xingo aquele janota.

Xingo os cachorros dele.

E quanto mais zangado fico ante a devastação que a visita do sujeito causou em meu jantar, mais zangado fico com a impertinência dele, a audácia da visita e o tanto que me perturbou.

Devo esclarecer que a instituição me pareceu necessária e digna. Como já deixei claro, apoio várias instituições de caridade e faço o que posso para conscientizar o público e arrecadar fundos, além de fazer doações. Recebo pedidos para apoiar uma instituição nova quase todo mês, mas se eu trabalhasse com todas elas acabaria sobrecarregado, e isso diminuiria o impacto positivo que posso ter sobre aquelas que já apoio. Os pedidos, no entanto, costumam vir por e-mail ou carta.

Que tipo de gente, se me permite perguntar, decide bater na porta de alguém, sem avisar, em um sábado no fim da tarde, entre o *happy hour* e o jantar, para pedir um favor relacionado ao período mais doloroso da vida do outro?

Será que ele nunca ouviu falar de cartas? A secular tradição de encostar a caneta no papel, escrever um pedido, colocá-lo em um envelope, lamber a aba deste, fechá-lo, endereçá-lo (ação essa bastante fácil pois ele *obviamente tem meu endereço*!), lamber um selo, grudá-lo na parte superior direita do envelope e enfiar esse complexo calhamaço em uma das muitas caixas de ferro fundido vermelho do Correio Real convenientemente situadas em inumeráveis esquinas de Londres.

Sério, que tipo de comportamento é esse? Eu hesito em ir à casa dos meus vizinhos, com quem tenho relações amigáveis, para pedir uma simples xícara de açúcar! O que esse cara esperava ao bater na minha porta? Deve ter achado que eu fosse dizer: "Ah, olá, sr. Janota-não-sei-das-quantas, eu estava mesmo torcendo para que você aparecesse em uma tarde de sábado, enquanto desfruto um momento agradável e necessário de convivência em família, e recordasse o falecimento de minha esposa, assim como a dor e o luto de meus filhos mais velhos, afinal eu quase não pensei nisso a semana inteira!"

E ele ainda por cima transformou minhas abobrinhas em cinzas.

Alguns dias depois, Lottie recebeu um e-mail muito longo sobre a instituição de caridade, que, como eu disse, tem nobres propósitos, mas, em uma subsequente conversa por e-mail, o sujeito se mostrou muito ofendido quando Lottie sugeriu que era um pouco inadequado que ele viesse me procurar em casa.

Foi *ele* quem ficou ofendido!

Sério?!

Fiz uma doação.

20 de julho

Fui à festa ao ar livre que Jilly Cooper ofereceu na casa dele, em Cotswolds, e lá conheci mais algumas pessoas que estão trabalhando na série *Rivals*, produzida por Felicity. Só havia petiscos, e eram inspirados na comida que seria servida em uma festa como aquela nos anos 1980, período em que se passa a série. Nas travessas havia espetinhos com abacaxi e outras frutas, além de miniquiches e coisas que pareciam estar nas profundezas de um freezer desde a década de 1980, descongeladas especialmente para a ocasião. Digo apenas que me alegro pela mudança nos gostos alimentares desde então. Jilly foi afável como sempre e ainda estava andando pela festa e conversando com vivacidade quando fomos embora, o que é um milagre para alguém que há 86 anos vive basicamente de maionese e champanhe.

21 de julho

Peguei o trem para casa esta manhã, após tomar um café da manhã mais ou menos no hotel.

Cheguei em casa esfomeado. Preparei um misto-quente com presunto, queijo, mostarda e tomate (conhecido como sanduíche grelhado nos Estados Unidos) e bebi uma cerveja. Bom pra caramba.

Preparei linguiça, arroz e vagens para as crianças. Millie passa pelos estágios finais da catapora e não está muito feliz. Pediu massa com manteiga e queijo, e não consegui dizer não. Ela é muito corajosa.

Para mim, fiz *fettucine* com ervilhas, cebola, *guanciale*, feijão-verde e tomates frescos. Estava bom. Nada de extraordinário. Devia ter deixado o *guanciale*, as ervilhas e os feijões-verdes cozinharem por mais tempo e também ter passado os tomates no espremedor, pois as cascas estavam duras. Fica para a próxima.

Felicity chegou em casa após ziguezaguear por um labirinto de horários de trens cancelados, algo que acontece com frequência por aqui, e comeu um pouco de sopa de feijão-verde. Eu, claro, comi novamente com ela. Terminei o gaspacho que havia feito uns dias atrás. Uma receita de José Andrés, deliciosa e fácil de preparar. Que *chef* brilhante ele é. Adoro gaspacho. Poderia comer todo dia.

22 de julho

Levei Matteo à feira de produtores. Ele devorou um sanduíche de bacon e linguiça enquanto eu me excedia na compra de legumes, verduras e carne. Fomos à loja de ferramentas para comprar uma lixa, pois pretendo terminar de lixar os móveis de teca que ficam em nosso pátio e foram incorretamente revestidos de verniz, de modo que agora estão descascando e com uma aparência horrível. O revestimento foi feito ano passado, quando eu estava em viagem a trabalho, portanto não me encontrava nas redondezas para dizer: "Hum, será que você poderia não fazer isso?"

Hayley Atwell e o noivo, Ned, vieram almoçar. Felicity fez uma ótima salada grega, e nós beliscamos petiscos, queijo e azeitonas que Matteo e eu trouxemos da feira.

23 de julho

Ultimamente, Matteo anda obcecado por cobras e armadilhas para cobras. Eu o ajudei a montar uma, usando uma caixa de plástico e uma garrafa de água. Matteo é muito engenhoso, tenho que admitir. A arapuca foi inspirada em uma armadilha para peixes que ele viu no YouTube. Assim que terminamos de montá-la, ele começou a especular obsessivamente sobre qual isca deveríamos usar e onde consegui-la. Felicity e eu sugerimos roedores e insetos, mas também lhe dissemos que provavelmente não há muitas cobras em nosso quintal. Ele se recusou a acreditar. Continua determinado a pegar uma áspide. Eu continuo torcendo para que ele não pegue.

Para contentar a fixação serpentina de meu filho, navegamos por sites especializados em cobras e encontramos um vídeo, novamente no YouTube, que mostrava um homem em uma selva, sendo que ele era obviamente nativo do lugar, cozinhando e comendo uma porção de cobras. Não tivemos alternativa além de assistir até o fim.

Primeiro, o homem as escalfou rapidamente em uma panela de água que fervia sobre uma pequena fogueira, depois raspou as escamas com uma colher. Em seguida as amarrou em nós — não sei ao certo por quê — e fritou em um bocado de óleo, acrescentando gengibre picado, capim-limão e talvez folhas de curry. (O vídeo não tem narração e ele não diz uma única palavra, de modo que alguns ingredientes permanecem um mistério. Ele simplesmente cozinha, com grande concentração, e nós só ouvimos o som da fogueira e do óleo chiando.) Então ele cobriu a panela com uma tampa de bambu trançado.

Em um pilão, moeu e misturou alho, pimenta-malagueta, suco de limão-taiti e talvez algum vinagre (mas talvez fosse algum tipo de vinho) até formar uma espécie de molho. Então voltou à panela e viu que as cobras já estavam crocantes. Por fim, ele as colocou em uma folha grande e pôs-se a comer vorazmente com as mãos, de tempos em tempos mergulhando-as no molho de pimenta.

Meu horror e minha repugnância por cobras são proporcionais ao fascínio e encantamento que Matteo sente por elas, mas *nós dois* nos encolhemos, em pânico, enquanto assistíamos, só de pensar em comer o que aquele sujeito estava comendo. E ainda assim estávamos hipnotizados. Não conseguíamos parar de assistir. Aquele homem mostrou tanta segurança ao preparar e cozinhar as cobras, e comeu com tanto gosto, que a coisa toda acabou parecendo "normal" para nós. (Sei que estou falando como um "americano idiota".)

Ele precisava de proteína. Cobras são animais com muita proteína, e estavam à disposição. Então ele apanhou algumas. O método de preparo provavelmente foi-lhe transmitido por ancestrais, portanto ele as preparou daquela forma e comeu-as. Se visse como *nós* criamos ou compramos, preparamos e comemos sejam quais forem os animais que escolhemos comer, tenho certeza de que ficaria ainda mais apavorado do que nós.

As pessoas comem cobras em várias partes do mundo. Para mim, cobras são criaturas assustadoras.

Para Matteo, uma cobra seria o bicho de estimação ideal.

Para o homem no vídeo, a cobra é uma fonte de nutrição que pode assumir uma forma muito comestível.

Foi um dos melhores vídeos culinários que já vi. Sem música. Sem comentários. Sem legendas na parte de baixo da tela. Apenas o som ambiente, o crepitar do óleo na panela e o homem mastigando vigorosamente um festim de cobras.

Seja como for, o vídeo levou Matteo a pensar ainda mais em cobras, se isso é possível, a tal ponto que, no fim da tarde de domingo, tive que insistir para que ele deixasse o assunto um pouco de lado e não voltasse a falar de cobras até a manhã seguinte, porque eu já estava ficando louco. Ele aceitou cordialmente.

A moratória durou uns trinta minutos, até que ele serpenteou de volta ao tópico. Vou ter que montar uma armadilha para ele.

27 de julho

Levamos as crianças a um parque de camas elásticas, o lugar mais barulhento do mundo. Elas pularam por mais de uma hora, enquanto Felicity e eu dávamos um jeito de trabalhar nos notebooks. O nariz de Millie sangrou um pouco (tem essa tendência, como a mãe), pois alguém deu uma cotovelada no rosto dela. Ela chorou um pouquinho e logo disparou de volta à refrega. Segundos depois, vi Felicity esfregando furiosamente uma mancha de sangue no casaco de caxemira branca que eu comprei para ela dois dias antes. Tentei nem olhar.

Levamos sanduíches preparados por nós, mas pedimos cachorros-quentes, que as crianças devoraram, e batatas fritas, que Felicity e eu devoramos, porque estavam ótimas. Certamente retornaremos ao parque de camas elásticas, mas da próxima vez traremos protetor de nariz, roupas à prova de sangue e tampões de ouvido.

Depois, fomos à Fazenda Garsons, distante cerca de dez minutos, onde os fregueses colhem os legumes, frutas e flores que vão comprar. Colhemos vagem francesa, girassol, milho-doce, groselha e amora. As crianças estavam no céu, pois são obcecadas por essas frutas, em especial amora. Felizmente, amoreiras crescem por toda a Inglaterra. A mais doce das ervas daninhas.

Nosso jantar foi espaguete com molho marinara engrossado. Felicity queria engrossar o marinara para ver se Millie comeria. Ela não comeu, mas nós, sim.

Também comemos um acompanhamento de acelga arco-íris que eu preparei uns dias antes. Eis como faço:

Acelga arco-íris

2 maços grandes de acelga arco-íris (ou qualquer acelga)
Sal

1 dente de alho cortado na metade
Azeite de oliva extravirgem

• Separe as folhas de acelga do caule. Lave-as e deixe-as de molho em água gelada. Pique os caules em pedaços grandes, deixe-os de molho em água gelada por alguns minutos e depois escoe a água.

• Ponha os caules picados em uma panela funda, cubra-os com água e adicione o alho e uma boa pitada de sal. Tampe a frigideira e deixe a água ferver. Então coloque em fogo médio por cerca de dez minutos.

• Retire as folhas de acelga da água e corte-as em pedaços grandes. Leve-as à frigideira e cubra com mais água, se necessário. Adicione um pouco mais de sal, volte a tampar e cozinhe por cerca de dez minutos, até as folhas ficarem macias e murchas.

• Escorra a água, ponha a acelga e os caules picados em uma travessa e tempere com azeite de oliva extravirgem.

Nota: Se quiser, adicione cerca de meia xícara de marinara ou *passata*, assim como uma pitada de flocos de pimenta-caiena. Você também pode servir com massa (evite formatos muito pequenos) e finalizar com *ricotta salata* ralada, pecorino ou parmesão do tipo Reggiano.

Faço essa receita quase toda semana. Parte da beleza de um prato ou de uma refeição é a efemeridade. Podem ser repetidos, mas jamais serão idênticos. Como a encenação de uma peça. As falas e o cenário podem ser os mesmos, porém o resultado será sempre um pouco diferente. Igual, mas diferente.

28 de julho

Jantamos no Sabor com a maravilhosa escritora e brilhante apresentadora do podcast *How to Fail*, Elizabeth Day, e o marido dela, Justin Basini. Ficamos amigos alguns anos atrás por diversas razões, mas acho que a principal é que somos todos obcecados por comida. Não sei o que dizer do restaurante, Sabor. Comi lá inúmeras vezes, e é sempre genial. Nieves Barragán, *chef* e proprietária do lugar, recebeu uma estrela Michelin poucos anos atrás. Trabalhou como *chef* no restaurante Barrafina antes de abrir o Sabor e dar a todos nós aqui em Londres a dádiva de experimentar a abordagem única da culinária espanhola feita por ela. Contudo, o lugar não é preciosista ou cheio de frescuras como muitos restaurantes "estelares". O cardápio é uma interpretação pessoal de Nieves das *tapas* espanholas, mas vai além. Em suma, é um dos melhores restaurantes que já frequentei, e ela é uma das pessoas mais legais que alguém poderia conhecer. Fico faminto só de pensar no assunto. E eu acabei de comer.

29 de julho

Fui à feira de produtores com minha filha Camilla, que voltou para passar o verão comigo (finalmente!!), e com meus filhos mais novos. Comprei sanduíches de linguiça, que eles comeram enquanto eu me excedia na compra de todos os seguintes itens:

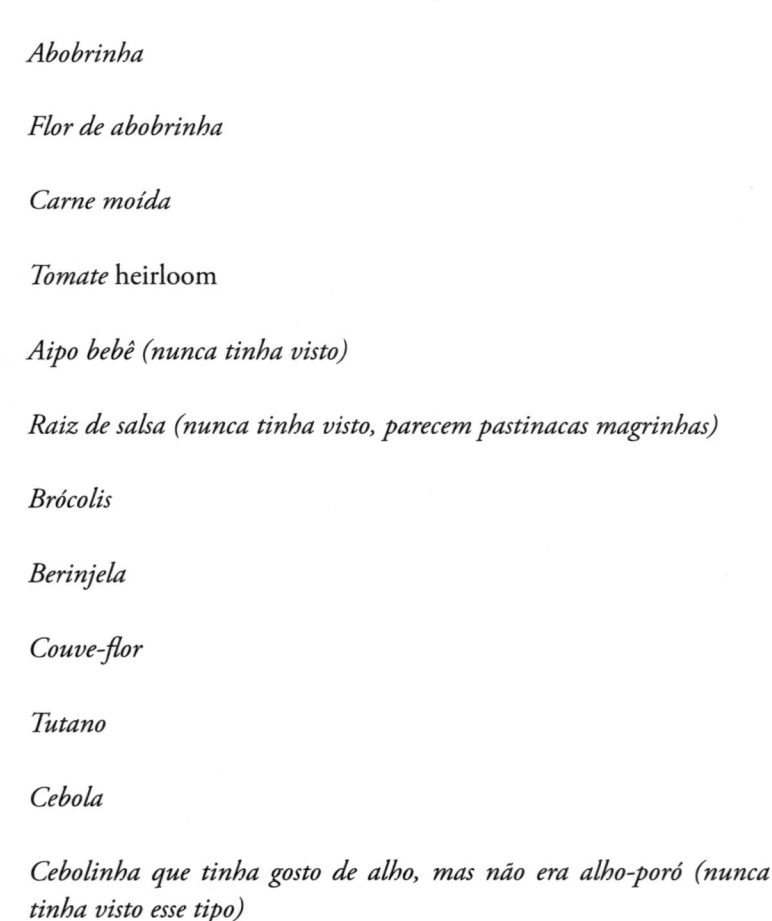

Abobrinha

Flor de abobrinha

Carne moída

Tomate heirloom

Aipo bebê (nunca tinha visto)

Raiz de salsa (nunca tinha visto, parecem pastinacas magrinhas)

Brócolis

Berinjela

Couve-flor

Tutano

Cebola

Cebolinha que tinha gosto de alho, mas não era alho-poró (nunca tinha visto esse tipo)

Salsa

Folha de parreira recheada

Azeitona Nocellara

2 tortillas espanholas

2 potes de gaspacho

1 baguete

1 ciabatta

Voltamos para casa, comemos as *tortillas* e o gaspacho. Também descobrimos que Matteo está com catapora, bem agora que as bolhas na pele de Millie estão secando e desaparecendo. O caso dele, porém, parece ser menos grave, e ele está de bom humor. Estou torcendo para não piorar. Desempacotei o butim da feira e comecei a preparar o seguinte:

Para mim

Um panelão de chili con carne

Para Felicity

Cenouras assadas e raiz de salsa

Caldo de batata e alcachofra

Ao longo do dia, fomos comendo um pouco de cada prato.

30 de julho

Cozinhamos de novo.

<u>Para mim</u>

Berinjela à parmegiana

Coelho com cenoura, aipo, tomate, vinho branco e azeitonas Taggiasca

<u>Para Felicity</u>

Aioli de cebolinha francesa

Carpaccio de robalo com tomate, azeite de oliva e limão-siciliano

Salada de tomate

Recebemos uns amigos à noite e, por consideração ao conviva que não comia carne, servimos uma refeição vegetariana — exceto pelo *carpaccio* —, composta pelos pratos que havíamos preparado nos últimos dois dias. Guardei o *chili con carne* e o coelho para a semana seguinte.

Pela manhã, voltei a saborear o *chili* com o que sobrou das *tortillas*. Foi meu substancioso e merecidíssimo café da manhã após limpar o jardim e arrancar um pouco do verniz dos lindos móveis do pátio, conspurcados por um envernizador fanático.

O *chili* estava maravilhoso, mas não sei ao certo por quê. Essa é a razão pela qual jamais serei um grande cozinheiro. Nunca meço os ingredientes. Quase sempre julgo cada estágio de um prato com os olhos, o nariz e a boca. Odeio medir coisas. Acredito que isso seja decorrente de minha deficiência numérica, ou porque sou vítima de uma condição conhecida como discalculia. Portanto, fazer pesagens e medições, ou, Deus me livre, *converter unidades de medida*, é uma forma lenta de tortura. (Devo confessar que, por esse motivo, não acho muito fácil escrever receitas e livros de culinária.) Também provei o coelho. Achei que estava igualmente maravilhoso. De novo: por quê? Não faço ideia. É bem possível que eu estivesse delirando por causa do cheiro tóxico do gel removedor de verniz e que, àquela altura, qualquer coisa me parecesse uma maravilha. Talvez eu devesse cheirar esse gel com mais frequência, já que me faz superar todas as incertezas e inseguranças a respeito de minhas capacidades culinárias.

31 de julho

Não consigo parar de pensar no homem comendo cobras naquele vídeo. O som da mastigação triturante e a concentração ao comer.

Felizmente a catapora de Matteo está melhorando. Decidimos lhe dar de presente um anólis verde, que é uma espécie de lagarto do tamanho de um camaleão. Faz tanto tempo que ele vem nos implorando por um réptil que acabamos cedendo. É uma criaturinha verde-clara inofensiva, com um papo roxo que infla quando se sente ameaçada. Eu gostaria de ter um papo assim. Quando Matteo recebeu a notícia, a dor da catapora pareceu abrandar um pouco, pelo menos.

Encomendamos o terrário vertical, ou "viveiro", que devemos primeiramente prover de plantas, uma estrutura para o animal subir e descer, luzes e um termômetro, pois o local precisa ser organizado e climatizado em determinada temperatura para que o bichinho possa chamá-lo de lar. Matteo está superanimado. Tenho certeza de que os gatos vão ficar frenéticos ao redor desse viveiro.

Bem, como diz o velho provérbio: o bichinho de um é o lanche do bichinho de outro.

3 de agosto

Matteo enfim se curou do surto de catapora. Só restam as casquinhas, e ele está fazendo um ótimo trabalho em não coçar. O caso dele foi pior que o de Millie, tadinho. Apesar disso, já voltou a correr pela casa feito um alucinado. Graças a Deus.

Richard Madden e Cheryl vieram para o jantar. Isabel, minha filha mais velha, e Lottie também. Uma pequena reunião dos Mosqueteiros da turnê de divulgação de *Citadel*. Fiz *tagliatelle* com tomates crus, que tinha deixado marinando na geladeira em azeite de oliva extravirgem, alho e manjericão. Após algumas horas, expus os tomates à temperatura ambiente, adicionei sal grosso, cozinhei a massa e misturei tudo. O calor da massa "cozinha" suavemente a mistura; um bocado de queijo de cabra e um salpico de parmesão deixam o prato beirando o inacreditável de tão bom. É melhor prepará-lo no verão, época em que os tomates, que são frutos da estação, encontram-se bem maduros. Os grandes funcionam melhor que os tomates-cerejas.

Como prato principal, fritei dois contrafilés e dois lombos bovinos e os servi com molho verde à temperatura ambiente, feito com salsa, alecrim e cebolinha, assim como alguns daqueles híbridos de cebola e alho que comprei na feira de produtores semana passada, tomilho, azeite de oliva extravirgem, suco de limão-siciliano e raspas da casca do limão. Também preparei uma mistura de manteiga, chalotas, salsa e alho. Eu me esqueci de preparar um acompanhamento ou uma salada, mas todo mundo ficou contente. Até eu.

5 de agosto

Não fui à feira de produtores, o que sempre me deixa meio triste e um pouco desconectado do lugar onde moro. Embora sejam os mesmos feirantes toda semana, vendendo basicamente as mesmas coisas, acho reconfortante passar lá. Todo mundo sabe que as pequenas consistências da vida são o que nos mantêm firmes e fortes. Feiras de produtores nos estabilizam, e também nos lembram, para o bem ou para o mal, da passagem do tempo. A primavera com as verduras, o verão com os tomates, o outono com as abóboras e o inverno com a couve Toscana nos conduzem aos poucos de um ano para outro.

Mais tarde, almoçamos na casa de nossos amigos Dominic e Paul, em Bray, uma cidadezinha cerca de cinquenta quilômetros a oeste de Londres. Dom preparou uma bolonhesa. Não sei o que ele fez, mas estava boa pra caramba. Para nossa tristeza, usamos uma marca inferior de *tagliatelle*, que se quebrou na panela enquanto eu mexia. Estava longe de fazer jus ao molho dele. Eu me lembro de que, nos tempos de estudante, quando morava em um apartamento no *campus* da universidade, comprava massa barata. Contei a meus pais que havia comprado a massa genérica, feita pelo supermercado, porque era mais em conta. A resposta deles foi algo do tipo: "O quê?! Não! Nem pensar! Você precisa comprar massa de qualidade. Podemos lhe dar mais dinheiro se for preciso!"

Nunca mais comprei a opção genérica.

Quando voltei para casa, preparei linguiças, milho, ervilhas e massa com queijo para o jantar das crianças. Fee e eu não comemos.

Por falar em milho, as espigas que colhemos semana passada na Fazenda Garsons estavam deliciosas. As melhores que já comi no Reino Unido. Em geral, o milho daqui é horrível. Sementes massudas, amarelo-escuras, mais amargas do que doces. Essas espigas, contudo, me lembraram do milho do verão nova-iorquino que eu cresci comendo. Preciso descobrir por quê.

6 de agosto

Fiz lentilhas, que acabaram passando do ponto (porque eu estava ajudando Matteo a fazer uma "jangada" de bambuzinhos), mas ainda assim ficaram boas. Também fiz *pasta fagioli* só com feijões *cannellini*, apesar de a receita levar também feijões *borlotti*, que esqueci. O que está acontecendo comigo? Ando muito distraído. Ainda estou angustiado porque Fee e eu discutimos, e me sinto péssimo. Argh. Descasquei e lixei mais um móvel do pátio, livrando-o da vulgar e desnecessária camada de verniz.

    Colin Firth veio jantar hoje à noite. Chegou uma hora e meia atrasado, porque achou que o encontro fosse no dia seguinte. E quem sou eu para criticar? Minha memória está pior a cada dia que passa. Colin precisa de alguém como Lottie. Ela me ajuda a lembrar o onde, o quando e às vezes até o *porquê* de tudo o que faço. Talvez seja a idade chegando, mas acho que é porque muitas vezes estou com a cabeça em outro lugar. Por exemplo, quando me apresentam a uma pessoa, tendo a me concentrar de forma excessiva nas feições (olhos, dentes, pele, nariz, pintas, cabelo etc.), na voz, nas roupas, no comportamento, e então imagino essa pessoa quando era criança, ou em casa comendo, depois passo a divagar a respeito de como é a casa em que ela mora, se é arrumada ou não, se a pessoa tem um cônjuge ou um parceiro, e qual a aparência dessa *outra* pessoa, como se conheceram, se são afetuosas uma com a outra, se estão felizes juntas, se têm filhos e, caso tenham, quem põe as crianças na cama, e por aí vai e vai e vai, até que me esqueço de quase tudo o que a pessoa em questão acabou de dizer. É exaustivo. Os homens, na maioria das vezes, não pedem informação quando estão perdidos, pois acham que a incapacidade de se orientar sozinhos é uma espécie de fracasso. Eu não tenho problema em pedir informação, mas hesito porque, quando vou perguntar para alguém, o processo que acabo de descrever começa a se desenrolar, e então fico mais perdido em minhas especulações a respeito da vida daquele indivíduo do que já estou geograficamente. Esse também é o motivo pelo qual não me recordo do nome de ninguém, apenas do rosto.

As pessoas sempre acham impressionante que os atores consigam se lembrar das falas. E a maioria dos atores acha impressionante que não atores consigam se lembrar de todas as outras coisas. Mais uma vez, devo citar *Rosencrantz and Guildenstern Are Dead*, de Tom Stoppard. O personagem do Ator diz: "Somos atores. Somos o contrário de pessoas." Ele não está errado.

Fazia tempo que eu não via Colin e estava com saudade. Felicity fez costela, eu deixei as batatas passarem do ponto e preparamos algumas opções de salada. Tudo ótimo, exceto as batatas.

7 de agosto

Eu me exercitei enquanto assistia às quartas de final da Copa do Mundo Feminina de Futebol. Inglaterra contra Nigéria. Ótimo jogo. Precisei desligar durante o segundo tempo da prorrogação, porque tinha compromissos e estava ficando estressado. A Inglaterra estava com apenas dez jogadoras em campo por causa de um cartão vermelho. Mais tarde, descobri que a Inglaterra ganhou nos pênaltis. Não consigo assistir a pênaltis. Odeio. Mesmo assim, que bom que as Leoas ganharam.

No café da manhã, comi ovo mexido com uma fatia de *focaccia*. Busquei as crianças na aula de tênis. Levei Matteo ao parque para que ele tentasse pescar peixinhos com uma rede no córrego semipoluído. Depois fomos almoçar. Para ele, iscas de peixe e batata frita. Para mim, cerveja e torta de queijo de cabra com pimenta-caiena. Um pouco esponjosa. O peixe e a batata estavam uma delícia. Depois, o levei para cortar o cabelo, coisa de que ele estava mesmo precisando.

Ao tombarem no chão, os lindos cachos foram revelando um rosto que mudara muito desde a última vez que o levei ao barbeiro, pouco tempo antes. Eu não estava preparado. Tudo está acontecendo rápido demais, e não gosto disso. Todos os dias as crianças mudam sem percebermos, até que em determinado momento notamos tudo de uma só vez. Então ficamos com a impressão de que perdemos alguma coisa. Acontece que não perdemos. Estávamos presentes o tempo todo. Só que as mudanças são imperceptíveis. É por isso que marcamos a altura dos filhos na parede, só para ter um registro do crescimento deles. Se não tivermos esse registro físico/visual para nos orientarmos, um belo dia vamos ficar perplexos ao ver nossos filhos se abaixando para nos dar um beijo de despedida.

8 de agosto

Convidei nosso amigo Rich para um jantar em comemoração ao aniversário de Felicity. Os dois são colegas de trabalho há anos, e ele também é padrinho de Matteo. Foi um dos melhores risotos que já fiz (disse ele, puxando a brasa para a própria sardinha). Uso arroz Acquerello, que é difícil deixar passar do ponto e, portanto, também é difícil chegar no ponto certo, então nunca consigo acertar. Dessa vez tentei algo diferente. Após cerca de vinte minutos, decidi abaixar o fogo e tampar a panela, algo proibido na preparação de um risoto. Alguns minutos depois, experimentei um pouco, e o arroz estava com o exato nível de firmeza que eu queria. Tirei do fogo, misturei umas colheradas de manteiga fria e dois punhados de parmesão, tampei e deixei descansar por um ou dois minutos. Chamam isso de *mantecato*, ou o acréscimo de gordura, daí a manteiga e o queijo. Felicity adorou, e eu também.

A galinha assada ficou um pouco seca, mas não estava ruim.

9 de agosto

Felicity abriu os presentes (felizmente gostou de todos) e fizemos exercício, depois fomos à Fazenda Garsons com as crianças. Camilla nos acompanhou, já que não teremos outra oportunidade de vê-la antes de ela voltar para Idaho. Estamos todos tristes, mas ela virá no Natal. Colhemos maçãs, framboesas, ameixas e, claro, mais amoras. O clima finalmente deu uma melhorada, ou seja, não está mais tão chuvoso, frio e outonal como de costume em agosto, e as crianças ficaram muito felizes de colherem frutas ao sol. Tivemos que literalmente arrastar Millie para longe dos arbustos de framboesa enquanto ela gritava: "Não consigo parar!"

Deixei as crianças com meus sogros, depois Felicity, Camilla e eu fomos para casa e preparamos salada de frango com as sobras da noite anterior. Ficou levemente anêmica. Nós nos esquecemos de adicionar cebolinha, que a teria deixado mais substanciosa. Depois fomos à estação Paddington pegar um trem para Bristol, onde haveria uma festa com a equipe de *Rivals*.

Adoro viajar de trem, ainda mais na Europa e particularmente na Inglaterra. É muito relaxante. Gostaria de viajar de trem pela Itália quando estivermos gravando a série, mas, do ponto de vista logístico, é impossível. Então terá que ser de carro.

Ocorre que não gosto muito de andar de carro. Não sentiria a menor falta se nunca mais entrasse em um, pois, para resumir, não consigo ficar parado por muito tempo. Prefiro viajar de trem do que de carro, navio ou, pode apostar, avião. Não tenho medo de voar, só acho a experiência exaustiva. Em mares tranquilos, viajar de navio é aceitável, pois estar sobre a água é como habitar um novo mundo. Mas, para mim, levando tudo em consideração, viajar de trem é sempre a melhor opção. Posso esticar as pernas, andar pelo corredor, ler um livro, escrever, comer, ir ao vagão-restaurante ou apenas apreciar a paisagem. No fim das contas, quando se trata de automóveis, acho que a única coisa que me atrai é a estética de certos modelos. Land Rover Defenders (os antigos), o Avanti de Raymond Loewy, o jipe Willys dos anos 1940, os Fuscas e as Kombis vintage da Volkswagen, o Jaguar prata dos anos 1960, o Volvo retangular dos anos 1970 e o Citroën DS 20 da mesma década, sendo que os últimos três modelos em algum momento pertenceram a meu tio Bob e minha tia Dora.

Em Bristol, fomos a um lugar chamado Rick's. Funcionários muito simpáticos que fazem bons coquetéis. Provamos alguns e comemos ostras e outros petiscos. Os barmen eram maravilhosos, interessados em aprender e inventar novos drinques. Como é bom ver pessoas jovens que não apenas amam o que fazem, como também sentem orgulho do que fazem.

Depois fomos a um coquetel em um grande bar de vinhos. Nas paredes havia fileiras de máquinas elegantes, todas com cerca de seis garrafas de vinho. Ao apertar um botão, era servida uma taça, e a garrafa voltava a ser selada automaticamente, permanecendo fresca por até três semanas. Máquinas assim já existem há algum tempo, mas aquelas foram as mais funcionais e sofisticadas que já vi. Que tentador instalar uma dessas na nova casa. O elenco e a equipe de produção levaram um bolo para comemorar o aniversário de Felicity. Entoaram mil elogios além de cantar "Parabéns". Todos a adoram, e com razão. Ela ficou comovida e um pouco envergonhada, o que a deixou ainda mais atraente.

11 de agosto

Voltamos de Bristol e chegamos em casa por volta da uma da tarde. Comemos massa com o feijão e a lentilha que eu havia preparado dias antes. Estava faminto. Lavei a grande quantidade de cebolas que colhemos na Fazenda Garsons. Estavam cobertas de barro, por isso demorei um pouco. Tínhamos colhido três cebolões amarelos e cerca de quinze cebolas roxas. Diferentemente das que compramos no mercado, estas possuem todos os formatos e tamanhos, com cores e perfumes intensos. As cebolas amarelas tinham pele cor de âmbar espessa e uma polpa branca e verde que me fez lacrimejar desde o primeiro corte. As cebolas roxas eram de um tom dos mais profundos e escuros, e, após descascar a rija camada externa e limpá-las, pareceram brilhar com uma luz interna. Empilhei-as no balcão e fiquei encarando-as, desejando ter tempo para pintá-las. Tirei algumas fotos para referência futura.

Decidi usar as cebolas amarelas no jantar como acompanhamento de duas costeletas de vitela holandesa compradas na ida anterior à Fazenda Garsons. Eis o que preparei, e ficou muito bom:

- Salteie as cebolas com um fio de azeite de oliva, um dente de alho esmagado, vinho branco e uma pitada de açúcar. Deixe tudo cozinhando devagar. Passe para uma tigela e reserve. Doure as costeletas em um pouco de manteiga e óleo por alguns minutos de cada lado e, em seguida, ponha as cebolas de volta na frigideira. Adicione uma folha de louro, um ramo de tomilho, um pouco de alecrim, caldo de frango e mais vinho. Abaixe o fogo, tampe a panela e deixe cozinhar por cerca de dez minutos.

Na noite seguinte, usei algumas das cebolas roxas no jantar da seguinte forma:

SERVE 2 PESSOAS

*3 cebolas roxas grandes cortadas em fatias finas
e picadas grosseiramente
8 anchovas pequenas lavadas e picadas em pedaços pequenos
Azeite de oliva extravirgem
Manteiga
6 alcaparras secas com sal picadas grosseiramente
Caldo de frango ou de legumes
255 g de espaguete
Farinha de rosca e salsa picada, para a guarnição*

- Em uma panela grande em fogo médio, cozinhe as cebolas e as anchovas com um fio de azeite de oliva e uma colherada de manteiga até que amoleçam, sem deixá-las escurecer. Acrescente as alcaparras. Adicione duas conchas (cerca de duas xícaras) de caldo de legumes ou de frango e deixe cozinhar de cinco a dez minutos.

- Enquanto isso, ferva o espaguete até ficar *al dente*. Escorra a massa e reserve um pouco da água da fervura.

- Adicione a massa à mistura e despeje um pouco da água da fervura. Acrescente mais um pouco de manteiga e azeite de oliva e mexa tudo.

- Sirva em uma tigela.

- Salpique com um punhado de farinha de rosca e salsa picada.

12 de agosto

Felicity, Matteo, Millie e eu viemos passar uma semana na Úmbria. Nós nos hospedamos em uma casa que já alugamos há cerca de sete anos, tem uma piscina incrível e uma área interna de lazer. As crianças estão muito animadas. Eu estou em cima do muro, pois já viajei tanto este ano que parte de mim só quer ficar em casa. Além disso, sei que faz muito calor na Itália nesta época do ano. E eu odeio calor.

Após fazer o check-in no Aeroporto Heathrow, nos dirigimos à minha parte favorita do processo de viajar de avião: a segurança. O aeroporto não estava muito cheio, e, quando nos demos conta, já estávamos despejando aparelhos eletrônicos, cintos e recipientes de líquidos — devidamente medidos e ensacados — em bandejas cinza para serem examinados na máquina de raios X por um funcionário uniformizado com expressão muito infeliz.

Nas mochilas das crianças, havia garrafas de água enfiadas nos bolsos laterais especificamente projetados para esse fim. Antes de as colocarmos nas bandejas cinza, perguntei a Felicity se estavam vazias, e ela disse que estavam. Ela não costuma mentir. Ao menos não sobre esse tipo de coisa.

Logo após minha pergunta e a resposta assertiva de Felicity, uma oficial de segurança anunciou que uma das garrafas continha água. Eu me desculpei profusamente, e estava prestes a achar um receptáculo para despejar o líquido quando a oficial perguntou se eu não poderia bebê-la. Sem hesitar, tomei um grande gole sob o olhar atento dela. Estava morna e tinha gosto de meia, mas mesmo assim sorri para a oficial, como se dissesse: "Veja, não é um líquido inflamável nem veneno. É só água." Ela me agradeceu e pus a garrafa em uma das bandejas cinza.

Após passar pelo detector de metais, que por um milagre não apitou como essas máquinas costumam fazer sem motivo algum, esperamos que a bagagem de mão completasse o caminho na esteira da máquina de raios X.

Infelizmente, uma de nossas malas foi redirecionada a "outra área", sinal de que o funcionário infeliz detectou algo que o deixou ainda mais infeliz, valendo-nos uma nova inspeção. Suspirei e me dirigi à mesa onde a oficial de segurança que me fez beber a água fétida aguardava a chegada da bandeja cinza que continha o objeto em questão. Quando a mala chegou, ela a apanhou, colocou entre nós dois e retirou a mesma garrafa de momentos antes. Então a oficial me fez a pergunta que, a esta altura, todos conhecemos tão bem:

"Isso pertence ao senhor?"

"Sim."

"O senhor sabe que há água nesta garrafa?"

"Sim. Acabei de tomar um gole."

"Não pode embarcar com ela."

"Por quê?"

"Não é permitido embarcar com essa quantidade de líquido."

"Ah, eu pensei que... Me desculpe... Eu pensei que você só quisesse me ver bebendo para ter certeza de que..."

"O senhor precisa terminar de beber a água."

"O quê?"

"Precisa terminar de beber a água, senhor, ou terei que confiscar a garrafa."

"Bem... então vou jogar fora."

"Não pode fazer isso, senhor."

"Por que não?"

"Não é permitido, senhor."

"Mas é só água. Você acabou de me ver..."

"Vai terminar de beber a água, senhor?"

"Não. Não vou terminar de beber a água. Está nojenta. Acabei de provar. Essa água está aí há... Está nojenta."

"Então o senhor aceita que eu confisque a garrafa?"

"Não. Eu não aceito que você confisque a garrafa." Era uma garrafa Yeti muito boa, e eu estava determinado a não a entregar. Argumentei: "Não posso só... Quem sabe... Não posso só jogar a água fora?"

"Sinto muito, senhor..."

Nesse momento, Felicity chega e pergunta o que está acontecendo. Eu explico. Ela diz:

"Não podemos só jogar a água fora?"

"Não, senhora. É contra as regras. Um de vocês precisa bebê-la, ou terei que confiscar a garrafa."

Felicity também fica perplexa.

"Mas isso é absurdo."

Uma pausa. Um vago impasse. A oficial de segurança está visivelmente frustrada. (Ora, ora, a ironia.) Ela diz:

"Volto já."

Ela se afasta.

Caminha bem devagar.

Felicity e eu conversamos.

Provavelmente sobre Kafka.

A oficial de segurança retorna com um supervisor, que diz:

"Sinto muito, senhor, mas terá que beber a água ou teremos que apreender a garrafa."

"Não quero beber a água. Já bebi e está nojenta."

"Então terei que..."

Felicity pega a garrafa e diz:

"Eu bebo."

Ela destampa e bebe. Mostra à oficial de segurança e ao supervisor que a garrafa está vazia.

Eles agradecem. Ela volta para perto das crianças, que estão a alguns metros de distância. Irritado, começo a guardar as coisas na mala, inclusive a traiçoeira garrafa de água. Então a oficial de segurança me pergunta em uma voz fininha e terna:

"Estou quebrando a cabeça, mas não consigo me lembrar do filme em que vi o senhor, só sei que adorei seu trabalho."

Meu maxilar vira pedra. Quase quebro um dente de tanto cerrar a mandíbula. Não consigo olhar para ela. Estou tremendo de raiva.

"Fiz muitos filmes."
"Eu sei, mas qual é aquele que..."
"PROVAVELMENTE *O DIABO VESTE PRADA*!"
Ela grita como uma adolescente:
"Aaaaaaah! Sim! É esse! É esse mesmo! Eu adoro você naquele..."
Já estou me afastando, pois não quero ser preso por fazer algo que jamais deveríamos fazer com outra pessoa.

Um pós-escrito irônico: Após embarcarmos no avião, Felicity me disse que a outra garrafa de água estava cheia até o gargalo, mas, por alguma razão, isso escapou à atenção das máquinas e da oficial obcecada por líquidos. Graças a Deus, do contrário Felicity teria passado o voo inteiro no banheiro.

Após desembarcarmos, enfiei todas as malas em um carro que deveria ser de sete lugares, mas no fim das contas tinha apenas cinco, sob um calor de 35 ºC, e então saímos do aeroporto de Perúgia e nos dirigimos a Città della Pieve para almoçar.

Città della Pieve é uma cidadezinha esplêndida no topo de uma colina e conta com uma vida noturna agitada, pois, diferentemente de muitas cidadezinhas italianas, a população inclui muitos jovens. Estávamos em plena época do Palio, um festival anual que acontece há séculos e no qual três "casas" competem em jogos e cozinham umas para as outras durante dez dias. As ruas estavam cheias de moradores que vendiam mercadorias e comidas, como sempre fazem aos sábados, mas, por causa do festival, muitos estavam vestidos com uma indumentária medieval, e a eles juntavam-se músicos, falcoeiros etc. Meu filho Nicolo está trabalhando na Quintosapore, a fazenda orgânica que pertence a Colin, à esposa, Livia, e aos irmãos dela, os gêmeos Alessandro e Nicola — e estes dois últimos deram sangue e suor para criar o estabelecimento. É o segundo verão consecutivo que Nico vem trabalhar na fazenda. Hoje ele estava usando uma daquelas sotainas medievais de lã e vendendo batatas da fazenda, cozinhadas em um OFYR (um enorme anel de ferro fundido com fogo no centro), sob o calor escaldante. Ele está na fazenda há cerca de um mês, colhendo e selecionando legumes e verduras ao longo de horas e horas no verão mais quente já registrado, mas ainda assim tem se divertido imensamente com os dois filhos de Colin e Livia, os quais conhece há uma década.

Passado um tempo, encontramos nossos amigos Danny e Monique, que vieram passar a semana conosco, e aproveitamos um ótimo almoço na cidade. Mais tarde, fomos de carro para a casa, desfizemos as malas e abrimos algumas garrafas de vinho enquanto as crianças brincavam na área de lazer junto à sala de estar, o verdadeiro motivo de alugarmos a casa.

Estou ficando obcecado com *allium* em todas as variedades do gênero. Aqui na Úmbria, comprei cebolas de Tropea, fáceis de encontrar no armazém. Salteei em óleo, vinho branco e um pouco de manteiga. Nós comemos no almoço. Adicionei batatas às cebolas cozidas e fiz *frittatas*. (Reservei o restante das cebolas para amanhã e as empilhei em uma *carta di musica*, um pão ázimo crocante da Sardenha, também conhecido como *pane carasau*.) Comemos com salada *caprese*, ricota fresca de ovelha e salada, foi um sucesso. O fato de termos despejado uma chuva de trufas negras sobre as *frittatas* também deve ter ajudado.

Contudo, o tipo de *allium* recente e um tanto raro de que temos nos banqueteado é conhecido como *aglione* e é nativo da Úmbria e região. (Em italiano, *aglio* é o mesmo que "alho", portanto *aglione* significa "alho grande".) O *aglione* parece um dente de alho muito grande, mas a casca tem uma cor mais uniforme (é branca com o interior marrom-claro). Possui entre dois e seis dentes e quase não tem aroma. Os donos da Quintosapore plantaram um campo inteiro de *aglione*, e, por ocasião de uma visita noturna que fizemos ao local, nos deram uma quantidade considerável para levar para casa.

Como eu disse, o *aglione* cru quase não tem aroma. Contudo, ao ser cortado e cozido, libera uma fragrância que está a meio caminho entre o alho e a cebola. Quando picado, salteado muito suavemente até a emulsificação e cozinhado com purê de tomate, dá origem a um molho maravilhoso, de sabor singular. Os únicos ingredientes a acrescentar são *pecorino romano*, sal e, às vezes, *pepperoncini*.

O molho é tradicionalmente servido com *pici*, uma espécie de espaguete grosso, bastante pesado e sem ovos. Na Úmbria, o *pici* também é chamado de *umbricelli*. O motivo é que *pici* é o nome toscano para esse tipo de massa, e Deus não pode permitir que um úmbrio use um nome toscano para coisa alguma, em especial para um tipo de massa. E vice-versa. Em certos aspectos, a forma de pensar da cidade-Estado medieval ainda permanece vivíssima em toda a Itália.

16 de agosto

Tomamos drinques e comemos aperitivos (*capicola, prosciutto, focaccia*) na pracinha da idílica cidade de Solomeo. O brilhante designer Brunello Cucinelli é o dono do lugar, razão pela qual tudo aqui é tão deslumbrante, e as ruas são mais limpas do que a minha cozinha, o que já diz muito.

Comemos em um restaurante próximo, quando pedi nhoque com *ragù d'oca*, que significa "molho de ganso". Embora se trate de uma receita secular, só ouvi falar dela ao gravar o primeiro episódio de *Searching for Italy*, quando exploramos um festival de debulha de trigo na campanha toscana.

Quando a Itália era de fato um país de cidades-Estados controladas pela Igreja e/ou por famílias reais, os gansos (assim como os cortes nobres de todas as carnes) eram reservados aos poderosos, como os membros do clero, a realeza ou os senhores feudais, os aristocratas proprietários dos campos e das fazendas nos quais os lavradores arrendatários trabalhavam.

Ainda assim, após a colheita, para demonstrar gratidão pelo labor dos camponeses, os senhores os presenteavam com certo número de gansos, que eram consumidos em uma única noite, em um grande festim. Os gansos eram assados em grandes fornos comunais. Alguns eram desmanchados e misturados a um molho de tomate, depois eram servidos com uma massa, como *primo piatto* (não muito diferente da bolonhesa) ou cortados em fatias e servidos em travessas com legumes, como *secondo piatto*.

O molho que comi no restaurante úmbrio estava soberbo, e, embora preparado de forma diferente, me fez lembrar de quando fui apresentado à receita, na noite em que filmamos o episódio da série.

Os gansos foram assados em grandes panelas retangulares de aço-carbono, em um formidável forno a lenha, não por *chefs*, mas por moradores locais. Quando tiraram uma das aves fumegantes do forno e me deram um pedaço, exclamei que era como provar um pedaço de Natal.

O molho, feito com ganso moído e preparado pelas mulheres da cidadezinha, ficou horas cozinhando em uma enorme caldeira. Soltava um aroma hipnótico, que emanava do líquido de tons alaranjados, vermelhos e dourados, prenunciando a complexidade do sabor. Quando passado em um pedaço de pão toscano rústico, tornou-se algo maior do que a soma das partes, cujo sabor ficou gravado de forma indelével em minhas papilas. Essa refeição simples, e a cerimônia que a celebra e a resguarda, é um registro gustativo inestimável da história daquele lugar e daquelas pessoas.

17 de agosto

Recebemos mais cinco amigos hoje, então Felicity contratou um *chef* que veio cozinhar para nós, o que nos permitiu ficar tranquilos e aproveitar o momento. Foi realmente um deleite.

O *chef*, um sujeito educado e tímido chamado Ciro, chegou por volta das onze da manhã para organizar o equipamento. Trouxe um forno elétrico para pizzas, que pôs em cima do fogão; algumas bandejas, cada uma com um domo de massa de pizza perfeitamente modelado; e todos os ingredientes necessários para o recheio, guardados em potes que ele organizou em questão de segundos no balcão da cozinha. Quando voltei de uma rápida saída para comprar mais vinho, ele já havia acendido a grelha (a mesma que Nico e eu não conseguimos acender algumas noites antes, fato que há de me irritar até o fim de meus dias) e os carvões estavam quase ficando brancos. Ciro fez e serviu, na hora certa, sem qualquer tipo de assistência, cerca de doze sabores de pizza, entre os quais:

Marguerita

Quattro formaggi *(quatro queijos)*

Focaccia *(azeite de oliva e alecrim)*

Brócolis com linguiça

Queijo, linguiça e trufa

Marguerita e trufa

E todas estavam deliciosas.

Depois, sobre os carvões já fulgurantes, ele grelhou algumas peças de *bistecca alla fiorentina*. (A carne usada para a *bistecca alla fiorentina* vem de uma raça rara de bovinos brancos que se alimentam apenas de pasto e é uma das mais saborosas do mundo.) Ciro fez alguns pedaços malpassados e outros um pouco mais ao ponto, para aqueles que gostam de carne... hum, um pouquinho mais bem-passada.

Após encontrar pessoalmente o grande Fabio Picchi, um dos mestres da *bistecca alla fiorentina*, já falecido, posso afirmar que Ciro está à altura dele. Tenho certeza de que Fabio ficaria contente.

Os acompanhamentos foram simples, como de hábito, mas tão bons quanto: folhas amargas fervidas e condimentadas com azeite e limão-siciliano e uma salada com vinagrete.

E tomamos vinho. Das duas cores.

Hora da verdade:

A parte difícil de escrever este livro é que meu paladar tem uma memória muito poderosa, e, se estou discorrendo a respeito de uma comida que me agradou, ele é logo atiçado e tenho que ir correndo à cozinha comer alguma coisa. É melhor eu terminar este livro de uma vez, ou vou acabar tendo que fazer visitas frequentes a um alfaiate muito sortudo.

19 de agosto

Voltamos para casa sem problemas e logo retornamos à rotina. Embora nossa estada na Úmbria tenha sido maravilhosa, é uma alegria estar de volta. Na Úmbria, cada dia amanhecia mais quente que o anterior, e, como já disse, não aguento passar calor. Amo o *sol*, mas não o *calor*. Minha experiência solar ideal é quando, depois de passar o dia esquiando na encosta de uma montanha, beberico um coquetel ao sol de inverno. (Que coisa esnobe de se dizer.)

22 de agosto

Emily, John e as filhas chegaram, o que deixou nossos filhos em polvorosa. Por duas semanas, Matteo e Millie não pararam de nos perguntar quando as primas estariam aqui, e quando elas chegaram os quatro não se separaram em momento algum. Ao longo dos dias seguintes, fiquei em casa o máximo que pude, fazendo o mínimo possível e só aproveitando a vida com Emily, John e as crianças, o que foi muito agradável. Saí um dia para levar Matteo ao médico a fim de que fossem examinadas as amígdalas e as adenoides, já que ele tem tendência a ficar com a garganta inflamada e uma "respiração pesada", como se diz. Após uma rápida olhada, o médico nos disse que realmente seria bom se Matteo tivesse tanto as amígdalas quanto as adenoides removidas. Segundo ele, melhoraria a respiração e atenuaria os roncos, faria com que as olheiras suaves desaparecessem e aprimoraria o paladar. Explicou que, após o procedimento, as crianças costumam engordar um pouco, porque é mais fácil engolir e tudo parece mais gostoso. Ao descobrir que hoje existe um método pouquíssimo invasivo de extrair as amígdalas, o qual permite que o paciente coma no mesmo dia, Matteo logo concordou em passar pela operação, e marcamos uma data. Estou muito curioso para ver se o paladar dele vai mesmo melhorar. Talvez eu esteja tentado a remover minhas adenoides também.

25 de agosto a 1º de setembro

A trupe Blunt-Tucci-Krasinski rumou aos Cotswolds para ficar na mesma casa em que nos hospedamos uns meses atrás. Monique e Danny vão nos encontrar lá. (Não tiramos férias sem eles, pois deixam todo mundo mais feliz.)

As pessoas:

6 adultos

4 crianças

As provisões:

2 caçarolas grandes de cabo comprido (uma de quarenta centímetros e uma panela Stanley de 35)

Minha faca favorita

Uma coqueteleira

2 conjuntos de pegadores de cozinha

Massa: aproximadamente oito pacotes de 450 g em vários formatos

Arroz: 450 g

Arroz de risoto: cerca de 3 kg

Azeite de oliva: duas garrafas de 1 litro de azeite comum Filippo Berio e uma garrafa de 5 litros de nosso azeite extravirgem favorito, Il Cavallino, da Toscana, que usamos todos os dias

1 caixa grande de sal kosher

12 garrafas de cerveja

18 garrafas de vinho tinto

18 garrafas de vinho branco

3 garrafas de vodca

4 garrafas de tequila

3 garrafas de uísque escocês

1 garrafa de vermute

3 garrafas de gim*

3 caixas de San Pellegrino

2 kg de parmesão

Um sortimento de outros queijos, moles e duros

3 pães

6 pacotes de salame, *prosciutto* e presunto

3 pés de acelga arco-íris

2 pés de couve-galega

---

* Estávamos esperando um grande fluxo de convidados ao longo da semana, daí o número de libações.

8 abobrinhas

4 pés de alface

12 batatas

2 bandejas de tomates sortidos

3 pés de manjericão

2 pés de salsa

1 cacho de bananas

8 laranjas

1 bandeja de maçãs, pêssegos e peras sortidas

1 saco de tangerinas

12 limões-sicilianos

12 limões

2 meios-galões de suco de laranja

4 litros de leite

1,5 kg de manteiga

1 litro de leite de aveia

1 litro de leite de amêndoas

4 cabeças de alho

3 *aglioni* (que sobraram da Úmbria)

3 trufas negras (que sobraram da Úmbria e foram contrabandeadas)

6 cebolas

8 cebolas roxas (que sobraram da nossa divertida colheita na Fazenda Garsons)

3 dúzias de ovos

2 caixas de cereais bastante açucarados para o café da manhã das crianças (porque nas férias pode)

2 potes de geleia

1 bisnaga de mel

4 bandejas de peito de frango

4 bandejas de *chipolata*

1,25 kg de carne moída

Mais dois adultos e uma criança chegaram no domingo.

Na segunda-feira, de alguma forma, foi necessário fazer uma visita ao mercado.

Na primeira noite, Ian Ballantyne (um *chef* autônomo que nunca estudou gastronomia formalmente, mas que é capaz de preparar qualquer prato muito, muito bem) permitiu que as crianças montassem as próprias pizzas, o que as deixou tão felizes que passaram a entoar o nome dele de hora em hora quando lhes dissemos que ele voltaria dali a dois dias. Não é todo *chef* que consegue conquistar as crianças e integrá-las naturalmente às alegrias da cozinha. Ian de fato voltou mais algumas vezes e preparou pizzas, berinjela com molho de missô, salada de batata assada, robalo assado e vários cortes de vitela e carne de vaca leiteira, grelhados à perfeição.

Durante a semana, a rotina foi basicamente assim:

Pela manhã, por volta das nove, todos nos exercitávamos com Monique, nossa amiga e instrutora, depois jogávamos tênis por umas duas horas, então fazíamos um gigantesco almoço (*avec vin*), jogávamos mais tênis, nadávamos com as crianças, depois dávamos uma caminhada nos campos ou cochilávamos.

Cinco da tarde: coquetéis.

Então...

Dar banho nas crianças.

Dar comida às crianças.

Botar as crianças diante de um filme.

Por fim, cozinhar.

Eis o que fizemos ao longo da semana, tanto para o almoço quanto para o jantar:

Tagliatelle all'aglione

Risoto com abobrinha e aspargo

Orecchiette *com* pesto, *batata e vagem*

Fraldinha selada em óleo, manteiga e vinho tinto

Frittata *com cogumelos e trufas negras*

Hambúrguer prensado, com o molho especial da Emily e fritas

Salada verde

Salada de pepino

Salada de tomate (às vezes com cebola roxa cortada em rodelas finas)

Salada especial da Emily, com couve-galega, alface e pepino

Feijão cannellini, *cebola roxa e atum enlatado*

Vagem ao vinagrete

Massas ao forno (uma com o que restou da maravilhosa bolonhesa que Emily preparou para as crianças, outra com molho de tomate simples; Fee e eu adicionamos bechamel a ambos os pratos)

Orecchiette *com cebola salteada, alho, abobrinha e muito, muito parmesão*

Além de John e Emily, as duas filhas deles, Danny, Monique e nós quatro da família Tucci, alguns amigos apareceram para uma visita ou outra ao longo da semana: Jonny Cournoyer, artista, fotógrafo e melhor amigo de John Krasinski; a esposa dele, Jenn Streicher, e o adorável filho de 10 anos, Arrow; David e Georgia Tennant; e Cillian Murphy e a esposa, Yvonne McGuinness.

Após superar meu deslumbramento, consegui conversar com Cillian e Yvonne, e ambos se mostraram extremamente interessantes, gentis e engraçados. Yvonne é uma artista de múltiplos talentos, além de ser uma tenista de mão-cheia. Cillian, por sua vez, é um ótimo jogador de tênis de mesa. Ele e eu disputamos três partidas, e, embora eu tenha ganhado a primeira, ele ganhou as outras duas. Vou exigir uma revanche, já que joguei em desvantagem pois provavelmente ainda estava um pouco deslumbrado. Contudo, cá entre nós, agora que conheci Yvonne, o encanto de Cillian foi eclipsado.

Adoro esse tipo de férias, pois adoro cozinhar para uma grande quantidade de pessoas que apreciam boa comida e estão dispostas a ajudar. Embora goste muito de relaxar lendo um livro ou rabiscando em um caderno, em algum momento *preciso* me levantar e me mexer. E quando me mexo, a menos que esteja fazendo exercício, prefiro me mexer na frente do fogão.

Entretanto, preciso me contradizer. (Por que não? Todo mundo me contradiz também.) Por mais que adore cozinhar com muita gente ao redor, também gosto de cozinhar sozinho. É óbvio que existe um propósito prático, mas para mim é como usar a comida para alimentar a mente.

Com isso quero dizer que cozinhar exige a concentração de certa parte de meu cérebro, o que, por sua vez, deixa o restante livre para explorar outros pensamentos, ideias, problemas ou medos que estiverem secretamente à espera de ruminação. Quando cozinho a sós, fico livre para pensar em como poderia, digamos, escrever certa passagem deste livro, como corrigir ou melhorar outra, ou se eu deveria simplesmente parar de escrever de uma vez por todas; ou em como escrever tal cena para tal roteiro em que esteja trabalhando; ou em como abordar a cena que devo interpretar no dia seguinte; ou em como me arrependo da forma como interpretei uma cena no dia anterior. Também posso ponderar o motivo pelo qual sou obcecado pelas peças de Tchékhov, em especial *Tio Vânia* e *O jardim das cerejeiras*, cujos personagens são infelizes porque vivem como acham que deveriam viver, mas não como realmente querem, também penso na forma como esses personagens permitem que as ideias que têm a respeito da vida se tornem obstáculos à ação e à verdade, e é por isso que as peças de Tchékhov são tão brilhantes e atemporais. Penso em meus pais, que agora moram na longínqua Flórida, lugar que para eles ainda é estranho, e em como isso me faz sentir culpado e triste; lembro-me de que minhas irmãs moram cada uma em uma costa deste país confuso que são os Estados Unidos de hoje; me pergunto como estão meus filhos mais velhos e desejo que sejam felizes; penso que já tenho uma idade demasiado avançada para envelhecer ao lado dessa mulher alta, esguia, linda e brilhante a quem amo, pois estarei velho demais para cuidar dela quando *ela* estiver velha; penso em como vai ser quando eu estiver de pé junto ao fogão e, em vez de pedir que eu faça o almoço, Matteo vier com toda aquela altura, que tenho certeza será muita, preparar a própria comida, ou como será quando Millie se aproximar do balcão onde fica o fogão e aqueles olhos castanhos já não se erguerem para olhar os meus, mas estiverem no mesmo nível, e então com uma voz nova e diferente me perguntar o que vamos jantar.

4 de setembro

Primeiro dia de aula de Matteo e Millie. Ela está no Jardim II e Matteo passou para o terceiro ano. Já não usa uniforme e terá um professor diferente para cada disciplina, ministradas em salas diferentes também. É uma grande mudança. Quando voltaram para casa, eu estava esperando que falassem sem parar sobre os novos professores, as matérias, os colegas e assim por diante, mas estavam taciturnos, como a maioria das crianças de qualquer idade após o primeiro dia de aula, ou após quase qualquer dia de aula.

"Como foi a aula?"
"Boa."
Silêncio.
Presumo que tudo tenha ido bem.

5 de setembro

Felicity trabalhou de casa, no escritório dela, navegando entre chamadas de vídeo, telefonemas e assim por diante. Eu fiquei no meu escritório, escrevendo este livro.

Depois que as crianças voltaram da escola, nós as levamos para um passeio no parque. Matteo tentou apanhar peixes com uma "arapuca", mas foi em vão. Fee e Millie colheram amoras, que já estavam rareando. Flutuei entre ambas as atividades frustradas. Estava quente, e, de acordo com a previsão meteorológica, o clima continuará assim por no mínimo mais uma semana. Mais um testemunho visceral do aquecimento global.

Chegando em casa, as crianças foram tomar banho, enquanto eu preparava um martíni e Fee fazia hambúrguer para os pequenos, com a carne moída descongelada que compramos na feira de produtores. Infelizmente, tivemos que descartar a carne, pois estava com um sabor muito "carnudo". Não que estivesse passada, mas o gosto era tão forte que basicamente eclipsava a si mesma. (Foi aquela que minha mãe usou para as almôndegas, que eu insisti em dizer que era ótima e que ela não aprovou por achá-la com muito gosto de carne. Talvez ela estivesse certa. Droga! Ela não estava, não. Aquele sujeito vende ótima carne. Ponho a culpa no boi.) Por sorte, havia mais carne.

Felicity preparou-a como hambúrguer, que, felizmente, as crianças comeram, e depois assistimos a alguns curtas da Pixar que eram maravilhosamente engraçados. (Por que não escrevem coisas assim para filmes *live action*? Eu pegaria um roteiro desses.)

Depois que as crianças foram dormir, Felicity, que estava um pouco abatida, pediu licença e foi se deitar. Eu não comia desde a hora do lanche (um breve repasto de folhas de uva recheadas, *homus*, biscoitos salgados e *taramasalata*), então salteei umas cebolas; adicionei o purê de tomate e as ervilhas que haviam sobrado do dia anterior, uma colherada de manteiga, parmesão ralado, um pouco de vinho branco, algumas folhas de manjericão e um fio de azeite extravirgem; e cozinhei em uma caçarola por cerca de quinze minutos. Fervi uma porção de massa (*tubetti*), misturei tudo e comi duas porções, acompanhadas de uma taça de vinho tinto, depois escrevi um parágrafo a respeito. Foi este que você acabou de ler. Em seguida fui dormir.

Ode a um Pássaro Sujo

Um poema-receita em verso livre à la *E. E. Cummings*

Fiz peito de pombo uma noite dessas.

Estava bom.

assim:

peitos de pombo

5

Botá-los a marinar

em:

    vinho tinto
      vinagre de xerez
bagas de zimbro
    pimenta-do-reino
      azeite de oliva
        molho de soja
          cebola roxa
  tomilho fresco
alecrim fresco

marinar por

1 hora.

ao fim desta hora

uma panela de ferro

bem **quente**

t¡re
da marinada
o p. de pombo

tapinhas
para secar

manteiga – pedaço

azeite de oliva: um fiozzzzzzzinho

naquela

panela **quente**.

sele

PEITOS DE POMBO

Rápido!!
então…

peitos na ___travessa___

eis a marinada e eis a panela...
(*despeje!*}

reduza

despeje
sobre
peitos de p.

Sirva

with/con/avec/mit/med/com

polenta
ou

purê de batata

ou

risoto (açafrão?)

e... verduras amargas, amargas, amargas, amargas.

coma. COMA!

&
beba

{**vinho tinto!**) ++++.
ó, humm. Ó, humm, ó, ó e ó,,,,,, ...

6 de setembro

Fiz um evento de perguntas e respostas com Kate Mosse, a talentosa escritora britânica, não a modelo, com a finalidade de arrecadar dinheiro para o Women's Prize for Fiction no Barbican. Ela e Felicity fazem parte do conselho. Devido à greve da SAG, tive que encontrar um jeito de falar de minha carreira de 42 anos na indústria do entretenimento sem mencionar qualquer filme ou série de televisão de que já tenha participado, pois constituiria uma forma de publicidade, algo que é proibido durante greves. Então, basicamente, falamos sobre cinema e atuação em termos gerais e sobre comida em detalhes. Kate foi brilhante, como sempre, e facilitou muito para mim. Acho que passei no teste, pois não fui expulso da SAG. Foi reconfortante observar que grande parte da audiência estava na casa dos 20 ou 30 anos e presente para apoiar uma causa tão nobre. Há esperança para os livros.

7 de setembro

Harry S. nos visitou para o jantar. Veio de bicicleta até nossa casa, após se exercitar em Mayfair. Fazia tempo que não o víamos. No jantar, estávamos apenas nós três. Ele terminou a turnê e está tirando uma folga merecidíssima. Harry é piscitariano, então preparei um risoto de alho-poró e abobrinha com um caldo de legumes que fiz rapidinho, seguido por um bacalhau *alla livornese* que tem sido minha obsessão nos últimos tempos. Felicity fez salada de cenoura. Bebemos tequila e vinho, e Harry trouxe um dos melhores uísques escoceses puro malte que já provei. Conversamos muito sobre livros e amor. Harry é um leitor voraz. Está lendo Rilke agora. É um sujeito atencioso e gentil. Não estou falando de Rilke. Estou falando de Harry. Não conheci Rilke.

8 de setembro

Felicity e eu deveríamos estar almoçando às margens do lago de Como, mas nosso voo de ontem foi cancelado devido a uma greve dos funcionários de uma companhia aérea na Itália. Assim como os franceses, os italianos são tão bons em fazer greve que poderiam transformar esse talento em uma profissão. Nesse caso, porém, como iriam protestar contra quaisquer injustiças? (Situação meio parecida à daquele cara que disse que era contra protestar, mas não sabia como expressar o descontentamento que sentia.) De toda forma, em vez de estarmos a caminho de Como, pegamos um trem para Bristol a fim de assistir ao último dia de gravação de *Rivals* e ir à festa de encerramento. Iremos a Como amanhã. Felicity ficará apenas duas noites e eu ficarei mais uns dias para filmar conteúdo para a San Pellegrino.

Em Bristol, comemos ostras, presunto *serrano* e *focaccia* e tomamos martínis Vesper, novamente no Rick's. Funcionários simpaticíssimos e barmen bem treinados. Ótimo lugar. A festa, em um hotel próximo, estava divertida, mas, por algum motivo, não cheguei a provar a comida que estavam servindo. Jilly Cooper estava lá, encantadora como sempre, assim como a assistente dela, Amanda. Felicity estava feliz e linda em um vestido Lee Mathews de listras azuis e brancas. Já era muito tarde quando fomos dormir no hotel de merda em que estávamos hospedados.

9 de setembro

Tomamos um café da manhã farto e bastante bom no hotel de merda. Ovos, *croissant*, cogumelos, bolinhos de batata ralada fritos e suco de laranja. Gordura para todos os lados. Depois fomos à estação de trem. O trem para Paddington atrasou.

Chegamos com uma hora de atraso à estação de Paddington. Fomos de Paddington a Heathrow pelo Heathrow Express, que partiu no horário certo, mas nosso voo atrasou (como sempre), então não fez diferença.

Por que as companhias aéreas não dizem aos clientes que todos os voos vão partir uma hora mais tarde do que realmente partiriam? Assim a companhia aérea teria mais chances de não se atrasar. Como as pessoas que adiantam o relógio em dez minutos para chegar sempre na hora certa. Ajuda. (Não é para mim, mas funciona para outras pessoas.) É uma ideia idiota, eu sei, mas alguém precisa lidar com o fato de que, à medida que os preços das passagens aumentam, a qualidade do serviço e a pontualidade diminuem.

A ironia é que, quando finalmente conseguimos embarcar em um voo atrasado, logo os comissários começam a atormentar todo mundo para que guardem as bagagens e ocupem os lugares o mais rápido possível, a fim de que o avião possa decolar. Agem como se *nós* fôssemos os responsáveis pelo atraso.

E então, depois que todos terminam de enfiar freneticamente as bagagens nos compartimentos e se enfiam nos assentos (que encolhem mais a cada ano, assim como o espaço para as pernas), quando homens, mulheres e crianças estão cobertos de suor devido à ansiedade provocada pelos comissários, o avião inevitavelmente fica parado na pista por um bom tempo antes de começar a se afastar a contragosto do portão, só para ficar taxiando em uma espécie de passeio turístico indesejado pelo aeroporto até finalmente decolar. É assim que as pessoas perdem conexões e chegam em casa ou no hotel horas após o planejado. Para completar, a comida é horrível; se fosse melhor, talvez todos pudéssemos suportar esse suplício. Preciso escrever uma carta de reclamação.

Nos últimos tempos, tenho pensado muito em começar a plantar. Cultivar. Trabalhar a terra. Vamos plantar uma grande horta de ervas e legumes em nossa nova propriedade, assim como um pequeno pomar de árvores frutíferas. A segunda casa em que Kate e eu moramos tinha um pequeno pomar de macieiras, algumas das quais eram tão velhas que nem mesmo o arborista que cuidava delas sabia a que espécie pertenciam. (Notem: a casa foi construída em 1738, o que, para os padrões dos Estados Unidos, faz dela um lugar muito antigo.)

Na última casa em que vivi nos Estados Unidos, onde Felicity morou comigo, Nico, Isabel e Camilla (aquela que Willie Geist roubou de mim), Kate e eu plantamos três macieiras, uma para cada filho, e pretendo fazer o mesmo na casa em Devon. Ou plantar pelo menos cinco árvores. Não que planeje ter mais filhos, só quero dizer que provavelmente plantaremos mais de cinco.

Por que será que a jardinagem se torna um passatempo tão comum quando envelhecemos? Será porque, após anos lidando com humanos, é mais fácil dedicar tempo a algo que requer atenção, dá sustento e confere sentido ao nosso mundo e que nunca discute? Talvez assim seja para alguns de nós. Também é possível que, à medida que a idade se aproxima de modo sorrateiro, outros sintam a necessidade de cultivar e encorajar a vida, especialmente um tipo de vida que seja perene, pois a nossa com certeza não é.

10 de setembro

Lago de Como.
 Chegamos ao lindo Hotel Mandarin e nos sentamos para jantar às nove e meia, esfomeados. Tomamos martíni e comemos comida japonesa, que estava ótima. Dormimos.
 Adoro o lago de Como. Só o visitei algumas vezes, mas acho que é o lugar que mais me atrai na Itália. A beleza é estonteante, e encontro uma espécie de conforto na altiva constância dos Alpes. A visão das montanhas cobertas de neve me traz grande alegria, pois amo o inverno. Ao primeiro vislumbre de neve caindo, fico alegre como uma criança, então poder ver a neve, ainda que a distância, durante o ano todo é uma grande dádiva.
 Por milênios, os Alpes definiram aquela região do mundo, no sentido geográfico e estético. Ao longo dos séculos, os seres humanos os reverenciaram, amaldiçoaram e escalaram, cortaram fatias, abriram buracos e fizeram construções, caminharam por aquelas trilhas, moraram naquelas altitudes, esquiaram naquelas encostas, cultivaram aquelas terras, pintaram, fotografaram, filmaram, brigaram por eles, travaram batalhas brutais naqueles topos e vales, "os conquistaram" e pereceram por causa dele. Ainda assim, incólumes perante tudo isso, eles se mantêm, absolutos, elegantemente vestidos de branco.

11 de setembro

Fiz ioga com Monique por chamada de vídeo, em uma sala com vista para o lago. Idílico. Aluguei um barco para nos levar a Bellagio, onde fizemos uma refeição maravilhosa no Bilacus. Atendimento incrível, comida deliciosa (polvo grelhado e lula com creme de ervilha, *tagliatelle* com camarão e peixe inteiro grelhado com azeite de oliva e limão-siciliano). A adega, tendo por curador Aurelio Gandola, é o sonho de um enófilo. (Não sei dizer exatamente o que bebemos, mas me lembro de que gostei.) O lugar estava lotado com uma mistura de moradores locais, turistas e famílias. Discreto, nada espalhafatoso, casualmente elegante. Um perfeito restaurante italiano. O lago de Como é onde Felicity e eu nos conhecemos, no casamento da irmã dela, Emily. Conversamos muito durante a comemoração, que durou dois dias, e começamos a namorar quando a visitei em Londres, logo depois. Meu Deus, como ela é sortuda.

Jantamos no hotel mais uma vez. Trabalhei no material para a San Pellegrino ao longo dos dois dias seguintes e depois voltei para casa, na noite de terça-feira.

13 de setembro

Cansado após fazer exercício e ter participado de uma reunião com o responsável pelo projeto da série italiana produzida pela National Geographic e a BBC Studios. Não me sinto bem, provavelmente porque venho comendo muito mal desde que o trabalho começou, na segunda-feira. Desfiz as malas após a viagem, mas terei que refazê-las em dois dias, pois irei a Nova York para a coletiva de imprensa do lançamento da linha de utensílios para cozinha. Estou animado, mas detesto estar longe de meus filhos e gostaria que Felicity fosse comigo. Pelo menos ficarei em casa por um tempo depois disso. Edward Berger vem para o jantar e me informou que come de tudo. Graças a Deus. Estou querendo fazer vitela à milanesa.

Estamos planejando uma festa. Não sei exatamente por quê, mas Fee e eu tivemos a ideia após o cancelamento de nossa viagem a Marraquexe, onde comemoraríamos o aniversário de um amigo. Estamos usando o pretexto de que nosso 11º aniversário de casamento é no dia 29, e já é motivo suficiente. Como é possível que onze anos tenham se passado? Parece que foram 25. Para Felicity, quer dizer. Para mim, foi apenas um instante.

Vamos convidar setenta pessoas.
Espero que tenha espaço suficiente.
Os convites serão enviados hoje.
Parte de mim está torcendo para que nem todos possam comparecer.
No entanto, estamos no meio de uma greve de atores, ou seja, a maior parte das produções de cinema e televisão foi interrompida, aqui e nos Estados Unidos.
E muitas das pessoas que convidamos trabalham na indústria do entretenimento.
Bem...

Será uma noite e tanto.
O que é pior do que ninguém ir à sua festa?
Todo mundo ir.

Edward veio para o jantar. Que sujeito gentil e inteligente. Espero que ele me escale para tudo o que fizer. Mal posso esperar para assistir a *Conclave*. Fiz risoto com um pouco de açafrão, cogumelo e coxa de coelho.

Coxas de coelho

- Ponha as coxas de coelho para marinar em uma mistura de azeite de oliva, alho, cebola roxa, sal, uma dose de vinagre de xerez, tomilho, alecrim, louro e grãos de pimenta por pelo menos uma hora, ou por mais tempo, se você desejar.

- Prepare um molho de tomate fresco com cebola, cenoura, aipo, alho, *pomodorini*, manjericão, sal e um pouco de vinho branco. Deixe cozinhar por cerca de quinze minutos.

- Aqueça uma caçarola grande que possa ir ao forno (e que caiba nele) em fogo médio e adicione um fio de azeite de oliva.

- Tire as coxas de coelho da marinada e seque delicadamente com toalha de papel. Sele o coelho na caçarola até ficar levemente dourado.

- Preaqueça o forno a cerca de 225 °C.

- Coe a marinada e adicione-a à caçarola com o molho de tomate, vinho branco e caldo de frango até encobrir as coxas. Deixe ferver, depois abaixe o fogo e tampe. Cozinhe por cerca de vinte minutos, vire as coxas uma vez e regue com o molho de tempos em tempos.

- Leve a caçarola tampada ao forno por mais vinte minutos e regue com molho umas duas vezes.

- Sirva com purê de batata, polenta ou risoto e alguma verdura.

14 de setembro

Após me exercitar, fui a uma prova das roupas que usarei na coletiva em Nova York para o lançamento da linha de utensílios de cozinha. Gosto de ir a provas, pois, como já disse, gosto de roupas. Os tios maternos de meu pai eram donos de um armarinho chamado Pisani Brothers, em Peekskill, Nova York, onde nasci. Lembro-me de ir lá algumas vezes quando menino e admirar as belas prateleiras de casacos, ternos, camisas e gravatas perfeitamente organizadas. Isso foi na década de 1960, quando a maioria dos homens ainda usava terno e gravata todos os dias. Recordo a intensa paleta de cores terrosas: vários tons de verde-escuro, cinza e azul-escuro. Se eu estreitasse os olhos e fitasse o fundo da loja, conseguia obter, aqui e ali, vislumbres de ocre nos blazers de pelo de camelo, assim como o inevitável xadrez cinza-claro à Príncipe de Gales, pontuado pelas sutis e onipresentes linhas vermelho-escuras. Adorava a sensação de todos os tecidos, mas especialmente as diversas densidades da lã, pelas quais me sinto continuamente atraído até hoje. Ainda uso meias esportivas de lã como as que usava quando criança, todas as minhas roupas térmicas de inverno são de lã de merino, e tenho uma porção de blazers de lã. A lã é um dos motivos pelos quais gosto tanto do outono e do inverno. E vice-versa, eu acho.

Após a prova, almocei com Nico no Quo Vadis. Ele escolheu esse lugar porque um amigo dele do curso de gastronomia está trabalhando lá. Fiquei animado, adoro esse restaurante, e o *chef* Jeremy Lee é amigo nosso. O Quo Vadis aparece em *Searching for Italy*, pois foi aberto por um italiano há quase um século. O dono original era um *chef* e *restaurateur* que afrancesava pratos italianos clássicos, uma vez que, naquela época, só havia restaurantes franceses em Londres. Restaurantes ingleses quase não existiam, exceto os *pubs*, e restaurantes italianos eram considerados de classe baixa. Jeremy fez do Quo Vadis um local extraordinário que oferece versões elegantes de clássicos ingleses, como tortas salgadas, cercefi, sanduíches de enguia defumada, arraia frita na manteiga com molho tártaro caseiro e assim por diante.

Nico e eu tomamos uma cerveja italiana, Menabrea (da Lombardia), no pequeno clube no segundo andar, pois fizemos a reserva em cima da hora e tivemos que esperar nossa mesa por cerca de 45 minutos. O dia estava quente, e cerveja é exatamente aquilo de que um corpo precisa após uma viagem muito pegajosa em um metrô lotado.

Quando a mesa ficou pronta, nosso garçom, Antonio, de Portugal, sugeriu um *albariño*, e nós acatamos. As tortas salgadas já haviam acabado, mas ainda havia muitas coisas gostosas. Eis o que pedimos, com minhas respectivas reações:

Pão grosso torrado, com purê de beterraba, figo, coalhada de queijo de cabra e mel: Meu Deus.

Sanduíche de enguia defumada (enguia levemente defumada com uma suave maionese de rábano-picante em pão com manteiga selado na chapa): Literalmente uma das melhores coisas que já comi.

Salada de aipo-rábano e funcho com um vinagrete suave: Crocante, fresca e cortou à perfeição a intensidade da enguia.

Asa de arraia pequena polvilhada de farinha, frita na manteiga e servida com molho tártaro caseiro: Tão simples. Tão elegante. O peixe quente, acompanhado de uma colherada do molho tártaro sedoso e quase frio (com o toque especial conferido pelas alcaparras e pelos picles), me deixou muito feliz por ter provado e muito triste por nunca ter preparado.

Falamos com Jeremy antes de irmos embora e despejamos elogios sobre aquela silhueta de 1,90 metro, e ele respondeu com os habituais resmungos autodepreciativos.

Jantamos na belíssima casa de um dos colegas de Felicity. Comi pouco, não apenas por ter comido muito no almoço, mas porque não havia opções suaves ou que não fossem picantes. E eu já estava satisfeito, mas havia pães e vinhos de qualidade na mesa.

15 de setembro

Almocei com meu primo Jeff e a esposa dele, Sara, no River Café. Vieram de Seattle para passar um breve período na cidade, eu não os via fazia alguns anos. Conversamos sobre a família, é claro, sobre como ainda amamos o *timpano* que os Tucci preparavam todo Natal (e que aparece no filme *A grande noite*) e sobre o fato de Jeff e Sara ainda se esforçarem para fazê-lo todos os anos na casa deles, nos arredores de Seattle. Passamos incontáveis Natais juntos quando éramos jovens. Os pais de Jeff, Dora e Bob (minha tia e meu tio, donos daqueles carros que mencionei antes), eram parte muito importante de nossa vida quando eu e minhas irmãs éramos crianças, já que por muitos anos moramos na mesma rua. Passei o verão com eles após meu primeiro ano na universidade, em um deslumbrante apartamento em Nova York com vista para o rio East. Quando eu tinha alguma folga do trabalho de barman, minha tia e eu íamos juntos a museus ou passeávamos pelas ruas de Manhattan, e, como ela adorava roupas e se vestia de forma impecável, sempre dávamos uma olhada na Bloomingdale's ou na Bergdorf's. Assim como meus pais, ela foi uma inspiração em tudo que diz respeito a moda. Muitas vezes me pagava um almoço em algum lugar que fosse o completo oposto das lanchonetes baratas em que eu normalmente comia. Também íamos às mercearias italianas favoritas dela e voltávamos ao apartamento com o butim, depois eu a ajudava a preparar a comida. Ela era uma cozinheira maravilhosa e, sendo irmã de meu pai, fazia muitos dos pratos que eram feitos em minha casa. Eu adorava passar tempo com ela, e, embora fosse muito diferente de minha mãe (tia Dora falava sem parar, já minha mãe nunca foi de desperdiçar palavras), ela me transmitia o mesmo conforto e carinho que minha mãe. Eu também adorava o fato de ela adicionar quantidades excessivas de sal em quase todo prato que preparasse. Por esses motivos, era como uma segunda mãe para mim. Falecida faz uma década, sinto a falta dela todos os dias. Jeff, Sara e eu consumimos enormes quantidades da excelente comida de sempre do River Café e continuamos conversando tarde adentro. São pessoas na casa dos 60 que adoram cozinhar, comer e apreciar bons vinhos, e ainda assim continuam em forma. É possível, e eles conseguem. No dia seguinte, estavam a caminho dos Cotswolds para uma trilha com duas semanas de duração. Impressionante.

Jantei em casa com Felicity e as crianças. Fizemos *casarecce* com molho de tomate fresco e vieiras. As crianças comeram massa com *pesto*, depois assistimos a uma parte de *A pequena sereia*.

16 de setembro

Lottie e eu fomos a Nova York de avião para o lançamento da linha de utensílios de cozinha, e eu estava ao mesmo tempo animado e apavorado (de nervosismo). Comi um *croissant* no lounge do aeroporto. Como seria um voo demorado, considerando que teríamos que contornar uma tempestade, decidi comer no avião. Pedi o salmão. Entretanto, como uma estrela do rock com identidade instável, o que chegou foi um pedaço de peixe *outrora conhecido como salmão*. Ousei dar duas mordidelas naquela substância que parecia fibra de vidro amolecida e desisti. Mordisquei um pãozinho muito branco e assisti a alguns filmes.

Após um trajeto interminável do Aeroporto JFK até Manhattan, fizemos o check-in no Hotel Whitby, que pertence ao grupo Firmdale. Adoro ficar nos hotéis deles, pois há uma consistência no design excêntrico e aconchegante; são imaculados de tão limpos e muito bem equipados; e os funcionários são educados. A primeira vez que me hospedei em um hotel da rede foi no Covent Garden de Londres, com Kate, há mais de vinte anos, enquanto promovíamos *A grande noite*. Vivemos ótimos momentos naquela viagem, e foi a primeira vez que vi um *honesty bar* (você mesmo pega a bebida e deixa o dinheiro, não há barman), elemento essencial em todos os hotéis Firmdale.

Outra propriedade da rede, o Hotel Charlotte Street foi onde me hospedei ao filmar *Capitão América* e onde Felicity e eu, como se diz, ficamos juntos pela primeira vez. Foi também no Charlotte Street (após uns drinques na casa de Ronnie Scott, onde contei a Emily que Felicity e eu estávamos namorando e Felicity ficou brava, porque ela queria contar, mas eu disse que tinha o direito de dar a notícia porque era amigo de Emily havia mais tempo) que Chris Evans, Hayley Atwell, Dominic Cooper, Emily e Susannah Blunt, Felicity e eu jogamos mímica no bar até as duas da manhã, para irritação dos funcionários. Tive a sorte de ficar em muitos hotéis agradáveis ao longo dos anos durante viagens a trabalho. Também tive o azar de ficar em muitos hotéis *desagradáveis* ao longo dos anos, alguns de proprietários independentes, outros de grandes redes. Quando percorremos a Itália filmando *Onde c******* fica a Itália, Stan?*, muitas vezes ficamos nesses hotéis *desagradáveis* por causa do orçamento, da quantidade de pessoas envolvidas e da distância entre as locações. Sim, houve ocasiões em que pudemos nos acomodar em lugares com produtos de cortesia, mas apenas por uma ou duas noites, pois as histórias que filmamos nos obrigavam a arrumar as coisas e seguir jornada, em geral três ou quatro vezes por semana. Infelizmente, essas viagens intermináveis pela Itália me ensinaram que, com muita frequência, "hotel de cinco estrelas" não significa o que pensamos que signifique. Hoteleiros italianos devem contar estrelas por meio de um sistema diferente do que usam para contar outras coisas, pois, quando se trata das estrelas de um hotel, o número *cinco* é igual ao número *um*. Meu conselho é que, na próxima viagem à península Italiana, você procure um hotel de 25 estrelas, pois assim com certeza terá a experiência de cinco.

Jantei no Nobu, em Nova York. Muito bom, como sempre. Aqueles camarões-rocha empanados. Já posso morrer em paz.

17 de setembro

Acordei muito cedo e pedi o café da manhã. Aveia e um *bagel* com salmão defumado e *cream cheese*. Cerca de uma hora depois, fui à academia. Cheguei à loja da Williams Sonoma em Columbus Circle, vi a incrível exposição da linha de utensílios de cozinha, fiz algumas gravações para as redes sociais e assinei cerca de quinhentos livros para cerca de quinhentas pessoas que ficaram um tempo considerável na fila. Foi um pouco desnorteante, pois todas estavam muito empolgadas por me ver. Hoje em dia, consigo lidar melhor com isso do que alguns anos atrás. Ficava extremamente constrangido. Todavia, logo percebi que meu constrangimento não fazia com que ninguém se sentisse mais confortável, muito menos aqueles que haviam esperado tanto por um autógrafo, então tomei a decisão consciente de "deixar fluir". Meu constrangimento é fruto de uma culpa inata por ser bem-sucedido, embora o sucesso seja o que sempre busquei. Acredito que a maior parte da humildade tenha permanecido intacta. Se bem que você teria que perguntar isso à minha esposa e a meus filhos. Na verdade, não perguntem, não. Assinei livros por três horas, depois voltei ao hotel e descansei.

À noite, tomamos martínis no hotel, depois andamos até o Polo Bar, onde experimentamos alguns ótimos pratos de churrasco americano à moda antiga: sanduíche Reuben, hambúrguer, salada Caesar e afins. Adoro esse tipo de comida.

18 de setembro

Hoje de manhã, após um treino apressado por causa de minha demora em me arrastar para fora da cama extremamente confortável, gravei dois segmentos culinários para o programa *Today* e dei uma entrevista para promover a linha de utensílios de cozinha. Os apresentadores são muito simpáticos e sempre nos deixam à vontade, mas o ritmo do segmento culinário é tão frenético que na verdade ninguém cozinha nada. Tudo é preparado de antemão — nesse caso, por uma excelente e jovem *chef* chamada Katie e uma equipe —, e tudo o que a gente precisa fazer é ficar de pé em frente ao balcão de cozinha móvel e mostrar o prato nos vários estágios enquanto explicamos a receita. Não sei por que as coisas têm que acontecer tão rápido, mas, após ter feito isso inúmeras vezes, me acostumei.

Almoçamos em um restaurante japonês caro, mas delicioso, no Upper East Side. Foi o único lugar onde encontramos uma mesa para cinco pessoas A maioria dos bons restaurantes já estava lotada devido ao número de diplomatas na cidade para a cúpula da ONU. Na verdade, hoje o trânsito estava ainda pior porque Biden e Zelensky (meu herói) estão na cidade. Se alguém como Zelensky é o motivo para o engarrafamento, tudo bem por mim, mas isso prova que a estrutura em grade das ruas de Nova York não foi feita para essa quantidade de veículos motorizados, tendo em vista que "trava". Ah, que falta faz uma rotatória londrina.

Após o almoço, fui ao centro da cidade para uma consulta com meu oncologista, o dr. Bakst, que gentilmente abriu um espaço na agenda para mim. Tirei uma amostra de sangue que será examinada em busca de quaisquer vestígios da pequena célula escamosa que pode estar espreitando em meu organismo. Somente esse tipo de câncer, causado pelo vírus HPV, pode ser detectado por meio de um exame de sangue, cujos resultados são ainda mais precisos que uma tomografia. O resultado sai em dez dias.*

O dr. Bakst também me mostrou as pesquisas que tem feito a respeito de bactérias orais e dieta e a relação com o câncer de pescoço e de cabeça e com o câncer em geral. Ele está descobrindo que certos desequilíbrios bacterianos podem promover e estimular o desenvolvimento da doença. Ao identificar qual bactéria está em excesso ou em falta na boca de um paciente, os médicos podem prescrever suplementos ou recomendar alimentos e modos simples (escovação apropriada, fluoreto, alcalinizar a boca e/ou o intestino) para reequilibrar o corpo e o metabolismo, de modo a deter a doença antes que se enraíze ou ajudar no processo de cura, caso a enfermidade já tenha se manifestado. O dr. Bakst e eu falamos disso quando eu estava doente, pois sou fascinado pelo câncer e suas causas, e ele teve a gentileza de me agradar. Conversamos sobre alimentação e como esta é crucial para a prevenção e o tratamento do câncer, e a pesquisa em questão torna tal conexão ainda mais evidente. Perguntei por que o câncer está mais prevalente do que no passado. Será porque fazemos mais exames, ou simplesmente sabemos mais sobre o assunto? Ele disse que, em primeiro lugar, as pessoas estão vivendo mais, e, quanto mais vivem, mais provável é que desenvolvam câncer. Disse também que há um pico preocupante de casos em pessoas com menos de 50 anos e que isso provavelmente se deve à dieta e ao estilo de vida. Faz sentido. Nós nos tornamos aquilo que comemos. Quem come coisas insalubres, torna-se uma pessoa sem saúde. Claro, há exceções, mas na maior parte dos casos é isso que acontece.

Fui de avião à Flórida com Lottie para ver meus pais. Estava me sentindo um pouco abatido, resfriado e com dor nas articulações. Lottie também estava meio abatida, mas não tanto quanto eu.

Meus pais fizeram a gentileza de nos buscarem no aeroporto às onze da noite. De volta ao condomínio, comemos a massa com abo-

---

* Os resultados da tomografia e do exame de sangue deram negativo. Quer dizer que alcancei a marca crucial dos cinco anos SSD (sem sinal de doença). Após cinco anos, é muito improvável que o câncer retorne. Boa notícia, então.

brinha salteada e cebola que minha mãe havia preparado para nós. Estava deliciosa, é claro, e ficamos muito agradecidos, pois a comida no avião nem sequer poderia ser considerada como tal. Se bem que o que comi no lounge não chegava a estar horrível. Estavam servindo "sopa de casamento italiana", ou seja, caldo de frango, escarola e uma massa pequenina parecida com cuscuz, além de wraps grelhados de legumes. Não estava tão ruim assim, em comparação com a gororoba servida à maioria dos passageiros.

19 de setembro

Hoje de manhã fomos à praia e ficamos lá por algumas horas, depois voltamos para o almoço em casa, que consistiu em um tabule que minha mãe havia feito na véspera, feijões *cannellini* (com atum, tomate, cebola roxa e manjericão), fígado de frango com pimentão e cebola, escarola e feijão, pão e vinho. Se você está procurando uma refeição saudável, acaba de ler a descrição de uma.

Meu pai está muito melhor do que na última vez que o vi. Ainda se move devagar, principalmente por causa do joelho, mas está animado e com bastante energia, além de interagir e conversar bastante, assim como minha mãe, que parece não envelhecer.

À noite fizemos *risotto con funghi* ao açafrão com os novos utensílios que mandaram para eles. Lottie filmou tudo, para que pudéssemos obter opiniões, comentários, observações, ponderações e sugestões de minha mãe a respeito das panelas. (Você pode ver o vídeo no Instagram.) No geral, as resenhas foram positivas. Graças a Deus. Houve reclamações, contudo, porque a comida ficou grudada na conexão entre o cabo e a parte externa da panela, e minha mãe teve a impressão de que era difícil limpar a superfície de aço inoxidável escovado. Ela não estava errada, mas era só fazer um esforcinho e pronto, feito o carreto, como se diz. Depois comemos o risoto, sobre o qual opinamos sem parar até terminar. Em seguida, comemos salada.

20 de setembro

Fomos à loja Williams Sonoma no shopping, distante cerca de quarenta minutos de carro. É uma meca de consumo de luxo que cobre hectares e mais hectares de uma das regiões mais planas dos Estados Unidos.

A paisagem e o clima da Flórida não são para mim, e sempre que vou lá me digladio contra ambos e a "arquitetura" local. O cenário urbano da Flórida faz com que eu me pergunte quando deixamos de nos importar com a aparência das coisas. Quando é que os projetos sensatos perderam a relevância? Houve um dia em que a maioria das pessoas que projetam e constroem as coisas se reuniu e simplesmente disse: "Dane-se. Não importa mais. Quem liga? Paredes, um telhado, uma porta, janelas (talvez), é só isso que precisa. Estou falando sério, sabe... dane-se. Aqui está um prédio, só botem coisas dentro e vendam. As pessoas só se importam com isso, de todo modo."

Se você construir um prédio, pessoas vão morar nele.

Não importa a aparência.

Estavam certos.

Seja como for, os funcionários da Williams Sonoma foram muito simpáticos e se mostraram contentes por termos passado por lá, e a apresentação dos produtos estava ótima. Nossa linha está vendendo como banana, e todos estamos muito animados. (Não sei ao certo se bananas vendem mais do que outras frutas. Talvez sejam repostas tão rápido que eu não consigo notar.)

No carro, na volta para casa, Lottie e eu descobrimos que nosso voo havia sido cancelado. Nenhuma razão foi dada. Nossa, que surpresa. (Estou tentado a revelar o nome da companhia aérea, mas não vou fazer isso.) Na verdade, começamos a usar os serviços de um maravilhoso agente de viagens, pois há tantos voos cancelados e tantas mudanças de cronograma que Lottie, Felicity e Nela, assistente e babá das crianças, acabavam perdendo o dia todo tentando resolver essas confusões. Eu mesmo nunca nem tentei.

Após um almoço de enterro dos ossos e bolinhos feitos com o risoto, Lottie foi a Orlando (uma viagem de carro que geralmente dura duas horas e meia, mas que dessa vez levou três horas e meia por causa do trânsito) a fim de pegar um voo direto para casa, que atrasou em uma hora ou mais. Eu não estava me sentindo bem e tinha passado a noite anterior suando, então fui para a cama com uma maçã e um bom livro.

À noite, meus pais e eu comemos asa de frango, carne *oreganato*, batata assada e o que sobrou da escarola e do feijão. Fui embora logo em seguida, pois fui realocado para um voo direto em outra companhia aérea, saindo de Tampa (a uma hora de distância), que também acabou decolando com duas horas e meia de atraso, ou seja, à uma da manhã. Eu havia chegado ao aeroporto às nove da noite.

22 a 27 de setembro

Cheguei em casa às duas e meia da tarde, após ter dormido no voo graças a alguns remédios. Quando entrei, Felicity me olhou e, a distância, disse:
"Comprei um teste de covid para você."
"Ah. Acha que eu deveria..."
"Acho", respondeu ela.
Então eu fiz.
E deu positivo.
E eu fiquei furioso.
Eu tinha ficado uma semana fora de casa e só queria abraçar e beijar minha esposa e meus filhos, e nenhuma dessas coisas iria acontecer por um bom tempo. Eu já estava mal-humorado, e a notícia acrescentou uma dose de petulância ao turbilhão de emoções. Viajei sem parar ao redor do mundo nos últimos três anos, fiz incontáveis testes e me senti mal muitas vezes, mas nunca tive um resultado positivo, e, mesmo assim, a *única vez* que eu testei positivo foi *esta*?! Logo *nessa* viagem, que fiz para visitar meus pais idosos e passar um tempo com eles antes de ser tarde demais?! Sério?!
Felicity me acalmou, como de hábito.
Telefonamos para os meus pais e os alertamos. Dois dias depois, recebemos uma ligação que nos informava de que meu pai estava no hospital com covid e pneumonia em um pulmão. Estava recebendo antibióticos intravenosos. No dia seguinte, ele estava um pouco melhor, mas então retiraram o acesso porque, segundo a equipe médica, a pneumonia era causada pela covid e os antibióticos não iriam funcionar. Foi confuso, mas administraram remdesivir para tratar o vírus. Estou muito nervoso com a situação dele, sobretudo porque sem dúvida fui eu quem o contaminou.
A parte mais difícil de envelhecer é a rapidez com que acontece e a lentidão com que se desenrola. Sei que já foi dito antes, mas o

envelhecimento é como os ponteiros de um relógio. Jamais os vemos se movendo, mas isso acontece. Desviamos os olhos pelo que parece ser um breve momento, e quando voltamos a olhar já se passou muito mais tempo do que imaginávamos.

Por alguns dias, não consegui sentir o gosto de nada devido à covid. Isso é perturbador para qualquer pessoa, mas para mim, que fiquei com o paladar e o olfato alterados por um bom tempo após o tratamento para o câncer e consegui recuperá-los lentamente ao longo dos últimos cinco anos, a tal ponto que agora estão mais apurados do que nunca, trata-se de uma reviravolta angustiante, para dizer o mínimo. Na maioria dos casos de covid, o olfato e o paladar voltam duas semanas após o teste negativo, mas em alguns casos a ausência pode durar meses, e às vezes, embora não com frequência, a perda pode ser duradoura. Naturalmente, essa última possibilidade é a que mais me assusta. Se não puder sentir o sabor das coisas, não apenas acharei a vida insuportável, como também ficarei incapacitado de realizar o que hoje é uma parte crucial do meu trabalho: *saborear coisas*. Em alguns meses, devemos começar a gravar mais episódios para um programa ainda sem nome, mas apelidado de *Stan vai à Itália outra vez*, e se meu paladar e meu olfato tiverem desaparecido ou estiverem debilitados, não será possível. Embora eu me orgulhe de ser um bom ator, jamais conseguiria "fingir saborear" receitas de uma ponta à outra da península Italiana, ou de qualquer outro país, aliás. Só me resta esperar que meu olfato e meu paladar retornem em breve, ou terei que encerrar minhas jornadas gastronômicas televisionadas. Isso me deixaria triste, pois adoro fazer esse programa e sei que ele deixa as pessoas felizes. Também representa uma parte nada desprezível de minha renda. Hummm...

Bem, talvez eu *consiga* fingir.

28 de setembro

Fiz outro teste de covid hoje de manhã (fiz cinco ontem), e ainda há uma tênue linha vermelha a qual sugere que um resquício de vírus permanece. A linha positiva foi se dissipando pouco a pouco a cada teste, o que é encorajador, mas irritante. Felicity acha que é loucura fazer testes sem parar, mas fiquei viciado. Só quero que passe logo.

29 de setembro

O teste deu negativo. O paladar e o olfato estão retornando, embora devagar. A última vez que isso aconteceu (pouco antes da primeira quarentena, passei um dia e meio achando que estava com gripe, então percebi que provavelmente era covid), fiquei sem sentir gosto nem cheiro de nada por cerca de cinco dias, depois as sensações começaram a voltar aos poucos. Estou aliviado, pelas razões óbvias que mencionei antes. Infelizmente, minha mãe não está se sentindo muito bem e acabou de testar positivo.

30 de setembro

Fizemos a festa e foi um enorme sucesso. Meu olfato e meu paladar voltaram quase por completo, o que é um alívio, para dizer o mínimo. Mandamos erguer uma enorme tenda que cobriu a maior parte do pátio dos fundos e sob a qual havia dois bares, com um barman de coquetéis, cortesia do generoso pessoal da Diageo, e outro de vinhos, cervejas e água, oferecidos pelo pessoal da San Pellegrino. (Sou um cara muito sortudo.) O sushi de nosso amigo Makiko foi servido como canapés e, cerca de duas horas depois, um pizzaiolo napolitano da Pizza Pilgrims começou a retirar pizzas magníficas do forno ao ar livre. Exceto em nosso casamento, jamais demos uma festa deste tamanho, e todos estavam animados, inclusive eu. No entanto, embora estivesse muito feliz por receber um grupo eclético de familiares e amigos, acho que os resquícios da covid me deixaram mais cansado que o normal, eu sentia meu corpo tentando arrastar minha mente para a cama. Além disso, mal comi (um péssimo hábito que tenho em festas e que preciso mudar), mas o que provei do sushi e das pizzas estava fantástico. À uma da manhã, Millie acordou, e eu logo a levei de volta para a cama e adormeci ao lado dela. Felicity me contou que teve que expulsar os convidados mais persistentes às duas e meia.

Talvez a melhor parte da festa, além da diversão, tenha sido aprender com o pizzaiolo a usar o forno de pizza, que eu desisti de ligar há cerca de dois anos, pois não conseguia entender como regular a temperatura (especialmente a da bandeja), e acabava queimando todas as pizzas que tentava fazer. Ele também me ensinou a jogar um pouco de sal no piso do forno para criar uma barreira que não deixa a pizza queimar, ao contrário da polenta ou da farinha, pouco antes de introduzi-la. É algo tão simples, mas funciona.

1º de outubro

Hoje de manhã demos uma arrumada na casa e depois passamos o resto do dia descansando. Como disse, não comi muito na noite passada, então eis o que comi hoje:

8h30: Massa de estrelinha com manteiga, parmesão e ovos mexidos

10h30: Minestrone *de ontem com um pedaço de torrada*

13h30: Pão pita torrado e recheado com queijo de cabra, tomate, pimentões e cebolas salteados

16h: Um espresso (para me acordar para o treino)

17h às 18h: (com Fee e as crianças): Acendi o forno de pizza e preparei algumas clássicas margueritas, uma pizza simples com pimentões e cebolas salteados, besuntada de queijo de cabra, e uma focaccia com azeite de oliva extravirgem e sal grosso.

A pizza ficou ótima, o que nem sempre acontece. Atribuo meu sucesso ao magistral treinamento que recebi do pizzaiolo na noite passada.

Após assistir a um filme pavoroso com as crianças, fomos nos deitar cedo.

2 de outubro

Como eu tinha umas porções de linguiça italiana e carne moída prestes a passar da validade, fiz bom uso. Preparei uma bolonhesa rápida com a carne, extraí a carne das linguiças e salteei com brócolis *rabe*. Este último será misturado à massa *orecchiette* amanhã, para o fotógrafo Matt Holyoak e a equipe dele, que virão gravar conteúdo para a San Pellegrino. Também fiz caldo e almôndegas de frango, que vão aparecer nas fotos.

No jantar, Felicity e eu comemos a bolonhesa com *penne*. Estava boa, tenho que admitir.

3 de outubro

Matt e a equipe chegaram, e filmamos e fotografamos o material para a San Pellegrino. Minha filha Isabel, que está começando a trabalhar como maquiadora regularmente, fez o possível para me deixar apresentável. Quando terminamos, servi a *orecchiette* com linguiça e brócolis *rabe*. Também fiz um marinara muito suave que poderia ser combinado com o molho de linguiça, se quisessem. Todos repetiram, o que significa que fui bem-sucedido.

Enquanto desmontavam o equipamento fotográfico, Isabel e eu fomos assistir ao jogo de futebol de Matteo na escola. Foi divertido e doloroso de ver, como a maioria das partidas entre meninos com menos de 10 anos. Levamos Matteo para casa caminhando, depois fui ao J. Sheekey encontrar Felicity. Dividimos uma dúzia de ostras e tomamos martínis. Como ainda estávamos com fome, pedi tempurá de camarão e Felicity pediu um *tartar* de robalo. Após esse leve repasto, fomos ver meu amigo Andrew Scott em uma adaptação de minha peça favorita, *Tio Vânia*, na qual ele era o único ator.

Estava brilhante. Sabia que Andrew era um bom ator, mas... sério. Será que alguém pode ser *bom demais* em alguma coisa? Tão bom que todos que fazem a mesma coisa deveriam simplesmente desistir, pois qual o sentido dessa merda? Esse é o nível de excelência que ele tem. Sempre teve. Sempre terá. Eu o odeio. Eu o adoro. Eu o odeio. Se eu descobrir que ele sabe cozinhar, vou me atirar no Tâmisa.

5 de outubro

Meu pai saiu do hospital, completamente recuperado e em boa forma, como dizem por aí. Minha mãe também está muito melhor e falou que parece estar apenas com um resfriado. Estou grato. Não posso provar que fui eu quem passou o temido vírus para os meus pais, mas, considerando as centenas de pessoas que encontrei em Nova York antes de visitá-los e meus sintomas semelhantes aos de gripe, é mais do que provável que eu seja o culpado. Se tivessem ficado com alguma sequela ou pior (se houvessem morrido), como eu poderia me perdoar? Não quero mais pensar nisso, pois já pensei o bastante ao longo da última semana. De qualquer forma, tudo acabou bem e minha irmã Gina está cuidando deles, apesar de ter medo de se contaminar. Estou na torcida para que ela não acabe pagando o pato.

Esta noite, Felicity, Lottie, eu e minha agente de *branding*, Amanda Bross, comemos em um restaurante japonês bem chique, e foi delicioso. Depois fomos a um evento que celebrava a reabertura da praça de alimentação da Harrods, que acaba de passar por uma restauração e de recuperar o esplendor original de 1903, com um lustro adicional. Não tive oportunidade de comer direito, pois fui emboscado por repórteres que me fizeram perguntas excessivas sobre assuntos que nada tinham a ver com Harrods ou comida. Quando eu estava prestes a seguir em frente e cruzar o cintilante salão renovado, dois sujeitos se apresentaram. Eram donos de uma empresa que entrega refeições pré-prontas em casa, e me lembraram de que já haviam me enviado algumas amostras vários anos atrás, na esperança de que eu aceitasse assinar um contrato de publicidade. Eu lhes disse que de fato me recordava, e eles perguntaram por que eu não aceitei o contrato, então respondi gentilmente que "não era a minha praia". Não falei que não havia gostado do produto e temia que, se conseguissem expandir o negócio como desejavam, a qualidade provavelmente cairia, tornando a comida ainda *menos* agradável. Contudo, em vez de responderem algo do tipo "Bem, foi um prazer conhecê-lo" e irem embora, os dois ficaram por ali, mantendo-se próximos demais, à maneira típica das pessoas inconvenientes, e seguiram insistindo que eu deveria ser o garoto propaganda porque a empresa havia crescido e se eu não queria dar uma passada lá agora mesmo para provar um dos pratos?! São ótimos! Com o máximo de gentileza possível, disse que não desejava experimentar os produtos porque tinha acabado de fazer uma vasta refeição. Infelizmente, só após tirarem muitas fotos constrangedoras comigo (embora uma compatriota deles estivesse documentando todo o tenebroso diálogo com o celular, de maneira não muito discreta) é que finalmente me deixaram em paz.

Pouco depois, quando eu me preparava para ir embora, um *chef* se apresentou e, acreditem ou não, era o mesmo que trabalhava para os dois sujeitos que não aceitavam ouvir "não" como resposta. Que surpresa! Claro, os dois reapareceram na hora e voltaram a insistir que eu provasse o produto. Por fim assenti, pois àquela altura já temia que me seguissem até em casa, então fui lá e provei. Tirei mais algumas fotos vergonhosas com eles, as quais, junto à miríade de outras fotos que haviam tirado antes, certamente seriam postadas sem a menor vergonha em todas as redes sociais como forma de sugerir que sou um fã fervoroso do trabalho deles.

Odeio esse tipo de gente e, à medida que envelheço, acho cada vez mais difícil repelir os avanços com educação. Não que eles saibam o que significa ter educação, claro.

A caminho de casa, no táxi, Felicity e Lottie disseram que estavam com dor de barriga. Eu, todavia, me sentia bem, e dormi profundamente até mais ou menos as seis da manhã, quando *eu* comecei a sentir dor de barriga. Felizmente, o sofrimento foi passageiro para todos nós, mas acho que não voltarei àquele restaurante japonês chique. Talvez também decida adicionar mais câmeras de segurança, para o caso de aqueles ególatras inconvenientes da comida pré-pronta tentarem se infiltrar em minha vida de novo.

12 de outubro

Fomos à Cornualha com Millie e Matteo, e ficamos em um hotel onde já havíamos nos hospedado, bem em frente à praia e perfeito para famílias, mas, em geral, a comida deixou muito a desejar. Estou ansioso por voltar para casa e cozinhar minhas refeições.

Em compensação, o tempo que passamos no hotel e na praia foi maravilhoso, como sempre. Fizemos um "passeio pelas piscinas naturais". Essa excursão é coordenada por uma companhia de moradores locais, jovens biólogos marinhos e estudantes. Eles levam famílias a algumas praias na Cornualha e ensinam a respeito da vida marinha nos milhões de piscinas naturais que pontuam o litoral. Também criaram um programa que oferece excursões para pessoas carentes e comunidades de pessoas em situação de rua. Um dos estudantes nos disse que muitos habitantes da zona rural da Cornualha, o condado mais pobre da Inglaterra, jamais estiveram no litoral, embora vivam a menos de trinta quilômetros de distância. Exploramos as piscinas naturais na praia que fica cerca de quinze minutos de carro do hotel. Matteo estava no paraíso. Millie fez de tudo para nos acompanhar, mas não foi fácil, pois estava ventando muito e as rochas que atravessávamos eram tão afiadas quanto os bilhões de cracas que as encobriam. Após cerca de uma hora vasculhando as piscinas naturais, comemos sanduíches de bacon e buscamos refúgio contra o vento junto a um dos afloramentos de rocha. Fizemos o possível para evitar que o vento enchesse nossa comida e nossa boca de areia.

Pouco depois, voltamos ao hotel. Como estávamos encharcados e morrendo de frio, tomamos um banho quente muito bem-vindo, depois nos sentamos em frente às janelas e ficamos a imaginar para que lado a maré estava fluindo.

Ver crianças brincando na praia é uma das coisas mais belas e comoventes que alguém pode vivenciar, especialmente quando se está envelhecendo. A habilidade delas em permanecerem concentradas na tarefa de cavar um buraco, depois encher um balde com água do mar, carregá-lo de volta até o buraco e despejar o conteúdo, vendo a areia absorver a água, então correr novamente para o mar, encher o balde de novo e repetir a coisa toda. Por que é algo tão fascinante de observar? Porque é livre de qualquer afetação. É uma ação sem qualquer compromisso. É pura em gesto e intenção. E qual é a intenção? Encher de água um buraco que jamais ficará cheio. Elas, porém, não sabem disso. Ou talvez saibam e simplesmente não se importem. Um adulto se importaria e logo acharia um jeito de impedir que a areia absorvesse a água. E depois? O jogo acabaria. Que graça tem isso?

Na manhã seguinte, fizemos *waffles* na pequena cozinha adjunta aos quartos naquela parte do hotel. As crianças devoraram. Decidi dar uma máquina de *waffles* para elas de Natal.

Felicity e eu assistimos ao mais recente documentário sobre David Beckham e o achamos excelente. No último episódio, vemos Beckham em uma espécie de cozinha paradisíaca ao ar livre. É um éden de grelhas, fôrmas, fogões, espetos giratórios, tábuas de corte e todos os utensílios necessários a alguém que é obcecado pela culinária. Meu sonho. Decidi que ficaremos amigos, quer ele queira, quer não.

Vivemos ótimos momentos, como sempre ocorre na Cornualha, mas dessa vez, infelizmente, a comida deixou muito a desejar. Para mim, isso é sempre difícil. Um dos restaurantes do hotel tinha um cardápio que continha praticamente um prato de cada país do mundo, a maioria lugares que usam um monte de temperos picantes. De forma lamentável, o *chef* não sabia preparar nenhum deles direito, ou pelo menos não sabia fazê-los com sutileza alguma. Nem vou tentar discutir a seleção e a execução de massas, por receio de ficar tão deprimido que tenha que passar o resto do dia na cama. Para mim, cozinhar, atuar e dirigir são atividades afins. Um bom diretor de cinema ou de teatro deve ser sentido mais do que visto, ou seja, existe um foco e uma estética definida, mas o cerne é a verdade da história, transmitida por meio da atuação e da imagética. No caso da atuação, quando as pessoas veem uma que admiram, muitas vezes dizem: "É como se ela nem estivesse atuando." Idealmente, deveríamos dizer o mesmo de um bom diretor. Tudo o que um diretor faz está à mostra na tela ou no palco, mas devemos sempre sentir que aquilo a que assistimos nasceu sozinho. Um nascimento virginal. Uma concepção criativa imaculada.

Em minha opinião, o mesmo deve ocorrer com a comida de um bom *chef*. O *chef* não deve estar presente. Apenas a comida. Isso se aplica não apenas à preparação de pratos clássicos, mas especialmente também aos novos. Se um *chef* escolhe certos ingredientes, combina-os e os prepara de forma específica, o resultado deve agradar de maneira natural, sem qualquer traço de imposição ou mesmo de pensamento. Devemos ter a impressão de que o prato veio a existir apenas porque tinha que existir. Como o amor verdadeiro. Lamentavelmente, ambos são difíceis de encontrar. Ainda assim, continuamos a procurar.

14 de outubro

Recebi a notícia de que o novo programa *Stanley Tucci ainda está na Itália?* foi temporariamente suspenso, até que o setor financeiro da Disney analise o orçamento. Não somos a única produção afetada por algo assim, isso está acontecendo por toda parte. Já cancelaram mais de quarenta programas, e isso é um claro sinal de que vão cancelar ainda mais. Estou na torcida para que o nosso não seja um deles.

Isso faz com que o cronograma, que já estava apertado, fique ainda pior. Planejávamos filmar um episódio antes do Natal e editá-lo no ano seguinte, quando estaríamos pré-produzindo os nove restantes, para em seguida filmá-los com as mudanças necessárias segundo nossa avaliação do primeiro episódio. O plano era começar as filmagens em março e continuar até o fim de julho. Contudo, é provável que não recebamos o sinal verde até janeiro, o que torna o cronograma impossível. Bem, são os ossos do ofício, como diz o ditado.

Estou muito desgostoso com essa situação, pois me comprometi com outros trabalhos em agosto e meados de novembro, e, se o programa na Itália for adiado, pode haver um conflito de datas, o que me obrigaria a postergá-lo por mais um ano. No entanto, tendo em vista o estado frágil e confuso em que a indústria do entretenimento se encontra, esses projetos talvez jamais se realizem. Preciso achar uma nova carreira. Talvez me torne *chef*. Porque essa, sim, é uma vida fácil.

16 de outubro

Chegamos em casa à tarde após uma viagem de trem com um pouco de atraso, então desfizemos as malas, nos exercitamos e demos comida para as crianças. Fiz massa à marinara com cogumelos, pois estava desesperado por uma massa com qualquer tipo de molho, após passar cinco dias sem comer nenhuma, o que é praticamente um recorde para mim. Fomos para a cama cedo, pois Felicity tem que ir amanhã de manhã aos Cotswolds para "trabalhar" e Matteo vai passar por uma extração de amígdalas, então decidimos que ele tinha que descansar bastante. E ele também queria dormir cedo.

17 de outubro

Vinte minutos de bicicleta e uma sessão de treino em suspensão me levaram a comer mais massa à marinara com o acréscimo de ovos mexidos pela manhã. Logo depois levei Matteo ao hospital. Brincamos de adivinhação no carro ("estou pensando em um animal, estou pensando em uma árvore, estou pensando em um corpo d'água", e assim por diante), o que mais uma vez comprovou que, aos 8 anos e meio, o conhecimento e o vocabulário dele são bem amplos.

Ele não comia desde as dez da manhã, e só poderia fazê-lo após a operação, marcada para as quatro da tarde, mas não reclamou uma única vez. Tampouco deixou transparecer o menor sinal de nervosismo.

Ele foi levado à sala pré-operatória, onde lhe pediram que ficasse olhando um exemplar de *Onde está Wally?* para se distrair enquanto a equipe lhe administrava fluidos e anestesia, e aqueles olhos enormes e lindos se fecharam segundos após a substância circular pelas veias estreitas. Atravessei a rua correndo para comprar uma sopa de missô e uns bolinhos, pois estava faminto. (Caso alguém aí esteja achando que sou um pai negligente, saiba que voltei à sala em cinco minutos.)

Meia hora depois, após uma operação bem-sucedida, meu filho estava sonolento, mas logo comeu quatro biscoitos de gotas de chocolate e tomou um pouco de sorvete. Em seguida, voltou a dormir.

Recebeu alta duas horas depois, e, quando chegamos em casa, vimos que Millie havia deixado um bilhete que dizia "Espero que se sinta melhor", ilustrado com um arco-íris e corações. Percebi que ela observava o irmão mais velho em busca de alguma alteração profunda que pudesse ter acontecido, mas exceto pela extrema sonolência e a garganta inflamada, não havia nada. Ambos assistiram à TV enquanto ele comia duas tigelas de *pastina* com manteiga e queijo, Millie, uma porção considerável de frutas vermelhas, e eu, claro, mais massa, mas dessa vez com brócolis, alho salteado, parmesão e uma pitada de páprica doce.

Eu não queria que Matteo dormisse sozinho, o que significava que não podia deixar Millie dormir sozinha (isso seria cruel), então todos dormimos na minha cama, o que significa que eles dormiram e eu não. Como nosso quarto dá para a rua e a luz ambiente prejudica nosso sono, Felicity e eu mandamos instalar cortinas corta-luz durante a viagem da semana passada. (Por que levamos seis anos para fazer isso, é algo que jamais entenderei.) Antes de apagar a luz, avisei às crianças que o quarto ficaria mais escuro que o habitual. Millie ficou empolgada e gritou: "Oba, mal posso esperar para ver a escuridão!" Minha pequena existencialista.

Durante nossa breve estada no hospital, recebi a boa notícia de que *Stan atravessa a Itália mais uma vez* iria seguir conforme o planejado. Sei que meus representantes mexeram muitos pauzinhos para que isso acontecesse, e sou imensamente grato. É um enorme alívio, tendo em vista a oscilante e traiçoeira paisagem na qual Hollywood se encontra. Greves, tecnologias em rápido desenvolvimento, tentativas de criar plataformas de streaming competitivas e bem-sucedidas, reestruturações corporativas e perdas financeiras substanciosas — tudo isso lançou a Cidade das Ilusões em um estado de confusão que afetou centenas de projetos e dezenas de milhares de vidas. Só nos resta esperar que tudo se resolva antes que muita gente sofra perdas irreparáveis.

18 de outubro

Matteo continua com a garganta um pouco sensível, mas está melhorando e comendo bem. Uma amiga, Catalina, a quem ele não via fazia algum tempo, veio ficar um pouquinho com ele. Fico muito feliz que os médicos tenham descoberto um jeito de extrair as amígdalas sem a dor e a recuperação de dez dias, como era antigamente.

Sou muito sortudo por ter cinco filhos lindos, gentis, inteligentes e engraçados. Como a maioria das pessoas, eles têm os próprios gostos e implicâncias no que diz respeito a comida. Matteo não chega nem perto de abacate ou de tomate cru, mas Millie devora ambos. Isabel até hoje não suporta o cheiro nem o gosto de salsinha, Camilla prefere verduras a carne e de tempos em tempos é preciso lembrar Nicolo de que ele deve parar de comer só carne e queijo e botar alguma coisa verde no prato. Todos adoram comida italiana, é claro, e têm uma compreensão genuína do que é a comida italiana de qualidade, o que pode torná-los um pouco esnobes, mas, francamente, é melhor do que a alternativa. Penso muito sobre a "italianidade" de meus filhos. Neles, vejo traços de ambos os lados da minha família. Matteo tem o cabelo parecido com o que eu tinha, mas o dele é mais escuro; os olhos de Camilla são praticamente pretos, como os meus; Isabel tem olhos castanho-claros e sardas, como minha mãe; Nicolo tem as sobrancelhas escuras e as feições esguias de meu pai quando jovem; e Millie (cujo nome de batismo é Emilia) tem olhos castanhos penetrantes, a minha pele bronzeada e a silhueta. Felizmente, a maior parte dos traços físicos e da inteligência deles veio das respectivas mães, ambas mulheres lindas e brilhantes.

Reunindo uma variedade de genes mediterrâneos e norte-europeus, cada um de meus filhos é deslumbrante à própria maneira. Talvez Millie seja a mais italiana de todos, se considerarmos dois traços *comportamentais* que definem a "italianidade": primeiro, o clássico clichê de que os italianos não conseguem falar sem usar as mãos e, segundo, o de que são capazes de se comunicar com um único gesto sutil ou uma olhadela. (Clichês existem por uma razão: nascem de uma espécie de verdade. Quando usados para difamar é que se tornam mentirosos.) Quando Millie conta uma história (especialmente se for sobre alguém que a ofendeu, relato esse que pode tomar bastante tempo, como todo mundo que convive com uma criança de 5 anos sabe), não consegue fazê-lo sem realizar uma série de minuciosos movimentos das mãos e dos braços que lhe pontuam as palavras de forma involuntária. São gestos enfáticos e meio rígidos, que poderiam ser os de um professor universitário romano ao explicar apaixonadamente a importância de um assunto a estudantes desobedientes, ou de um úmbrio ultrajado pela forma como um *chef* preparou a *porchetta*, ou de um motorista napolitano tentando fazer com que um policial entenda que sinais de trânsito *são apenas sugestões*. Mesmo quando não está discursando sobre os amigos inconstantes, Millie se mostra igualmente "italiana" sempre que se sente injustiçada. Quando acontece, ela simplesmente abaixa o olhar e na mesma hora fulmina o culpado com aqueles olhos escuros, vociferando ameaças oculares. Ela deve ter uma dose extra de DNA italiano, o que faz com que esse comportamento lhe ocorra naturalmente. Com um sotaque de classe alta britânica e o corpinho de 5 anos, os apaixonados contos de revolta e os olhares mortíferos são um espetáculo formidável. E ainda assim trata-se de uma criança que não aceita comer *pasta con pomodoro*.

23 de outubro

Passamos o dia preparando e oferecendo um jantar. Nosso amigo Sam Rockwell está na cidade. Adoro Sam Rockwell. Nós nos conhecemos há mais de três décadas, mas só voltamos a nos aproximar nos últimos cinco anos, mais ou menos, porque ele tem participado de vários projetos em Londres. Nem sequer consigo descrever a alegria que sinto em tê-lo por perto. É uma pessoa ridiculamente talentosa, muito engraçada e de coração gentil. Leslie Bibb, companheira de muitos anos, também não é tão ruim. Convidamos, ainda, Saoirse Ronan e o parceiro dela, Jack. Sam trouxe um maquiador que ele e Saoirse conheceram em um filme no qual trabalharam juntos alguns anos atrás. Conheço Saoirse desde quando ela estava com 13 anos, quando atuamos em *Um olhar do Paraíso*. Nossos caminhos se cruzam periodicamente e trocamos e-mails de tempos em tempos, mas esta foi a primeira vez que jantamos juntos. Eu tinha lhe prometido que faria risoto, e fiz. Também preparei *cacciatore* de frango.

Alguns dias antes, não muito longe de casa, esbarrei com um sujeito que me disse ser o fornecedor de todos os ingredientes italianos de um amigo em comum, o grande *chef* Gennaro Contaldo, e acrescentou que gostaria de me mandar alguns produtos como cortesia. Ganancioso, aceitei.

Poucos dias depois, recebi uma caixa lotada de alcachofras roxas, muçarela, berinjelas, abobrinhas, *puntarelle*, parmesão envelhecido por 42 meses, *pomodorini*, *pane carasau*, *radicchio di Treviso*, *pesto* da Ligúria, cebolas calabresas adocicadas, *pasta* de trufas, clementinas, maçãs, limões-sicilianos de Amalfi e outras iguarias italianas. Foi assombroso e empolgante. Agora percebo que tudo o que desejo encontrar sob a árvore de Natal é uma cornucópia de ingredientes maravilhosos.

Fizemos bom uso dos ingredientes no jantar. Felicity se ocupou com as maçãs, preparando uma *tarte Tatin*, enquanto eu cozinhava alcachofra no vapor e preparava o frango. Felicity e eu formamos mesmo uma boa dupla na cozinha. E isso é muito bom, já que passamos bastante tempo lá, pois, do contrário, estaríamos divorciados há muitos anos. Ela é muito melhor do que eu em preparar pratos assados, já eu me sinto mais à vontade junto à boca do fogão. Ela também é ótima fazendo massa de pizza ou *pasta* caseira, enquanto sou uma negação nas duas coisas, mas me orgulho de saber preparar com extrema perícia qualquer molho para acompanhar ambas as opções. O tempo que se passa na cozinha com alguém que amamos é tempo bem aproveitado.

Já estávamos atrasados em relação ao cronograma quando Sam mandou uma mensagem na qual dizia que mencionara o jantar a um amigo em comum e à esposa dele, e acabara convidando os dois. (Adoro Sam, mas ele tem mania de fazer isso.) Felicity e eu paramos para pensar no que estávamos preparando e avaliar se seria suficiente. Chegamos à conclusão de que sim, mas o problema era que eu prometera a Saoirse que faria risoto, e não é fácil preparar duas porções a mais, o que na verdade equivale a quatro, pois sempre presumo que as pessoas vão repetir. Além disso, nosso amigo em comum e a esposa são veganos. Embora tivessem se oferecido para trazer a própria comida, insistimos que não seria problema adaptar o cardápio. Já havíamos feito caldo de frango para o risoto, mas não poderíamos usá-lo na versão vegana, então precisávamos de um caldo de legumes, tarefa que Felicity logo se pôs a cumprir. Não é recomendável cozinhar duas panelas de risoto simultaneamente, mas às vezes precisamos improvisar.

A cozinha estava uma bagunça, as crianças não tinham tomado banho nem comido, nós estávamos de roupa de academia desde de manhã (nojento), nenhum aperitivo fora preparado e a mesa ainda estava por ser posta. Foi então que Sam mandou uma mensagem avisando que ele e o amigo chegariam mais cedo. Eu respondi que estava proibido chegar mais cedo, pois ainda tínhamos muito a fazer porque ele havia aumentado a lista de convidados na última hora, e sugeri firmemente que ele fosse a um bar e pedisse um drinque. Sam nos mandou uma mensagem, do carro, na qual dizia que estava chovendo (*E DAÍ? Ele estava de carro!*) e eu lhe respondi que não chove dentro de bares e que ele devia achar um o mais rápido possível, pedir a porcaria de um drinque e ficar lá até a hora marcada para o jantar. Atores.

Caso não tenham percebido, quando ofereço um jantar, quero que tudo esteja *no lugar* quando os convidados chegam. Felicity é assim também. A mesa tem que estar posta, a casa tem que estar o mais arrumada e limpa possível, a iluminação ajustada, as velas acesas, a música tocando, os aperitivos prontos, o vinho aberto e o bar equipado para que eu possa ao menos fazer martínis e Negronis. Infelizmente, faltando uma hora para o início do jantar, ainda estávamos muito longe desse ponto ideal.

Então preparei rapidamente martínis para nós, mudamos de estratégia e, quando Sam chegou cabisbaixo com o amigo encantador, tínhamos dado um jeito de arrumar as coisas da melhor forma possível para um casal sobrecarregado. Saoirse e Jack chegaram minutos depois, seguidos de Woody Harrelson e a adorável esposa, Laura. Fiquei muito feliz em ver Woody (um dos meus atores favoritos e uma das pessoas mais engraçadas do mundo), pois já fazia seis anos que não nos encontrávamos, e pude finalmente conhecer a esposa dele, muito charmosa.

Saoirse hoje é uma mulher elegante, articulada, gentil e, como todos sabemos, absurdamente talentosa. Além disso, desenvolveu interesse por culinária, o que me deixou muito feliz, e combinamos de cozinhar juntos em breve. Para mim é desconcertante, pois tenho a impressão de que ela fez 13 anos pouco tempo atrás. Agora está com 20 e tantos. Como isso aconteceu? Onde foram parar todos esses anos? O modo como o tempo nos trata e a forma como o usamos são coisas que diferem de pessoa para pessoa. Algumas se tornam sábias com a idade, outras permanecem ingênuas para sempre. E há aquelas como Saoirse, que já nascem com uma sabedoria surpreendente para a idade. Durante as filmagens de *Um olhar do Paraíso*, tivemos que gravar a cena em que meu personagem atrai a personagem dela para um covil subterrâneo e, embora isso jamais seja mostrado, a estupra e a mata. Fiquei muito nervoso antes de gravar essa cena e pedi ao diretor, Peter Jackson, que a fizesse da maneira mais simples e rápida possível. A princípio, a personagem dela fica intrigada com os badulaques e quinquilharias que decoram o espaço e vê meu personagem como um homem bom. Logo em seguida, no entanto, percebe que cometeu um erro e tenta escapar, mas eu a agarro com força. Como já disse, a cena não avança além disso, pois o desfecho é óbvio. No entanto, isso bastou para me deixar terrivelmente perturbado, e após cada tomada eu perguntava a Saoirse: "Você está bem?" E após cada tomada ela dava de ombros e dizia "Sim, estou ótima!", sorrindo. Ao fim do que creio ter sido a terceira ou quarta tomada, perguntei mais uma vez: "Sersh, você está bem?" Então, em vez da resposta habitual, ela me olhou e disse com um sotaque dublinense descolado: "Stanley, eu estou bem. A questão é: *você* está bem?" Naquele dia, aprendi muito, não apenas sobre atuação, mas sobre a vida em geral, e aprendi com uma menina de 13 anos.

Muito tempo se passou desde então. Hoje estou na casa dos 60 e Saoirse é uma jovem mulher. Para mim e para muitos de nós, o tempo é algo que estamos sempre tentando alcançar. Saoirse Ronan, ao contrário, sempre está esperando que o tempo consiga alcançá-la.

Não sei dizer quão boa estava a comida, mas as pessoas pareceram gostar. Só sei que nos divertimos muito enquanto comíamos e que bebemos até de madrugada e com muito gosto o delicioso vinho que trouxeram. Esses atores desenraizados encontraram um lar uns nos outros e em nossa casa mais uma vez. E gosto disso. Apenas gostaria que da próxima vez me avisassem com mais antecedência (Sam).

25 a 26 de outubro

Moldávia.
    Lottie e eu acompanhamos a Acnur (Alto Comissariado das Nações Unidas para Refugiados) em uma visita de dois dias a uma equipe e a um grupo de refugiados ucranianos. Foi minha primeira "missão" com a Acnur. Dizer que me senti apequenado pela grandeza alheia seria um eufemismo.

Em nosso primeiro dia na Moldávia, fomos à vinícola Mimi. Construída no fim do século XIX, foi expandida na década de 1930 e passou por uma nova reforma recentemente. As últimas melhorias são espetaculares. As estruturas contemporâneas — discretas, em vidro e aço escuro — criaram um contraste dramático com os grandiosos prédios antigos que já existiam. Fomos levados até lá para conhecer um grupo de mulheres ucranianas, escutar as histórias que contavam e cozinhar com elas. Svetlana, a *chef* que comandou o preparo da refeição, era cozinheira em uma escola primária na Ucrânia antes de fugir pela fronteira com as duas filhas. Agora cozinha em uma escola primária na Moldávia, enquanto o marido escolheu ficar na Ucrânia.

    Havia seis mulheres, de todas as classes sociais e com idades que iam da casa dos 30 à dos 50. Todas estavam acompanhadas dos filhos de diferentes idades, os maridos de algumas também haviam fugido do país. Duas eram divorciadas e os maridos de outras haviam permanecido na Ucrânia por variados motivos. Qualquer que fossem as circunstâncias individuais, em todos os momentos em que toquei na situação atual que viviam, ficou claro que a vida não era fácil e elas ansiavam voltar para casa.

    Contudo, à medida que íamos cozinhando juntos, fatiando batata, repolho, cenoura, aipo, alho, cebola e beterraba, ingredientes que em breve seriam ensopados em um caldo de carne que Svetlana deixara pronto e se transformariam em um substancioso *borsch* nenhuma delas parecia triste, ou talvez apenas escondessem muito bem a tristeza. Riam diante de minha falta de jeito ao rolar as bolinhas de massa que em breve desabrochariam na forma de pães amanteigados cobertos de alho, a serem servidos juntamente com o *borsch*, e faziam piadas de todos os assuntos, inclusive umas das outras.

O embaixador americano, Kent Logsdon, e a esposa, Michelle, chegaram quando a cozinha estava a todo o vapor. Todos ficaram felizes em vê-los, pois o casal tem se encarregado de tomar as medidas necessárias para que o governo da Moldávia continue a fazer tudo o que for preciso para que os ucranianos encontrem abrigo com o máximo de eficiência e conforto. Não consigo imaginar uma dupla mais adequada para comandar uma embaixada em uma época tão complexa. Foram calorosos e francos e se mostraram dedicados à tarefa de garantir que a Moldávia em breve alcance a muito desejada posição de Estado-membro da União Europeia.

Quando o *borsch* e os pães ficaram prontos, ocupamos nossos lugares no espaçoso restaurante da vinícola. As mesas estavam cheias de travessas de queijos, carnes e aperitivos de legumes, e abrimos garrafas do magnífico vinho local.

Por meio de um tradutor, conversei com Svetlana sobre comida, as filhas e o desejo dela de ir à Itália, especialmente a Roma. Ela me contou que é obcecada pela cidade e que, nas horas livres, já fez pinturas das paisagens que ela oferece. Diz que sente um chamado de Roma. Também contou que o marido se recusou a fugir, insistindo que a Ucrânia era o lar dele e que jamais partiria. Perguntei o que mais desejava, e ela me respondeu, entre lágrimas, que só queria voltar para casa.

Também conversei com Julia, que fala inglês muito bem e tinha um negócio internacional na Ucrânia antes da guerra. Além de ser extremamente engraçada, ela se expressa muito bem, e me explicou como é difícil estar na Moldávia, ainda mais sendo uma mulher divorciada com um filho de 8 anos. Quando chegaram ao país, ela achou que o filho estivesse se adaptando, mas ele logo começou a mudar. Hoje, costuma arrumar a mochila e dizer que está pronto para voltar. Então ela explica a ele que é impossível, mas, passados alguns dias, o garoto faz a mesma coisa, e ela precisa repetir tudo de novo. Quantas vezes pode um pai dizer ao filho que o sonho de ambos nunca vai se tornar realidade sem que os dois comecem a desabar?

Todos os refugiados com quem conversei tinham praticamente a mesma história para contar, com uma ou outra variação. Felizmente, conseguiram escapar para um país que os recebeu com generosidade e do qual podem até visitar os respectivos lares e entes queridos, quando for possível fazê-lo em segurança.

A Moldávia é grande produtora de vinho. A maior parte da produção ia para a Rússia ou para países no bloco soviético, mas, desde o fim da Guerra Fria, as exportações têm muitos destinos. Os Estados Unidos fizeram doações para impulsionar a produção de vinho no país, e a iniciativa funcionou. No ano passado, um vinho moldávio ganhou medalha de ouro em Paris. O país também tem uma culinária excelente, com inclinação marcadamente eslava, mas com uma queda para os ingredientes de origem vegetal. Isso porque 75% do solo na Moldávia é inacreditavelmente fértil e a topografia é, em boa parte de toda a extensão, plana, o que facilita o cultivo. Os produtos naturais que vi em tendas agrícolas ao viajarmos entre diferentes compromissos eram extraordinários. Uvas vermelho-escuras, ameixas de um roxo profundo, abóboras, tomates, pepinos e uma abundância de cerejas; e os pratos locais, criados a partir desses ingredientes, foram uma revelação. Fomos a dois restaurantes excelentes e de preços justos, o primeiro sendo o Fuior. Eis o que comemos:

Gelatina de coelho, com rábano-picante

Patê de fígado de frango

Pimentões assados recheados com cream cheese

Três tipos de toucinho (não me recordo da diferença entre eles, só sei que todos estavam ótimos)

Pasta de feijão com chips de cebola

Rolinhos de berinjela com amêndoas

Uma variedade de placinte *salgadas (massinhas fritas, recheadas com queijo, batata, repolho etc.)*

Bolinhos de massa negra (tinta de lula) recheados com peixe branco

Ensopado de porco com mămăligă *(polenta)*

Salada verde com brotos de mostarda

Não consigo lembrar quais vinhos pedimos, mas bebemos tintos e brancos, e todos estavam deliciosos. Embora alguns pratos me recordassem comidas eslavas ou mesmo italianas, achei todos surpreendentes e não conseguia parar de comer. Quis voltar ao Fuior no dia seguinte, mas um membro da equipe sugeriu que fôssemos ao Julien, um bistrô de inspiração francesa distante cerca de dez minutos a pé.

Assim que entramos no Julien, fomos conduzidos aos fundos do restaurante, até um pequeno salão resguardado por cortinas, onde nos acomodamos em banquetas almofadadas e pequenas poltronas ao redor de um conjunto eclético de mesas antigas e belamente arrumadas. O *chef* e proprietário, um jovial moldávio de 30 anos chamado Dmitri, veio à nossa sala e, assim que me viu, ficou vermelho como um *borsch*. Disse que era um grande admirador do meu programa da Itália, que tinha o sonho de me conhecer e estava tão nervoso que quase tinha medo de cozinhar para mim. Fiquei mais do que lisonjeado, disse que não precisava ficar nervoso e que eu estava muito animado por poder experimentar a comida dele, todos estávamos.

Ele respirou fundo e nos contou onde já havia trabalhado (restaurantes parisienses com estrelas Michelin) e, ainda mais importante, nos contou o motivo que tinha para cozinhar. Explicou que, como tantos *chefs*, queria recriar os aromas, os sabores, o amor e o convívio que vivenciara na cozinha e na sala de jantar da família. Ele se emocionou ao falar do avô, a quem amava e que lhe havia ensinado tantas coisas, e todos nós nos emocionamos também. Perguntou por que estávamos na Moldávia, e, quando explicamos que estávamos com a Acnur, ele contou que recebeu famílias ucranianas na casa dele no início da guerra e agora emprega ucranianos no restaurante. Ele nos acompanhou em um brinde, com um suave espumante que nos foi oferecido como cortesia, antes de ir para a cozinha, mas retornou logo em seguida e recomendou um vinho branco e um tinto para acompanhar a refeição, que estava extraordinária.

Primeiro veio uma seleção de aperitivos, descritos como "tira-gostos":

Ovos recheados

Uma terrina rústica

Profiteroles salgados com truta

Chips de mămăligă

Rolinhos de uva (folhas de parreira) recheados com carne

Uma variedade de tortinhas

Estava tão bom que ficamos sem palavras.

Enquanto nos banqueteávamos, Dmitri retornou empurrando um carrinho sobre o qual havia um esplendoroso bife *tomahawk*, maturado a seco, e um pedaço de porco que fora salgado, coberto de ervas e curado por duas semanas. Ele nos disse que ambos os cortes vinham de animais criados na Moldávia, e que ele primeiro os prepara na grelha, depois em uma panela e os serve no estilo familiar. Pedimos os dois. E estavam incríveis. O bife estava saboroso e macio e a carne suína — de um vermelho tão escuro que mal dava para acreditar que vinha de um porco —, literalmente, derretia *antes* de ser posta na boca. O rosto de Dmitri voltou a ficar cor de *borsch* quando, terminada a refeição, aplaudimos o inegável talento que ele tem.

Mais tarde, nos reunimos no salão principal e Dmitri trancou a porta. Ficou de pé em uma cadeira (já tínhamos sido avisados de que ele tinha esse hábito) e disse a todos os presentes no restaurante que estava na hora de festejar. Do precário púlpito em que estava, discursou sobre a importância da comida, do amor, do avô dele, e nos incentivou a beber, dançar no bar e fazer tudo o que desejássemos, pois todos temos que "viver o momento". No fim do discurso, ele começou a chorar, mas, após se recompor, nos encorajou a aproveitar a vida, pois "o amanhã é uma ilusão". Infelizmente, Dmitri está mais que certo.

Quando contemplamos o sofrimento no mundo e a repetição sem sentido desse sofrimento, torna-se difícil encontrar até mesmo um lampejo de esperança. Os seres humanos precisam uns dos outros e temos muito a partilhar, especialmente a esperança, mas muitas vezes nos esquecemos disso. Basta olhar a forma como tratamos uns aos outros.

De modo semelhante, precisamos da terra e do que ela nos fornece, mas nos esquecemos disso também. Basta olhar a forma como a tratamos.

Contudo, as duas coisas estão ligadas de forma inextricável. Conviver uns com os outros, partilhando as dádivas da terra, é um dos componentes mais cruciais do ciclo da vida. Essa comunhão pode aprimorar, unir, exultar, aplacar conflitos e criar laços duradouros de amizade e amor.

Será isso um remédio para os horrores que semeamos?

Não. E não estou sugerindo que seja.

Contudo, é alguma coisa.

Ajuda.

Sim, a esperança é difícil de encontrar, mas geralmente pode ser encontrada à mesa.

E mesas são fáceis de construir.

O tempo estava frio e seco quando caminhamos de volta ao hotel pelas ruas pacatas, adornadas de árvores em plenos tons outonais. Ainda assim, a uma pequena distância, do outro lado da fronteira, havia um lugar em que não se achava paz alguma. Na Moldávia, todavia, naquela noite, naquele momento, havia paz. E ainda há. Ao menos por enquanto.

28 e 29 de outubro

Neste fim de semana, ficamos em casa com as crianças. Fomos à feira de produtores, que estava repleta de todos os meus ingredientes favoritos de outono. Compramos abóboras e nos pusemos a prepará-las. Entalhar abóboras é a única coisa de que gosto no Halloween, pois o resto, para mim, é um pesadelo paterno. Se me permite perguntar, o que pode haver de interessante ou mesmo de *correto* em uma festa em que o medo e o horror são temas dominantes, e nossos filhos vagam por aí, no escuro, indo a casas de gente desconhecida pedindo doces? Quem foi que achou que essa era uma boa ideia ou mesmo necessária? Posso garantir que não fui eu.

31 de outubro

Lottie e eu fomos ao Sabor com nosso amigo e colega Matt Ball. Matt foi assistente de cinegrafista em grande parte das últimas duas temporadas de *Searching for Italy* e nós o convidamos a ser diretor de fotografia daqui para a frente. Ele é talentoso, gentil, inteligente, engraçado, gosta de boa comida e sabe cozinhar. Também trabalha no programa de Ina Garten nos Estados Unidos, que é produzido pela esposa dele. Quando participei do programa, ano passado, foi um grande prazer passar tempo com ele em um ambiente muito mais descontraído do que aquele com que nos acostumamos durante as filmagens na Itália.

Hoje, no Sabor, pedimos vinho branco, *croqueta* com queijo de cabra, *fettuccine* de lula (lula cortada em formato de massa) com molho Manchego, pimentão recheado com queijo de cabra, tempurá de tamboril, *presa iberica* com molho verde, minialface-romana com *bottarga* e Manchego com avelã. Não tenho palavras para descrever. Você terá que ir lá provar pessoalmente.

Era Halloween, uma festa da qual, como já disse, não sou fã. Felicity e Isabel saíram com as crianças e eu decidi ficar em casa e atender à porta. No fim das contas, tive uma noite muito agitada. Crianças de todas as idades apareceram para pedir doces, e meu coração amoleceu um pouco. Ainda mais ao notar a polidez com que os mais pequeninos faziam o pedido. Para falar a verdade, em determinado momento, cheguei a lacrimejar. Argh! O que está acontecendo comigo? Emocionado com o Halloween? Meu Deus. Tá, devo admitir que ainda tenho uma foto de Nicolo, Isabel e Camilla, bem pequenos, fantasiados de Irmãos Marx para o Halloween, e me dá uma dor no coração sempre que olho para ela. No entanto, preciso admitir que o que mais dói é que, das incontáveis casas pelas quais passamos naquela noite, apenas uma pessoa reconheceu a fantasia que meus filhos estavam usando. Só *um* cara sabia quem eram os Irmãos Marx! Percebi, então, que o Halloween estava ficando pior do que nunca e que o cinema estava morto.

1º de novembro

Dei uma palestra com Mary McCartney e Ruth Rogers para promover o novo livro de receitas de Mary, no qual Ruth e eu somos citados. Depois, fui direto para casa e comi uma tigela de massa à luz da geladeira.

2 de novembro

Escrevi em casa por um tempo, depois senti necessidade de cozinhar. Cansado de fazer sempre as mesmas coisas, decidi que toda semana iria fazer ao menos uma nova receita, para aumentar meu repertório culinário. Como o tempo está esfriando, pensei que um prato quente viria a calhar, então optei por *shepherd's pie* (um empadão de carne moída). Até então só o fizera um par de vezes, o que parece uma tolice, pois não é um preparo difícil e eu amo. Todavia, decidi não fazer o verdadeiro *shepherd's pie* (que leva carne de cordeiro, algo que aprendi após me mudar para a Inglaterra), mas uma *cottage pie*, feita com carne bovina (nos Estados Unidos, chamaríamos esse empadão de *shepherd's pie* mesmo).

De todo modo, me pus a trabalhar e consegui terminar meu modesto repasto britânico bem na hora em que as crianças voltavam da escola. Após ajudar um pouco com o dever de casa, eu as deixei com a babá e fui à reunião de pais e professores da escola de Matteo — fui sozinho, pois Felicity estava supostamente no "lançamento de um livro". (Não querendo julgar, mas ela tem mais lançamentos do que o centro espacial em Cabo Canaveral.) Seja como for, após a reunião, durante a qual escutei orgulhosamente todos os professores fazerem elogios entusiasmados a Matteo, voltei para casa, preparei linguiça com arroz e ervilha para o jantar das crianças e aqueci o empadão. Quando ficou pronto, ofereci um pedaço a Matteo e Millie como acompanhamento, mas os dois recusaram sem qualquer remorso. Levemente ofendido, mas impassível, comi uma vasta porção da torta sozinho, com uma taça generosa de um soberbo Mercurey tinto. Embora um pouco sem sal, a torta estava no ponto, e, por um momento, apiedei-me do paladar de meus filhos, enquanto os observava devorar as chamuscadas e retorcidas tripas de um porco.

Um dia, ponderei em silêncio, *vocês haverão de compreender o leão culinário que agora se encontra em frente a ambos, e haverão de lamentar terem recusado a menor das migalhas gustativas oferecidas por esse generoso e amoroso coração e por essas calejadas e talentosas mãos.*

Fui despertado de meu devaneio presunçoso por uma vozinha que perguntou: "Quando é que a mamãe volta?"

Filisteus.

3 de novembro

Encontrei Isabel e Nico na galeria White Cube, onde vimos uma fascinante exposição de pinturas de Marina Rheingantz, depois fomos direto ao Sabor, mais uma vez, pois sei que ambos adoram o lugar, especialmente Nico. Pedimos uma enorme quantidade de comida, porque, a exemplo do pai, eles são comedores vorazes. Nico perdeu mais de quatro quilos devido aos longos turnos e ao esforço exigido pelo trabalho de *chef* em um restaurante de elite. Nunca esteve tão feliz.

4 de novembro

Após uma exaustiva sessão de *power yoga* com Monique (essa mulher não é humana), mantive-me fiel à decisão de fazer novos pratos a cada semana e decidi preparar *borsch*. Fiz esse prato apenas uma vez, há muitos anos, porque o adoro e sinto falta dos tempos em que podia comê-lo no Carnegie Deli. Então, inspirado por Svetlana e todas as mulheres ucranianas que conheci semana passada na Moldávia, coloquei mãos à obra enquanto as crianças corriam pela casa e Felicity de alguma forma lia o jornal em meio a essa balbúrdia. Eis como preparei o prato:

Borsch

Um fio de azeite de oliva ou óleo vegetal
1 colher de chá de manteiga (opcional)
2 cenouras raladas e depois cortadas em pedaços pequenos
2 hastes de aipo em pedaços pequenos
2 cebolas médias em pedaços pequenos
2 dentes de alho em pedaços pequenos
5 beterrabas médias, descascadas e lavadas, raladas
e depois cortadas de forma irregular
2 batatas médias, lavadas e descascadas, raladas
e depois cortadas de forma irregular
Sal grosso
Pimenta-do-reino recém-moída
6 ½ xícaras de caldo de carne (feito em casa
ou comprado pronto)
Vinagre de vinho branco
Creme azedo ou apenas iogurte natural
cremoso (opcional)

- Despeje o azeite e a manteiga (se for usá-la) em uma caçarola de ferro fundido com capacidade para cerca de 5 litros em fogo médio.

- Quando o azeite estiver quente, adicione a cenoura, o aipo, a cebola e o alho e deixe cozinhar até amolecer. Então acrescente a beterraba e a batata e mexa. Tempere com sal e pimenta, deixe cozinhar por cinco minutos, mais ou menos, e mexa de vez em quando. Assim que os legumes começarem a amolecer um pouco, adicione o caldo de carne, mais sal e pimenta. Deixe ferver por cerca de um minuto e depois abaixe o fogo. Tampe e cozinhe por 45 minutos, mexa ocasionalmente, então adicione de duas a três colheres de chá de vinagre de vinho branco, mexa, prove e acrescente mais sal e pimenta, se necessário. Se quiser, sirva com uma colherada de creme azedo ou algum iogurte natural cremoso de sua escolha.

- Pode ser servido frio ou quente.

Nós comemos ao longo de três dias. Duas vezes no café da manhã. Estava bom. Muito. E purificante. *Muito.*

A greve da SAG finalmente acabou. Graças a Deus. Agora, para compensar o tempo perdido, os estúdios estão enviando os atores a intermináveis eventos e entrevistas para promover filmes, na esperança de garantir o máximo de indicações ao absurdo número de prêmios com os quais Hollywood adorna a si mesma todos os anos. Se o dinheiro gasto em eventos promocionais e campanhas para prêmios fosse gasto na produção de bons filmes, seria muito melhor para todos, especialmente para o público.

11 de novembro

Hoje foi o meu aniversário de 63 anos. Matteo e Millie escreveram cartões de felicitação para mim e passamos o dia em casa. Felicity me deu um lindo suéter. Montei um gol de 1,80 por 1,20 metro para Matteo jogar futebol no jardim. Ele passou o resto da tarde alvejando-o com a bola. A noite foi muito divertida. Woody e Laura; Sam e Leslie; Piper Perabo; Matt Damon e a esposa, Lucy; e Jaime Dornan — todos vieram tomar coquetéis, após os quais nosso grupo de fanfarrões rumou ao Riva para um jantar que Felicity havia planejado. Comemos *prosciutto*, *puntarelle*, lagostins, risoto com trufas brancas e salada. Quanto mais vinho bebíamos, mais barulhenta ficava nossa mesa, e então vieram os discursos, que foram lisonjeiros e engraçados. O restante dos fregueses, inclusive uma mulher chamada Alexandra, ficaram perplexos ao ver esse bando de celebridades em um pequeno restaurante local. Dei uma volta pelo restaurante pedindo desculpas e parei para conversar com Alexandra e seu marido, ambos professores escolares, que estavam lá para celebrar o aniversário dela. O bando de baderneiros que eu chamo de amigos se pôs de pé imediatamente ao descobrir que era aniversário de Alexandra e começou a cantar você sabe que musiquinha em um coro alto demais. Acho que os funcionários mal podiam esperar que fôssemos embora.

13 de novembro

Jantei em um restaurante japonês com Lottie e Martina, que trabalhou como babá de nossos filhos até retornar à Eslováquia alguns anos atrás. Devoramos a comida. Não é de estranhar. Em seguida, conheci o *chef*, que era da Nova Zelândia e me contou que havia atuado como *chef* no Nobu, em Londres.

Mais tarde, fui moderador em uma mesa-redonda sobre o documentário *American Symphony*, de Matthew Heineman. Assisti ao filme na véspera a fim de me preparar para o evento. É mais um belo trabalho feito por esse homem extremamente talentoso. O documentário acompanha a carreira de um músico conhecido à medida que esta vai se tornando cada vez mais bem-sucedida e empolgante. Ele está concorrendo a onze Grammys enquanto se prepara para apresentar, no Carnegie Hall, a composição autoral *American Symphony*. Ao mesmo tempo, a saúde da esposa entra em declínio e ela tem que passar por um brutal transplante de medula e tratamentos de quimioterapia para leucemia, que retornou após uma remissão de dez anos. É uma história sobre as muitas camadas do amor, contada com delicadeza. O amor pelo ofício que escolhemos, o amor pela pessoa que nos acompanha, o amor pelas coisas que o próprio amor nos permite fazer na vida e na criação artística. Como todos os filmes de Matthew, é sutil e profundo.

Mas devo confessar que foi difícil para mim assisti-lo. Ver a esposa passar pelas agruras de um tratamento severo, enquanto o marido fazia tudo o que podia para ajudá-la, foi como assistir a outras pessoas encenando aquilo pelo que Kate e eu passamos. Com a diferença de que não era encenação. No início, achei que seria só um filme sobre as façanhas musicais de um homem, e essa era mesmo a intenção original de Matthew. No entanto, quando as filmagens começaram, a vida interveio, fazendo emergir uma história diferente e ainda mais profunda. Vê-la sofrer, ver o marido cortar o cabelo dela antes de a químio começar, ver o rosto e o corpo dela mudarem à medida que os efeitos colaterais das drogas lentamente se manifestavam, vê-lo caminhar com a esposa pelos corredores do hospital para que ela não perdesse as forças — foi como assistir a tantos momentos indeléveis dos últimos quatro anos de minha vida com Kate, apresentados em uma hora e meia. Admito que muitas vezes quis parar — mas não o fiz. E me alegro por isso. Precisava assistir. Não apenas porque Matthew me pediu que moderasse a mesa-redonda, mas também por outras razões. Que razões são essas? Para aprender a lidar com minha culpa de sobrevivente? Para pôr fim a meus sonhos? Para me distanciar daquelas memórias ou para mantê-las vivas? Sim. Não. Talvez.

14 de novembro

Levamos as crianças ao show de luzes natalinas no Jardim Botânico de Londres. Assistimos ao espetáculo todo ano há algum tempo, mas dessa vez fomos a uma prévia, de modo que não havia multidão e a experiência foi muito mais agradável. Ao chegar, compramos cachorros-quentes e linguiças muito caros, mas digamos apenas que não atenderam às nossas expectativas, então jogamos fora após algumas mordidas. Em compensação, os *beignets* salpicados de açúcar foram um sucesso imediato. As exibições de luzes foram variadas, algumas pouco interessantes, outras espetaculares. O pequeno parque de diversões, que é construído anualmente, também foi um sucesso, pois continha alguns brinquedos perfeitos para crianças de 5 e 8 anos. Apesar de querermos ir embora logo após nossos filhos terem desfrutado o quinhão deles de diversão, acabamos percorrendo quase todo o caminho de luzes, que tem dois quilômetros, pois não conseguimos achar um atalho para a saída. Fizemos a mesma coisa no ano passado. Era de esperar que houvéssemos aprendido a lição. Por fim, encontramos um jeito de ir para casa, onde servimos massa com *pesto* às crianças e tomamos uma sopa.

15 de novembro

Fiz berinjela à parmegiana, com uma grande berinjela rajada italiana, duas berinjelas roxas inglesas e algumas abobrinhas. Geralmente incluo batatas, mas dessa vez as deixei de fora. Também preparei *orecchiette* com linguiça e brócolis para o jantar, pois Lottie e Martina viriam comer conosco.

16 de novembro

Esta noite, servi a berinjela (ou o que sobrou dela, pois roubei um pouquinho de manhã para o desjejum após o treino), preparei arroz italiano com açafrão e caldo de frango e temperei filés de bacalhau que planejava assar *en papillote*. Para as crianças, fiz massa com cebola, manteiga e ervilha, juntamente com *goujons* de bacalhau. Millie não reclamou nenhuma vez da cebola na massa, o que foi uma espécie de progresso. O peixe ficou malpassado, pois eu não prestei muita atenção ao seguir a receita. Felicity, Martina (que veio se hospedar conosco nos últimos dias de sua estadia em Londres) e eu jantamos juntos. Ela está morando na Áustria, não muito longe da família, na Eslováquia. Sempre falamos sobre visitá-la um dia e conhecer os pais dela, pois, como a família de nosso amigo Andy, na Hungria, eles fabricam as próprias linguiças e carnes curadas, cultivam os próprios legumes, e assim por diante. Os pais dela têm a minha idade, mas um estilo de vida mais semelhante ao de meus avós. Trabalham nas respectivas profissões, mas selecionam os produtos que cultivam para servir de base à dieta que seguem. Gostaria que meus filhos vivenciassem isso. Não é um jeito tão ruim de viver.

Matteo me informou que adora *carbonara*. Fiquei muito empolgado, pois, como já disse, também amo essa massa. Quando preparada direito, a *carbonara* é um dos melhores pratos para saborear. Terei que fazê-la para meu filho e o melhor amigo dele, Arthur, que come praticamente qualquer coisa que estiver na frente. Quando o amigo janta em nossa casa, Matteo fica mais ousado em relação a comida. É como se Arthur fosse seu "provador", assegurando-o de que não envenenei a refeição. Assim que Arthur engole a primeira bocada e não apresenta sinais de morte iminente, Matteo pergunta se pode provar um pouco do que o melhor amigo está comendo. Millie apenas os observa, achando graça, perfeitamente em paz com a própria escolha de jantar.

17 de novembro

Felicity e eu nos dirigimos ao aeroporto para pegar um voo à Irlanda, pois vamos ao festival literário de Dingle. Noite passada, preparei quatro sanduíches de berinjela, que comemos de almoço, com uma cerveja, no lounge. O molho havia permeado o pão tostado, o que deixou os sanduíches ainda mais deliciosos, embora estivessem um pouco frios. Uma opção muito melhor que comer alguma coisa — *qualquer* coisa — oferecida no lounge do aeroporto.

18 e 19 de novembro

Dingle.
  Passamos o fim de semana com Geoff O'Sullivan e Anna Stein, amigos de Fee, além de Yvonne McGuinness e dois amigos dela, Max Porter, escritor brilhante, e Mary Hickson, produtora de filmes e de arte performática. Comemos pratos muito bons, especialmente no Fish Box, um pequeno restaurante que, é claro, serve peixe. Antes do almoço, enquanto esperávamos que a mesa ficasse vaga, avançamos um pouco pela calçada e entramos em um pequeno *pub* chamado Dick Mack's. Um dos cinquenta *pubs* de Dingle (ou seja, um a cada quarenta habitantes) e, como vários dos que visitamos, não apenas muito antigo e muito pequeno, mas que também já funcionara (e às vezes ainda funciona) como oficina de sapateiro. O interior é todo de madeira, do piso ao teto. De cada lado do recinto minúsculo, ergue-se um balcão de madeira gasta. O balcão à direita é o bar, atrás do qual há uma extraordinária exposição de garrafas de uísque, tanto irlandeses quanto escoceses, de décadas atrás. As bebidas se enfileiram por prateleiras que serpenteiam pelas paredes, formando anéis sobrepostos que envolvem todo o recinto. À esquerda, há outro balcão de madeira, ao qual está acoplada uma chapa de aço-carbono com pernas do mesmo metal, que ainda é usada pelo sapateiro quando ele aparece no local, mas na maioria das vezes serve de poleiro para clientes e suas bebidas. Atrás *desse* balcão, há prateleiras repletas de ferramentas organizadas de modo aleatório e o bricabraque essencial ao ofício do sapateiro. Alguns dos objetos pareciam mais velhos que as garrafas de uísque espalhadas ao redor.
  O local me lembrou o McSorley's, o mais antigo *pub* irlandês em Manhattan, que eu frequentava sempre que me encontrava no Lower East Side. Aberto em meados do século XIX, foi apenas na década de 1970 que esse poeirento covil etílico permitiu a entrada de mulheres, prática mais extrema do que a que vigorava na Irlanda. Contudo,

embora os bares irlandeses da época de fato permitissem a entrada de mulheres, estas eram relegadas a pequenos cubículos próximos ao bar, chamados *snugs*. Apenas na clausura confessional do *snug* era que as mulheres podiam socializar umas com as outras, e só podiam receber as bebidas através da janelinha que dava para o bar, a qual lembrava um confessionário. ("Perdoe-me, padre, pois vou beber mais uma, e, aliás, me veja uma dose dupla.") O Dick Mack's ainda tem um desses *snugs*, mas felizmente agora as mulheres têm a escolha de ficar ali ou em qualquer lugar que desejarem.

A segregação de gênero, que ainda hoje vigora em muitas sociedades e religiões e — verdade seja dita — em demasiados lugares, é algo que jamais entendi. Por que homens evitam a companhia das mulheres, preferindo a de outros homens? Na maior parte dos casos, acho mais fácil conversar com mulheres, e também as acho mais interessantes, mais engraçadas, mais irônicas, mais atenciosas e melhores conversadoras do que a maioria das pessoas que nasceram com pênis. Será porque não estão tentando provar nada a ninguém?

De qualquer forma, após tomar uma Guinness no Dick Mack's, fomos para o Fish Box (se você identificar o trocadilho obsceno com o nome dos estabelecimentos, me avise), onde pedimos coquetel de camarão, *tacos* de peixe frito, anéis de cebola e peixe com fritas. Um almoço de fritura extrema, porém extremamente satisfatório. Os *tacos* estavam muito bons, com cebola roxa bem picada, alface e um suave molho cremoso. Comi sem parar. Até que tive que parar, porque comi tudo.

No dia seguinte, Yvonne, Felicity e eu fomos dar uma caminhada pelos grandiosos penhascos nos arredores de Dingle, que descem à praia de Coumeenoole. É lindíssimo. De tirar o fôlego. Depois fomos de carro até o Kruger's, um pequeno *pub*, onde tomamos uma Guinness ainda melhor que aquela que havíamos bebido no dia anterior. Por que um produto que deveria ter sempre o mesmo gosto e textura varia tanto de *pub* para *pub*? Algumas Guinness são mais intensas, ou mais viscosas, outras são um pouco mais ralas, e assim por diante. Já me disseram que isso tem a ver com a limpeza, ou falta de limpeza, das torneiras, e que, se o tanque for novo, também afeta a densidade do líquido, além de várias outras razões razoavelmente razoáveis. No fim das contas, não sei se existe apenas uma explicação. Só sei que, quando as estrelas estão alinhadas e a Guinness é servida da forma "correta", quase não existe coisa melhor.

A primeira vez que tomei uma Guinness na terra natal dela foi há cerca de 25 anos, em Dublin, na própria fábrica. Fiz uma visita guiada com um amigo que já faleceu, e ao fim recebemos duas moedinhas de madeira e fomos conduzidos ao bar. Lá, apresentamos as moedinhas, que nos deram direito a duas tulipas pequenas daquela poderosa substância. Eu já havia provado Guinness em bares americanos, mas o sabor daquelas duas tulipas pequenas em Dublin foi uma epifania. Disse a meu amigo que era como fazer uma refeição de oito pratos, não porque enchesse a barriga, mas pela complexidade dos sabores. A Guinness que bebemos com Yvonne nesse dia tempestuoso tinha o mesmo gosto. Intenso, profundo, escuro, alegre, melancólico, reconfortante — um líquido impecável, fermentado pela história e pelo mito.

22 de novembro

Dei uma folga nos exercícios (afinal de contas, será que quero viver tanto tempo assim?) e fiz algumas reuniões por chamada de vídeo no escritório com Lottie, depois vim para casa e comecei a cozinhar. Segui uma receita de *pissaladière* que encontrei no lindo livro de Julius Roberts, *The Farm Table*. Experimentem! Também cortei uma berinjela, duas abobrinhas, uma cebola roxa e quatro batatas pequenas, fritei, botei em uma caçarola, adicionei um pouco de molho de tomate simples, algumas azeitonas pretas, ralei um pouco de parmesão e *pecorino*, depois misturei tudo, deixando pronto para levar ao forno e servir no jantar de amanhã.

À noite, fiz risoto com polpa de abóbora-manteiga e brema. Ficou bom, mas eu estava distraído com meus convidados, amigos queridos que não via fazia quatro anos, e me deixei envolver pela conversa. Estava tagarelando demais para prestar atenção no relógio, e me esqueci até mesmo de preparar legumes ou salada. Os convidados não pareceram se importar tanto quanto eu, mas minha falta de concentração me deixou insone pelo resto da noite.

25 de novembro

Dia de Ação de Graças. Ou melhor, a data em que celebramos a Ação de Graças desde que saímos dos Estados Unidos, pois, obviamente, não é feriado na Inglaterra. Assim, no sábado após a Ação de Graças, quinze ou vinte pessoas invadiram nossa casa (será que é possível um lugar ser *invadido* por pessoas que foram convidadas?): família, imigrantes americanos, atores americanos que estão na Inglaterra por motivos que já expliquei, e amigos ingleses que gostam de comer. Por que fazemos isso? Porque gostamos de peru? Não. Francamente, é um saco preparar essas aves peitudas e sem gordura, embora Felicity, de alguma forma, tenha encontrado um método de assá-las com brilhantismo. No entanto, nós fazemos a festa e celebramos a data, embora seja baseada no falacioso relato de que os colonos peregrinos e os nativos americanos partilharam uma refeição como gesto de boa vontade, antes que os primeiros dizimassem os segundos por meio de doenças e genocídio. E, embora o gesto tenha gerado apenas uma ceia efêmera antes que tudo virasse de pernas para o ar (ou de coxas para o ar, no caso do peru), a ideia de nos reunirmos por meio da comida é algo belíssimo e deve ser celebrado.

A primeira imagem que vem às pessoas quando pensam no Dia de Ação de Graças é o peru, mas para mim são os acompanhamentos, os enfeites e os onipresentes acepipes "colaterais" que tornam a refeição maravilhosa, não a portentosa ave. Encaro o peru como suplemento dos outros pratos. Dito isso, são as *sobras* do peru, habilmente transformadas em um sanduíche aberto com bastante molho no *dia seguinte*, que realmente me conquistam. Claro, também desfruto as sobras dos acompanhamentos. Eis o que geralmente preparamos no dia de dar graças:

Um peru (obviamente)

Molho de oxicoco (caseiro)

Couve-de-bruxelas com pancetta *e/ou castanhas portuguesas*

Enroladinhos de salsicha (comprados)

Devils on horseback *(tâmaras recheadas de castanha e enroladas em bacon; comprados)*

Vagem

Batata gratinada

Cenoura assada e talvez pastinaca

Pão de milho

Recheio de pão com castanha-d'água e aipo e outras coisas que não consigo recordar (receita da minha mãe)

Batata-doce assada

Feijão assado (às vezes; receita de Kate)

Salada

Tábua de queijos

Figos, nozes e frutas

Torta de maçã ou tarte Tatin

Vinho (de ambas as cores)

Por melhor que tenha sido a ceia, e por mais que eu ame meus amigos e parentes, não sei se algum dia voltarei a fazer isso. Ao menos não nessas proporções. Foram dois dias de preparativos. Tivemos que alugar mesas e bancos, pois a mesa da nossa sala de jantar não é grande o bastante para acomodar dezenove adultos (quem é que tem uma mesa assim?). Também alugamos toalhas de mesa, louças e copos, para tornar a limpeza mais fácil e porque não tínhamos uma quantidade suficiente de utensílios que combinassem uns com os outros. Encaremos a verdade: quando a mesa está cheia de objetos desencontrados, a menos que seja organizada de forma conscientemente autoral, a impressão é de que não temos a quantidade necessária de utensílios que combinem, e é exatamente isso. Quando me sentei para comer, estava tão cansado que mal consegui provar os pratos. No fim das contas, a comida estava boa, exceto pelo peru, que resistiu a todos os encantamentos culinários de Felicity e ficou muito sem graça. Infelizmente, aquele peru foi como um primeiro encontro malsucedido. Logo notamos que não vai dar certo, mas estamos presos à mesa até o fim da refeição, então temos que aproveitar do jeito que der.

26 de novembro

Com a ajuda de Danny e Monique, que pernoitaram em nossa casa, desmontamos as mesas e os bancos e continuamos a limpeza iniciada na noite anterior (algo que dá sempre muito mais trabalho do que o esperado). Como forma de agradecimento, fiz omelete, que comemos com torrada, abacate, queijo e uma esplêndida e sedosa mortadela italiana que eles haviam comprado em uma delicatéssen. Uma das melhores mortadelas que já comi fora de Bolonha. Após a partida dos hóspedes, continuamos a arrumação e, por fim, saímos de casa ao meio-dia para comprar um novo conjunto de pratos, pois o nosso está velho e o número vem minguando, já que muitos se quebraram ao longo de mais de doze anos. (Daí a mencionada falta de itens que combinem uns com os outros.) Fomos à Borough Kitchen, que é basicamente a Williams Sonoma da Inglaterra, e encontramos algumas coisas de qualidade e com preços justos, para nossa surpresa. É imprudente deixar Felicity e eu soltos em um lugar como esse, mas as reclamações de nossos filhos nos impediram de demorar além do necessário e comprar mais do que devíamos.

Levamos as crianças para ver um filme. Hoje em dia é muito raro irmos ao cinema, fico triste em admitir. Antigamente, eu adorava ir ao cinema. A acessibilidade dos canais de streaming, porém, tornou esse hobby uma coisa rara, inclusive para aqueles que, como eu, gostavam tanto de ir ao cinema que acabaram dedicando a vida a fazer filmes. Preciso me esforçar para levar as crianças ao cinema com mais frequência, pois é — e sempre deveria ser — uma experiência mágica. Depois do filme (que infelizmente não foi uma experiência mágica — ah, como eu adoro os streamings), demos um pulo até um antiquário e gastei mais do que devia em um balde de gelo vintage com pegadores, feito de aço inoxidável e projetado por Arne Jacobsen. Meus pais têm um parecido, embora maior, e sempre o adorei. O design escandinavo clássico é algo de que este italiano avançado em anos jamais se cansa.

Como estava muito frio e úmido quando chegamos em casa, fiz uma panela de *minestrone* e um *spaghetti con tonno* a pedidos de Felicity. Matteo, Felicity e eu comemos o espaguete. Matteo se serviu três vezes. Gostaria que meus pais estivessem aqui para vê-lo devorar toda aquela massa. Parecia uma cena saída de um filme de Pasolini. Millie se serviu das sobras de uma *pastina* com manteiga e queijo, e comemos juntos enquanto a sopa que seria consumida ao longo dos três dias seguintes borbulhava. (Verdade seja dita, Felicity e eu comemos mais um pouco cerca de três horas depois.) A sopa estava com um sabor mais pungente que o usual, mas não estou certo do motivo. Talvez tenha sido o caldo de frango que preparamos, ou a xícara de marinara coado que adicionei, ou o pedaço extra de casca de parmesão que joguei na panela por via das dúvidas, mas, seja qual for a causa, funcionou.

Por falar em comida e cinema (voltando à minha referência a Pasolini), é raro que, em filmes de língua inglesa, a comida seja usada da mesma maneira que na maioria dos filmes europeus continentais. Quero dizer que, quando a comida não está tão entremeada à vida cotidiana como, digamos, na França ou na Itália ou na Índia, ela é praticamente inexistente nas telas. Com efeito, parece estar desaparecendo por completo da maioria dos filmes americanos. Quer dizer, super-heróis têm que comer em algum momento, mas jamais os vemos fazendo isso. Nem mesmo os irmãos Russo, que são obcecados por culinária (mais uma razão pela qual adoro trabalhar com eles), incorporaram comida nos grandes filmes da Marvel que codirigiram, ao menos pelo que me lembro. Preciso tocar no assunto com eles. Na maioria dos filmes ingleses e americanos contemporâneos, a menos que se trate de um "filme sobre comida", esta não tem importância. O melhor comentário a respeito do assunto é um número de *stand-up* de Eddie Izzard chamado "A cantina da Estrela da Morte". Eddie interpreta Darth Vader, que vai almoçar em uma cantina em que o atendente não sabe quem ele é. É um dos números cômicos mais brilhantes de todos os tempos.

27 de novembro

Comi ovos mexidos em uma torrada com manteiga, anchova e salsinha, após um treino muito necessário. Uau. Amanhã, vou fazer com um ovo cozido picado, e ficará ainda melhor.

Nos últimos dias, há duas receitas que não consigo tirar da cabeça. A primeira eu inventei recentemente: uma versão da *pissaladière*. Salteei duas cebolas e três alhos-porós com manteiga e óleo, espalhei sobre uma massa folhada, salpiquei tudo com azeitonas pretas e deixei a combinação no forno por trinta minutos. Adoro tortas salgadas. Há infinitas combinações de legumes que podem adornar a massa folhada, a de quiche ou a de pizza. Basta pôr cebolas salteadas sobre a massa escolhida, e já temos uma refeição pronta. Ina Garten, provavelmente a mais bem-sucedida autora de culinária e *chef* televisiva dos Estados Unidos (Emily e eu aparecemos no programa dela, pois é um de nossos ídolos), tem uma receita de quiche com alho-poró, queijo de cabra e tomates frescos que Emily preparou algumas vezes e com a qual sou obcecado desde então. Com salada verde e uma taça de vinho, uma torta gostosa é boa de comer em qualquer época do ano.

A outra receita vem de minha infância, e muitas vezes sinto saudade de comer esse prato. Não apenas por ser delicioso, mas porque traz memórias de longos almoços de verão com meus pais e meus avós. É uma simples salada de dente-de-leão com ovos cozidos e um vinagrete suave que meus pais fazem. Hoje em dia, folhas de dente-de-leão podem ser compradas em armazéns, mas antigamente multidões de imigrantes italianos em Westchester, Nova York, costumavam colhê--las em gramados ou na beira das estradas arborizadas que levavam a Manhattan. Eu me lembro de vê-los enquanto passávamos de carro pela Sawmill em nossas peregrinações de sábado. A cada quilômetro, mais ou menos, lá estavam eles: figuras baixas, atarracadas, inclinadas, lentamente avançando pelo pasto que crescia de ambos os lados da estrada, colhendo as folhas verde-escuras daquela planta que outras pessoas consideravam uma praga em seus bem-cuidados jardins. Contudo, para aqueles velhos italianos, a erva amarga era uma parte deliciosa e saudável da próxima refeição. Sem mencionar o fato de que era grátis.

Com o tempo, essas pessoas expeditas e diligentes foram minguando cada vez mais até se esvanecerem por completo. Ou ficaram velhas demais para essas atividades, ou simplesmente se foram deste mundo. Os filhos não tinham necessidade nem vontade de seguir o hábito dos pais de sair e selecionar as riquezas naturais que continuam a crescer junto à estrada, que por sua vez também continuou a crescer, mas apenas em termos de trânsito, ficando mais e mais congestionada cada ano que passa.

28 de novembro

Fui à retrospectiva de Marina Abramović na Royal Academy. Nosso amigo Heinrich agora faz parte da diretoria. Foi a primeira vez que uma artista feminina ocupou todo o espaço. Abramović sempre encontrou novas formas de se expressar por meio da arte em diferentes plataformas. Como Louise Bourgeois, jamais receou a controvérsia e nunca se desculpou por isso, tampouco por ser uma mulher em um mundo dominado por homens. E, assim como Louise Bourgeois, teve um impacto imenso nas artes. A exposição estava impressionante, para dizer o mínimo. Gostei de todos os trabalhos? Não, isso seria impossível. Não dá para gostar de tudo o que um artista faz, pois a criação artística é um eterno fluxo. A arte é um processo, e, enquanto espectadores, temos a possibilidade de acompanhá-lo. Às vezes, as obras "funcionam" e outras "não funcionam", por inúmeras razões. A inconsistência é parte integral do crescimento e da mudança. A boa arte é sempre mutável e, portanto, inconsistente. A arte é o contrário da comida industrializada.

Depois fomos encontrar Emily, Cillian, Yvonne, Jenn (minha agente, que também trabalha para Emily) e Jenn Streicher no hotel em que estão hospedados, pois estão na cidade para a campanha de divulgação de *Oppenheimer*, que durará meses. Nós nos divertimos, mas não comemos muito, só aperitivos, e conversamos até muito tarde.

29 de novembro

Jenn Streicher e Yvonne vieram jantar. Fiz *pasta alla Norma*. Ando com vontade de comer berinjela o tempo todo. Será por causa do frio? Mas não é um legume de inverno. Acho que eu só gosto mesmo. Berinjela, ou *melanzane*, em italiano, existe em muitas variedades e é cultivada no mundo todo. No sul da Itália e na Sicília, é usada de forma brilhante em muitos pratos — como *caponata*, parmegiana de berinjela, *rollatini* de berinjela — ou fatiada e usada para enrolar *timballo* recheado de *capellini* e molho de carne, ou como molho para massa com cebola roxa de Tropea e tomate, ou molho com pinhões e azeitonas servido com massa *casarecce*. No sul da França, é um ingrediente-chave na famosa *ratatouille*; os japoneses assam berinjelas com missô (adoro); na Grécia, há a *moussaka*; na China, é preparada com molho picante de alho; e, e, e... podemos prepará-la grelhada, frita (à milanesa ou não), assada, tostada, salteada, ou podemos pô-la em conserva. Adoro o fato de ela ser quase carnuda e ao mesmo tempo doce e amarga, absorve sabores perfeitamente e quase derrete na boca quando preparada do jeito certo. Tenho desejo de comer berinjela o tempo todo. Agora, por exemplo.

30 de novembro

Jantei com Woody e Laura no Farmacy, um restaurante vegano em Notting Hill. Pedi o *parfait* de cogumelo, que estava delicioso, e a *pizzetta* de ervas, que estava um tanto picante porém gostosa, de modo que Laura e eu trocamos os pratos — eu comi a *pizzetta* de alcachofra dela e ela a minha. Um Gavi branco e um *pinot noir* francês complementaram a refeição.

1º de dezembro

Fiz uma torta de massa folhada com cebola e alho-poró. Usei uma marca de massa pré-pronta diferente da que havia usado para preparar a *pissaladière*. Essa massa precisava ser pré-assada sem o recheio (coisa que não fiz), diferentemente da outra, de modo que a torta ficou molenga. O sabor estava bom, mas a textura não. Eu sabia, por instinto, que deveria ter pré-assado a massa — claro que não li as instruções —, mas não o fiz, e por isso acabou ficando mole embaixo, o que nunca é bom, nem para as tortas nem para as pessoas.

2 de dezembro

Fui ao Riva com uns amigos, porque não conseguimos passar muito tempo sem ir lá. Pedi *pizzoccheri*, que é um dos meus pratos favoritos. Originária da Lombardia, região natal do sr. Riva, essa receita é feita com massa de trigo-sarraceno, batata, alho, repolho, manteiga, parmesão e Valtellina e é servida apenas nos meses de inverno. Escrevi sobre ela em *Sabor* e a preparei em *Searching for Italy*, portanto não vou me alongar aqui. Mas estava uma delícia. Eu poderia ter repetido três vezes.

6 de dezembro

Festa de inverno da War Child. Foi o décimo aniversário do evento, realizado com a finalidade de angariar fundos para a instituição. Os organizadores foram Carey Mulligan e o marido, Marcus Mumford. Gillian Anderson estava lá como embaixadora e um lindo coro e Marcus Mumford se apresentaram. Jodie Whittaker também estava presente, e me atrevi a ir cumprimentá-la. Ela se apresentou e disse que estava muito feliz em me conhecer. Nitidamente se esquecera de que já havíamos nos encontrado. Fiquei desolado, porque *eu* não tinha esquecido. Ela é uma grande atriz, mas obviamente não tem uma boa memória. (Estou brincando. Isso é apenas o que vou dizer a mim mesmo, para aplacar o sofrimento de não ter sido memorável.) Fiz uma leitura de "Sim, Virginia, Papai Noel existe". Jonathan Price leu "Nenhum homem é uma ilha", com grande beleza, é claro, e algumas das incontáveis pessoas que foram ajudadas pela War Child compartilharam suas histórias. Foi comovente, para dizer o mínimo. Esta noite, 1,6 milhão de libras foram arrecadadas. O maior número já registrado no evento.

7 de dezembro

Venho trabalhando nas histórias que serão contadas na nova iteração de *Quando é que Stan vai sair da Itália, caramba?* com a BBC Studios, e vamos começar pela Sicília. Nosso objetivo é encontrar histórias interessantes que revelem aspectos de cada região e não sejam lugar-comum. Estamos chegando lá. Todavia, há muitos cozinheiros e a cozinha não é tão grande assim.

Hoje à noite, Felicity organizou uma sessão de autógrafos para mim na deslumbrante livraria Waterstones, em Piccadilly. Como toda a Londres, a livraria estava repleta de decorações de Natal, o que a deixou ainda mais bonita. O local estava cheio de gente comprando livros para dar de presente, o que me pareceu um sinal literal e reconfortante de que a literatura é de fato uma dádiva. Fiquei imensamente lisonjeado ao ver tantas pessoas esperando em filas por um tempo considerável para que eu autografasse exemplares do livro de receitas de minha família e meu livro de memórias, *Sabor*. Eu me senti igualmente lisonjeado por me ver entre os outros autores presentes, inclusive Dolly Alderton, Paul Whitehouse, Cressida Cowell (brilhante autora da série de livros favorita de Matteo, *Como treinar o seu dragão*), Stephen Fry e Elizabeth Day, assim como Julius Roberts, meu favorito entre os jovens *chefs* e por cujo livro estou obcecado. Foi uma alegria conhecê-lo e poder elogiá-lo ao vivo. Não consegui cumprimentar as demais pessoas conhecidas, pois o lugar estava caótico, mas saímos para comer com Elizabeth e o marido, Justin, depois do evento. Pedi *escargots*, que estavam minúsculos e deliciosos, mas foram servidos em pequenos pães ázimo, o que me deixou triste. Quando se trata de *escargots*, prefiro a preparação e a apresentação tradicionais. Caracóis com alho, manteiga e salsinha, servidos naqueles pratos clássicos, especialmente projetados para eles, e acompanhados de uma baguete recém-saída do forno. Isso, uma salada e uma tacinha de vinho francês, branco ou tinto, bem poderia ser minha última ceia, e eu a comeria alegremente. Se é que uma última ceia pode ser comida alegremente.

8 de dezembro

Felicity e eu passamos o fim da tarde arrumando o que virão a ser os aposentos do novo réptil de Matteo, um camaleão. (A anólis verde que compramos para ele meses atrás não interage muito, para dizer o mínimo. Matteo a apelidou de Ligeirinha, alcunha à qual ela jamais fez jus. Contudo, apesar da personalidade frustrantemente morna, por algum motivo ela continua se esgueirando pelo quarto dele, nos arredores do viveiro abafado.) De toda forma, no que diz respeito ao camaleão (cujo nome é Arthur, em homenagem ao melhor amigo de Matteo, o entusiástico glutão de que falei antes, o qual recentemente me disse que minha massa é a melhor que já provou — sempre gostei desse menino), parece que essa pobre criatura foi abandonada à beira da estrada e levada à clínica veterinária na qual minha cunhada Susie, a mais nova das irmãs Blunt, trabalha. Sabendo da obsessão de Matteo por todas as coisas reptilianas, ela achou que o quarto dele seria o lugar perfeito para o órfão de olhos esbugalhados. Ignorantes quanto à quantidade de equipamentos e comida e ao tamanho do invólucro de vidro necessário para abrigar a criatura, sem falar no preço de tudo isso (já paguei menos em um semestre de faculdade para um dos meus filhos), aceitamos sem hesitar. Além disso, Matteo chorou de alegria ao ouvir a proposta, e quem sou eu para lhe dizer não? Todavia, enquanto labutávamos para carregar o imenso palácio de vidro — tecnicamente chamado paludário — do pequeno hóspede escada acima, fiquei pensando que, talvez, se houvéssemos recusado a oferta de Susie, algumas lágrimas de frustração poderiam ter servido de importante lição de vida a meu filho. *Eu* sem dúvida aprendi duas lições hoje. A primeira: não tenha medo de dizer não. A segunda: se tiver mais de 60 anos, jamais carregue a porcaria de uma caixa de vidro gigantesca, difícil de segurar e extremamente pesada escada acima, ainda que receba a ajuda da esposa bem mais jovem, não importa quanto você ame seu filho.

Quando tudo estava no devido lugar (horas depois), tratei as lacerações no antebraço e as dores lancinantes no ciático com uma excelente taça de vinho branco e uma porção de lagostim no vapor. Comemos o lagostim puro, sem sal, sem manteiga, sem molho, sem *nada*, porque nada era preciso, e provavelmente estávamos cansados demais até para levantar um saleiro. Após um período de hesitação, Matteo provou um pouco, mas logo anunciou que preferia camarões a lagostins. Vamos ver o que ele diz na próxima vez que comer camarão. Sugeri que amanhã talvez devamos começar uma dieta à base de répteis cozidos no vapor. Ele não riu.

9 de dezembro

Fiz *pappa al pomodoro* (sopa de tomate toscana). Adoro esse prato porque adoro sopa, como já deixei claro, mas também porque, se existe um prato que exemplifica perfeitamente *La Cucina Povera* (a cozinha pobre), é este. Eis os ingredientes:

Alho

Cebola

Tomate, enlatado ou fresco

Manjericão

Azeite de oliva

Sal

Caldo de legumes

Pão dormido, sem casca

Quando esses ingredientes são combinados e preparados da forma correta, o resultado é um mingau de tomate adocicado, tão acalentador quanto delicioso. Mas *não* fiz a receita da forma correta, pois não tirei toda a casca do pão. Se esquecemos de fazer isso, a casca cozinha no molho de tomate e fica um tanto viscosa. Nem um pouco apetitoso. Mais uma vez, a impaciência foi minha danação culinária. Para piorar a afronta, pus muitos pedaços de pão sem casca. Já acertei essa receita, e estou decidido a acertar de novo. Este será um longo inverno, então terei bastante tempo. Jamais desistam. Sobretudo quando se trata de sopas.

10 de dezembro

Fomos à casa de Anita e Heinrich para o almoço de domingo. Embora eles morem a menos de cinco quilômetros, levamos 45 minutos para chegar por causa do engarrafamento. Desde que a ponte Hammersmith foi fechada, há quatro anos, o trânsito tem estado horrível. A ponte é uma artéria essencial a quem transita para dentro e para fora do sudoeste de Londres, e o fechamento causou um imenso transtorno, não apenas para as vias, mas também para o comércio da região. Trata-se de um marco na paisagem, e não pode ser consertada no local. Ao que parece, para que os problemas estruturais sejam corrigidos, é necessário desmontá-la, enviá-la à ilha mística onde as velhas pontes são refeitas, ou a algum outro maldito lugar, para em seguida repará-la, trazê-la de volta ao sítio sagrado e reconstruí-la. Em quatro anos, contudo, não presenciei qualquer tentativa de começar esse processo, embora haja dúzias de trabalhadores no local todos os dias. Particularmente, acho que deveriam extrair a besta de ferro cortando ambas as pontas, para depois pô-la em uma balsa, levá-la Tâmisa abaixo, desembarcá-la em um parque e transformá-la em um passeio ajardinado. Então deveriam chamar o equivalente britânico ao Corpo de Engenheiros do Exército para erguer uma ponte funcional bem rapidinho, para que todo mundo possa chegar aonde for preciso na hora certa. Ora, o Empire State foi construído em um ano e 45 dias. Só estou dando uma ideia.

De qualquer forma, momentos antes de nossa gasolina acabar e de minha barba alcançar o peito, chegamos à casa de Anita e Heinrich. A cozinha exalava um aroma delicioso — Anita havia preparado almôndegas e molho de tomate. Enquanto comíamos aperitivos, ela mostrou um pacote de espaguete e um pacote de *mezzi rigatoni* e me perguntou qual dos dois deveria preparar. Antes mesmo que ela completasse a pergunta, apontei os *mezzi rigatoni*. Ela me contou que o velho merceeiro italiano, dono da delicatéssen em que ela compra massa, deu a mesma resposta, mas não sem antes realizar um longo simpósio sobre combinações entre massas e molhos. (Essa obsessão pela harmonização molho-massa não é uma exclusividade minha e do merceeiro: é cultural.) De toda forma, a comida estava deliciosa, e me servi dois pratos enormes. Eu me lembrei dos almoços de domingo que fazíamos quando eu era jovem. A mesa estava sempre belíssima, e comíamos algo semelhante ao que Anita preparou hoje. Gosto muito do assado inglês clássico, mas, em uma gélida tarde de inverno, é difícil qualquer comida superar uma sequência interminável de tigelas de massa com *ragù*, seguida de almôndegas, costeletas e bife com osso, cozinhados lentamente no *ragù* por horas até derreterem na boca.

À noite, preparei ovos cozidos de gema mole para as crianças, com torrada e linguiça, e elas devoraram. Felicity e eu preparamos acelga no vapor com tomates frescos e uma porção de torradas.

11 de dezembro

Felicity saiu para uma "festa de aposentadoria" à noite. Eu não sabia que *sex clubs* recebiam esse tipo de evento. As crianças jantaram iscas de frango e eu comi massa com o que restou da acelga. Assistimos a dois curtas natalinos. Tentei achar os que cresci assistindo, produzidos pela Rankin/Bass nos anos 1960, como *Rudolph* e aquele outro sobre as origens do Papai Noel, mas foi em vão. Não encontrei nem sequer o *Grinch* original, narrado por Boris Karloff. Tenho certeza de que estão à espreita em algum lugar do éter, mas não consigo achar nem o botão certo nem o controle certo para resgatá-los do vazio e fazer uma nostálgica visita natalina.

Aidan me telefonou, e fiquei muito feliz de conversar com ele. Tenho muita saudade dele e de Lizzie. Ele me contou que um de nossos amigos foi diagnosticado com câncer de próstata. Por sorte, foi detectado cedo. Vai passar por uma cirurgia, e tenho esperança de que a coisa acabe aí. A insídia dessa doença é esmagadora.

Minha velha vida — o que outrora foi minha vida — parece muito distante. Porque de fato está. Raramente vejo os amigos que deixei nos Estados Unidos, devido à distância que nos separa, e aos cronogramas erráticos, e ao fato de que tenho filhos pequenos. Poderia lhes fazer uma visita de alguns dias em um período de folga, mas, como tenho que viajar muito a trabalho, prefiro não viajar a lazer, a menos que seja com Felicity ou com toda a família. Uma tolice, suponho, pois, nesse ritmo, eu e aqueles caros amigos talvez só voltemos a nos ver umas dez vezes antes de morrer. Pode soar dramático, mas, se vocês fizerem as contas, verão que não é. É estranho pensar que isso é uma realidade. Nosso tempo juntos, outrora, parecia inacabável. Passamos muitos anos visitando as casas uns dos outros, indo a restaurantes, trabalhando em sets de filmagem, assistindo à estreia dos filmes e das peças que estrelávamos ou dirigíamos, celebrando aniversários e incontáveis Anos-Novos, e durante todo esse tempo nos apoiamos mutuamente nas horas de sucesso e de fracasso, ou quando relacionamentos soçobravam, ou quando a doença se imiscuía, ou quando a morte chegava cedo demais.

O tempo só fica estagnado quando estamos sofrendo.

Vamos esquiar na Itália em fevereiro. Lá desfrutaremos a mesa ítalo-austríaca, que estará repleta de pratos como polentas, cogumelos, nhoque, carne de caça e quaisquer outras iguarias que os habitantes das Dolomitas queiram nos servir. É provável que eu tenha que hipotecar a casa novamente para fazer essa viagem, mas mal posso esperar. Sei que Fee não está ansiosa para uma viagem de inverno, exceto pela perspectiva de comer boa comida, mas tenho certeza de que logo vai me arrastar a algum lugarejo tropical, onde nadará alegremente no mar enquanto permaneço em terra firme, na praia. Não nado. Tive medo de água a vida toda. Talvez porque, segundo minha mãe, quase me afoguei no rio Hudson aos 2 anos. Não me lembro disso, é claro, mas talvez alguma região do meu cérebro se recorde, o que me mantém afastado de grandes corpos d'água e das partes mais fundas das piscinas por mais de sessenta anos. Admiro pessoas que não têm medo de água, mas acho que não o bastante para que eu aprenda a superá-lo. Não é uma prioridade para mim. Talvez na próxima vida eu retorne com guelras.

12 de dezembro

Fui à casa do comediante britânico Michael McIntyre para jantar, o que, para quem está no sudoeste de Londres, equivale a ir a Praga. Serviram um delicioso frango assado e uma característica porção de batatas-inglesas, também assadas. Michael e Kitty são muito generosos e receptivos. Além disso, ele é uma das pessoas mais engraçadas que já pisaram no planeta Terra. Em todos os tempos.

13 de dezembro

Vimos Woody na peça *Ulster American*. Engraçada e sombria. Ele estava receoso de retornar aos palcos após quase vinte anos, mas foi um medo desnecessário, pois entregou uma performance incrível, assim como os outros dois atores. Tomamos vinho na recepção e, ao chegar em casa, comemos a comida de ontem. Gostaria que Woody e Laura se mudassem para cá. Estou em uma missão sutil: convencer os atores americanos sobre os quais escrevi nas páginas anteriores a se mudarem para Londres. Talvez não esteja sendo tão sutil, pois muitas vezes simplesmente exclamo: "Por favor, se mudem pra cá!" Às vezes é constrangedor, mas sempre sincero.

14 de dezembro

Peguei algum "bichinho" que me deu uma dor de barriga desgraçada. Não fiquei enjoado, mas tive que tomar Loperamida. Hoje só pude comer comida insossa, o que me deixa um pouco triste. Tenho certeza, caro leitor, de que a inclusão dessas informações lhe causa imenso interesse e animação. Informação demais? Talvez. Mas ouvi dizer que Proust escreveu passagens semelhantes, só que tinha bons editores. Quer dizer, *não* posso acreditar que as *madeleines* sempre lhe caíssem *tão* bem assim.

15 de dezembro

Havíamos convidado Richard e Cheryl para jantar conosco, mas tive que cancelar devido a uma crise de labirintite, que é, basicamente, uma vertigem extrema e incapacitante que pode durar horas, dias ou semanas. Sempre tenho comigo um remédio que, na maioria das vezes, interrompe os sintomas com bastante rapidez. É uma pena, porque eu havia comprado um *bavette* enorme, que salguei e amaciei e ia servir com um creme de anchovas, cuja receita aprendi no livro de Julius Roberts. Enquanto eu descansava um pouco na cama, Felicity preparou parte da carne e também fez o creme, e comemos em frente à TV, assistindo a *Crônicas de Natal: Parte 2* com as crianças. Adoro Kurt Russell e Goldie Hawn. Só um idiota não adoraria.

17 de dezembro

Minha filha Camilla veio passar as festas de fim de ano conosco. É ótimo vê-la cheia de saúde. Tem esquiado e começou a fazer escalada. Este último não é o esporte mais fácil de aprender nem o que mais acalma o coração dos pais. No entanto, ela é boa e adora escalar. Não devo transmitir meus medos a ela. Camilla estava exausta, o que é compreensível, pois teve que voar de Idaho, onde estuda, até Seattle e depois a Londres. Comemos as costeletas de porco que Felicity preparou e as quais passaram um pouco do ponto, algo que raramente acontece quando ela cozinha. (Mais uma vez, os filhos perturbaram o desempenho de uma grande cozinheira.) Preparei uma receita de feijões assados que Kate me deu, e quase deu certo. Mas o resultado ficou muito líquido. O feijão tem que ficar espesso, não aguado. Depois que Millie terminou de tagarelar no ouvido de Camilla, e após Millie e Matteo terem ido para a cama, Camilla, Felicity e eu jantamos. Nosso desempenho na cozinha não teve qualquer importância, pois estávamos felicíssimos por ter Camilla de volta à nossa casa e à nossa mesa.

18 de dezembro

Mais reuniões por chamada de vídeo com a BBC e a National Geographic a respeito da série de TV. As coisas estão se ajeitando. Vamos começar a filmar na Sicília daqui a um mês. É difícil imaginar, mas estou ansioso para começar logo. Conversa demais pode matar um projeto antes mesmo que tenha nascido. À tarde, Felicity, Camilla e eu fomos fazer compras de Natal. Jantamos cedo, com Nico, em um novo restaurante chinês, chamado Canton Blue, onde experimentamos um delicioso saquê gelado, guiozas no vapor, barriga de porco e duas modalidades de pato laqueado à Pequim. Todos em minha família adoram pato, e o laqueado é um dos nossos favoritos. Infelizmente, muitas vezes fica bem-passado demais e se transforma em uma porção de tiras de carne seca e cinzenta, que devem ser enroladas em uma panqueca fina e besuntadas de molho *hoisin* para se tornarem comestíveis. Mas, quando feito corretamente, a carne desmancha na boca, acompanhada, ainda, da pele gordurosa, de sabor intenso. Trata-se de uma verdadeira iguaria. Provei em Pequim, e foi uma coisa de outro mundo. Adoro vê-los pendurados nas vitrines dos restaurantes chineses, cintilando de óleo e gordura, esperando para serem desmembrados, picados e devorados. Pobres criaturas, é como se morressem duas vezes.

19 de dezembro

Levei as crianças para fazer compras em Wimbledon. Não conhecia direito esse vilarejo, é encantador. Felicity está fazendo um esforço deliberado para *ir às compras* em vez de encomendar tudo on-line, e sou totalmente a favor disso. Gosto de sair para fazer compras. Sempre gostei. Acho difícil comprar coisas on-line, não apenas pelo desafio técnico que representa para mim, mas também porque, se não posso ver ou tocar alguma coisa, não sei dizer se realmente quero aquilo, pois não sei o que é. A cor do que estou comprando, seja lá o que for, é tão escura ou tão clara quanto parece na foto? A menos que a gente *veja* a coisa ou já *possua* a coisa, não se pode ter certeza de que realmente a queremos.

De toda forma, fomos às compras e adquirimos um monte de presentes para um monte de pessoas. Também fomos a um açougue incrível, onde quase nos excedemos, mas conseguimos nos controlar. Saímos de lá com escalopes de vitela (com os quais eu planejava fazer vitela à milanesa à noite), quatro hambúrgueres para as crianças e três ossos com tutano. De fato preparei à milanesa, a vitela estava boa, mas não tão adocicada quanto deveria. Quando crua, deveria ser rósea, mas estava muito vermelha. Lottie e Andy, que trabalhava para nós, vieram jantar, e Camilla também comeu conosco. Depois apareceram o filho de Andy, Aaron, e uma amiga de Camilla, Ella. Tínhamos acabado com a vitela, mas, como eles estavam com muita fome, preparei uma porção de *capellini* com um molho marinara que já estava pronto. Ficaram tão contentes em comer este prato quanto fiquei em prepará-lo.

20 de dezembro

Esta semana está passando muito devagar. Fiz um treino de alta intensidade com Monique por trinta minutos. Foi difícil, mas é como ficar batendo a cabeça contra a parede: dá uma sensação boa assim que paramos. Depois fomos ao funeral da mãe de nossa amiga Amy. A mãe dela, Valerie, lutou por quase cinco anos contra o Alzheimer precoce. Devastador. É terrível ver o declínio de alguém que amamos, mas o declínio provocado pelo Alzheimer pode durar um período que parece interminável. E não há remédios nem amor suficientes para detê-lo.

A casa estava vazia quando retornei, pois Felicity foi à recepção após o funeral. O silêncio imperava, uma raridade em nossa casa. Comi o que restou do *capellini* com marinara, mais uns ovos mexidos. Pensei em Valerie, que era apenas dez anos mais velha que eu. Era metade italiana e, nas poucas vezes que nos vimos, conversamos bastante sobre a Itália. A mãe dela, que era de Nápoles, conheceu o marido, um inglês, na Itália logo após a guerra e pouco depois se mudou com ele para a Inglaterra. Valerie se parecia muito com alguns familiares de minha avó paterna, e sempre me perguntei se seríamos parentes. Ela estava com 73 anos. Uma idade que outrora considerei anciã. Hoje, acho que ainda é jovem demais.

Jantei em um restaurante próximo, com Jamie e a esposa, Millie. Bons aperitivos, mas minha entrada não estava boa. Quatro nhoques muito grandes em um leito de berinjelas excessivamente cozidas e defumadas e molho de tomate. Prefiro o nhoque pequeno clássico ao grande, pois, a menos que sejam preparados por um mestre, os grandes sempre ficam pesados, densos e pegajosos (aquela textura para a qual, no inglês da Inglaterra, usam a palavra *claggy*). Quando preparados corretamente, os nhoques ficam suaves e delicados e podem ser combinados com inúmeros molhos. Vão bem com *pesto* tanto quanto à bolonhesa, e vão bem com manteiga e sálvia tanto quanto com marinara.

Felicity continua fazendo alguns dos melhores nhoques que já comi. Eu nem sequer me atrevo a tentar.

As crianças estão empolgadíssimas com o Natal. Desde o início de dezembro, assim que acordam, vão correndo ao calendário do advento e devoram qualquer guloseima que as aguarde atrás da portinhola assinalada com a data em questão. Também decoramos nossa árvore de Natal, que está linda. Não consigo parar de olhá-la. Enquanto decorávamos, percebi que Millie havia cruzado um limiar importante. Notei que já não amontoa os ornamentos escolhidos em uma pequena parte da árvore, como fazem as crianças até certa idade. Este ano, ela encarou a árvore como um todo e posicionou cada ornamento, com propósito e precisão, em galhos diferentes. Foi fascinante vê-la tão concentrada na tarefa, às vezes dando um passo para trás a fim de observar a árvore na totalidade e sugerindo pontos onde poderíamos adicionar mais enfeites. Viu a árvore da mesma forma com que começa a ver o mundo. Está passando a entender que, para que haja equilíbrio, uma coisa deve completar a outra.

Na letra alemã original de "O Tannenbaum", os galhos da árvore são descritos como "*treu*", ou seja, "leais" ou "sinceros". Sempre achei isso lindo. A própria árvore era o símbolo da força e da paz. Não era Deus, nem Jesus, nem os anjos, nem os três reis magos, nem Maria, nem José, nem a Estrela de Belém. Era só uma árvore.

Adoro não apenas o dia de Natal, mas toda a preparação que conduz à data, em especial quando há crianças que acreditam em Papai Noel. Não quero imaginar como será nossa casa daqui a alguns anos, quando essa crença houver desaparecido do coração deles. Lembro-me de que quando isso aconteceu com meus filhos mais velhos fiquei devastado. No inverno após a morte de Kate, levei Nico, Isabel e Camilla para esquiar em Deer Valley, o resort aonde íamos todos os anos. Nós quatro estávamos no teleférico, e Nico finalmente encontrou coragem para me fazer a pergunta fatídica.

"Pai, a gente tem uma pergunta..."

"Sim?"

Os três se entreolharam.

"Hum, a gente estava pensando se, hum… o Papai Noel… o Papai Noel existe mesmo?"

Uma pausa. Meu coração estava se quebrando. A mãe deles partira, e o Papai Noel iria pelo mesmo caminho. Respirei fundo.

"Bem, não sei se o Papai Noel existe ou não, mas eu sempre vou acreditar nele."

Eles se entreolharam mais uma vez e sorriram.

"Tá bom."

E então alcançamos o topo de mais uma montanha.

22 de dezembro

Emily, John e as meninas chegaram. Passarão o Natal conosco, o que deixa *todo mundo* muito feliz, ainda mais as crianças, que estão literalmente pulando de alegria. Eles alugaram uma casa na esquina da nossa rua, e, após deixarem as malas, passaram aqui, por volta das nove da noite, e lhes servimos massa. Todos ficamos acordados até tarde, inclusive as crianças.

24 de dezembro

Oferecemos um almoço à família Blunt e a alguns amigos. Preparei *gravlax* uns dias antes, que ficou bom, mas eu poderia tê-lo deixado curando por mais um dia. Servimos ostras francesas (não sei de que tipo, mas estavam uma delícia) e Felicity preparou a torta de frango de Julius Roberts, e todo mundo ficou contente. Contudo, senti falta do festim de peixes que minha família sempre servia na véspera de Natal. Planejava fazer um ensopado de peixe (*cacciucco*, *cioppino* ou *bouillabaisse*), mas Felicity falou que quase ninguém gosta de ensopado de peixe e descartou a ideia. Pensei em contra-argumentar, pois parte de mim realmente não se importa se os outros gostam ou não de ensopado de peixe, e me agrada a ideia de preservar a tradição católica de não servir carne na véspera de Natal (embora eu seja não praticante), mas todos à mesa eram da Igreja Anglicana (embora também fossem não praticantes), então eu era voto vencido. Todavia, há uma espécie de pureza em uma refeição que consista primariamente em peixe, ainda mais na véspera de um banquete em que seremos confrontados por, talvez, dois pratos com outros tipos de carne e todos os acompanhamentos de costume. De toda forma, o *gravlax* e as ostras foram as únicas criaturas marinhas que comemos, e, embora eu odeie admitir, a torta de frango de Felicity estava ótima.

À noitinha, Nico e Camilla ajudaram Matteo e Millie a arrumar a comida para o Papai Noel e as renas. Eis o cardápio que escolheram:

Cenoura

Biscoitos com gotas de chocolate

Chocolate

Uma clementina

Uma dose de uísque (por insistência minha)

Millie também escreveu um bilhete para o Papai Noel, no qual dizia quanto o ama.

Após as crianças escovarem os dentes, fazerem mil perguntas e discutirem teorias sobre como o Papai Noel *realmente* faz para caber na chaminé, fiz uma interpretação desafinada de algumas canções de Natal, e Millie e Matteo foram enfim postos na cama. Quando pegaram no sono, levamos os presentes, que estavam muito bem escondidos, para a sala e os colocamos embaixo da árvore. Nico e Camilla, dando orgulhosa continuidade à tradição com que cresceram, puseram um bichinho de pelúcia novo aos pés da cama de Millie e outro na de Matteo e fizeram uma trilha de moedas de chocolate que, na manhã seguinte, conduziria as crianças à árvore de Natal, agora praticamente oculta sob uma montanha de presentes.

25 de dezembro

Na manhã de Natal, abrimos a montanha. Nico e Camilla ficaram empolgados ao ver Matteo e Millie rasgando o embrulho dos presentes, como eles próprios faziam uma década antes. Nico usou a máquina que comprei para preparar *waffles* e, para o restante de nós, fez ovos mexidos. (Ficaram tão cremosos que achei que tivessem manteiga e creme, mas ele só usou óleo e sal.) Também preparou bacon, torradas e uma grande e crocante *hash brown*, que todos dividimos. É ótimo ter um *chef* na família.

Foi ótimo ter as duas gerações de filhos reunidas, mas todos lamentamos que Isabel não estivesse presente — embora fosse reconfortante saber que ela estava com meus pais.

À tarde, o clã Blunt-Tucci-Krasinski lanchou na casa de Susie e seu marido, Charlie, onde desfrutamos presunto, carne assada, recheio, nabo, vagem e o que mais você puder imaginar.

26 de dezembro

Ainda estou me acostumando à ideia do Boxing Day. Parece um tanto desnecessário após os dois dias anteriores, mas estamos na Inglaterra, e, como diz o ditado: "Quando em Londres..." Este ano, não passamos a data com a família, embora John, Emily e as crianças tenham vindo aqui em casa à noite. Em vez disso, Laura, Woody e duas das meninas deles vieram nos visitar, e eu preparei *spaghetti pomodoro*, Felicity fez salada verde e Laura, uma deliciosa porção de cogumelos salteados e salada de couve galega. Woody estava de folga, mas logo terá que encenar a peça sete dias seguidos, então estava precisando de uma boa comida e de um bom vinho. Mesmo quando não estamos prestes a embarcar em uma maratona teatral, acho que uma boa comida e um bom vinho são sempre uma boa ideia.

27 de dezembro

Levamos todas as crianças, com Emily e John, para ver um musical baseado no filme favorito da infância de Emily e Felicity — cujo nome permanecerá em segredo. Foi quase divertido. Minha opinião é que nem todo livro ou peça devem se tornar um filme e nem todo filme ou peça devem se tornar um musical. Obviamente, há exceções, mas a maioria das coisas deveria permanecer como é. Esse foi um exemplo cabal. Depois, fomos com as crianças ao Ivy, onde jantamos cedo (pedi *cottage pie*), e enfim para casa, a fim de dormir cedo também.

28 de dezembro

John e eu partimos às onze da manhã para passar um dia na casa de campo de Guy Ritchie. John vai fazer um filme com ele, que o convidou para que finalmente se conheçam ao vivo e pediu a John que estendesse a mim o convite. Sempre quis conhecê-lo, sou um admirador dos filmes e do estilo sartorial dele. Após algumas horas no carro — por sorte, John é uma boa companhia —, chegamos a uma das mais belas propriedades que já visitei. Uma série de casas de tijolos vermelhos e pedra estava disposta em uma paisagem bucólica de bosques e campinas que ocupavam mais de quatrocentos hectares. Por dentro e por fora, as construções eram impecáveis, tanto em condições quanto em bom gosto. Não eram excessivamente grandiosas, mas tinham estatura e sustentavam com dignidade o peso de uma longa história. O clima, é óbvio, estava terrível, um frio cortante acompanhado de chuva forte. Ao sairmos do carro, fomos recebidos por um sujeito bem-vestido que nos levou aos quartos, em duas das muitas dependências designadas aos hóspedes. Largamos as malas e entramos em um dos incontáveis Land Rovers que estavam estacionados em uma das pistas. Dali, fomos conduzidos a outra parte da propriedade, onde estava ocorrendo uma caça ao faisão. Chegamos a um pequeno vale, onde havia oito pessoas vestidas em ternos de tweed sob medida, gravatas e conjuntos clássicos de chapéus e casacos de caçador verdes. Não perderia em nada para um ensaio fotográfico da *Field & Stream* de 1926. De longe, Guy nos saudou com um aceno e um sorriso. Cerca de dez minutos depois, aquele trecho da caçada acabou e ele veio até nós, apertou nossas mãos e nos deu calorosas boas-vindas. Após sermos apresentados à esposa, ao filho e a um grupo de amigos dele, todos entramos em uma caravana de madeira, à moda antiga, com teto abaulado. Dentro, havia uma longa mesa estreita, com um banco contíguo em forma de U. Na parte da frente da caravana havia um pequeno refrigerador, oculto atrás de uma porta de madeira, e um pequeno fogão a lenha, para aquecer o ambiente ou mesmo para cozinhar, se alguém desejasse. John e eu ocupamos nossos lugares à mesa e nos entreolhamos, incrédulos. Ofereceram canapés. Escolhi uma pequena torta de carne de caça, que estava deliciosa, e John, uma torta de carne suína, pois mal havíamos comido de manhã. Aceitamos de bom grado o uísque e a cerveja que nos ofereceram. Estávamos morrendo de frio, considerando que nossas roupas não eram apropriadas para uma caçada de inverno. Eu, ao menos, estava de bota e um casaco impermeável, enquanto o pobre John usava apenas uma jaqueta acolchoada e calça social. Ele disse: "É como se eu estivesse usando uma calça de papel."

Enquanto bebericávamos, alguns dos hóspedes — entre os quais havia ingleses e americanos, todos amigos de longa data da família Ritchie — me disseram o quanto haviam gostado de *Searching for Italy*, especialmente um camarada chamado Jamie Lee. Jamie organiza todas as caçadas elegantes para a alta sociedade inglesa. Não me espanta que ele e Guy sejam amigos próximos. Ambos são inteligentes, têm um humor ácido e sabem muito de comida e bebida, tanto quanto muitos *chefs* que conheci. Também são cozinheiros habilidosos. Após conversarmos um pouco e o uísque aquecer nossas entranhas, começou a última fase da caçada. A essa altura o clima havia piorado, coisa que antes parecia impossível, e o calor da bebida logo desapareceu.

Pouco depois, fomos transportados para a casa principal. Lá nos sentamos em um átrio coberto, com piso e paredes de pedra, junto a uma linda caixa de madeira na qual havia três barris de cerveja *lager* e *ale* da marca de Guy, chamada Gritchie e fabricada na propriedade. A *ale* era especialmente interessante pois não tinha fermentação, e me explicaram que era assim que se fabricava essa bebida muitos anos atrás. Tratava-se de uma cerveja "viva", pois não a deixavam fermentar. Era suave, levemente cremosa mas não espessa, e não causava qualquer inchaço. Foi uma das melhores coisas com que já molhei o bico.

Após conversar um pouco, passamos às salas de estar e de jantar, onde havia uma lareira acesa e uma linda mesa, posta para mais ou menos vinte convidados. À noite, comemos uma profusão de comidas incríveis. Patês, saladas, carnes de caça e um pregado do tamanho de um pequeno barco, assado no forno a lenha. Quando o pregado foi trazido para a mesa, apontei uma belíssima camada de pele tostada que cobria parte do peixe. Guy, que almeja a perfeição em tantos aspectos da vida, inclusive à mesa e no bar, me perguntou se o restante do pregado também não deveria estar com a pele tostada. Eu disse que isso certamente seria bom, desde que a carne não passasse do ponto. Ele me fitou por um instante, os olhos se abrindo ainda mais e me lançando um olhar penetrante. Então de repente ele me deu um tapa no ombro e disse: "Vamos lá." Saltou da cadeira, pegou a tábua em que estava o pregado e marchou em direção à cozinha, comigo logo atrás. John me olhou quando passei, a expressão questionadora, e eu sorri e sussurrei: "O peixe." Ele assentiu, educado, como se dissesse: "Claro." Entrei na cozinha, que não era muito grande, mas era muito bem projetada e equipada com tudo o que um cozinheiro ou um *chef* poderiam e deveriam desejar ou necessitar, incluído um enorme forno a lenha abaulado no canto do recinto. Quase me borrei. Havia cerca de quatro *chefs* trabalhando como loucos para fazer mais e mais pratos maravilhosos. Invadimos a cozinha, Guy segurando como um aríete a tábua que sustinha o pregado, e o mar de *chefs* se abriu rapidamente. Guy apanhou uma pá de pizza, de aço e cabo longo, pegou o peixe e o deslizou habilmente para dentro do forno. Ficamos em silêncio enquanto observávamos o pregado com atenção, e, após menos de um minuto, Guy o retirou e avaliamos a pele tostada e a consistência da carne. "O que acha?", perguntou ele, o olhar ainda mais penetrante. "Vire e deixe mais vinte segundos", respondi. Acreditando piamente em minhas perícias culinárias (pobre iludido), ele acatou. Após vinte segundos, tirou o peixe do forno. A pele estava tostada de forma homogênea e a carne permanecia suculenta. Nós o botamos de volta na tábua, levamos ao balcão da cozinha e, esquecendo os outros convidados, começamos a arrancar com as próprias mãos, pedaço após pedaço, a pele levemente oleosa, crocante e tostada e a carne suculenta e macia e as enfiamos na boca. Nada de pratos, nada de utensílios. Só nossas mãos.

Como aquele cara comendo cobras que vimos no vídeo.

Comendo com as mãos.

Por que nos dissuadiram de comer assim?
É ótimo.
Comer um peixe enorme que acaba de sair do forno com as próprias mãos.
Extraordinário.
Comer um peixe enorme que acaba de sair do fogo com as próprias mãos em uma noite fria em um casarão histórico no interior da Inglaterra.
Com o sr. G. Ritchie.
Incrivelmente extraordinário.
Maldigo o dia em que os italianos inventaram o garfo.

Completamos a refeição com uísque e outros digestivos, enquanto Sam, amigo da família Ritchie e especialista em antigas músicas folclóricas, entoou talentosamente algumas canções para a saciada e enlevada audiência.

No dia seguinte, tomamos café da manhã sentados à mesma mesa em que havíamos jantado, e a primeira refeição do novo dia rivalizou com a da noite anterior. *Focaccia* caseira (a melhor que provei desde que filmei um episódio sobre esse prato em Gênova, um ano e meio atrás), frutas, café, sucos e um café da manhã inglês completo, com ovos mexidos cremosos, tomates, cogumelos, linguiças roliças, feijão e uma língua de boi luxuriosamente frita na manteiga (de mugir de prazer). Também trouxeram para a mesa um salmão defumado, mas o sr. Ritchie o mandou de volta e disse que o peixe parecia um tanto anêmico, e não estava errado.

Após esse repasto digno de um lorde, os convivas se distribuíram em dois carros, com Guy, Jamie e Sam, para um passeio pela propriedade, que consiste em 450 hectares de campos e bosques. Primeiro, fomos à cervejaria. Imaginei que fosse um lugar pequeno, com alguns tonéis e barris de fermentação antiquados, mas testemunhamos o oposto. No interior de um enorme celeiro de pedra, com vários recintos e meticulosamente reformado, estendia-se uma cervejaria moderníssima, com tanques, canos, válvulas e baldes de aço inoxidável, pelos quais Anheuser e Busch teriam lutado na lama. Não chegamos a entrar na sala de fermentação, mas a contemplamos, assombrados, através de uma enorme parede interna de vidro. O lugar também ostentava uma cozinha profissional, um forno de pizza grande o bastante para abastecer Nápoles inteira com sua comida favorita até que o Vesúvio resolvesse destruir tudo, e dois grandes salões para centenas de pessoas, tudo conectado a uma sala dotada de um balcão de bar com mais de sete metros de comprimento e uma área de convívio salpicada de mesas e cadeiras em diferentes estilos antigos. Para além do bar, havia um pátio de tijolos e uma extensão do celeiro, que outrora funcionara como estábulo e o qual Guy pretende transformar em uma área externa para cozinhar e fazer refeições. John e eu olhamos um para o outro, balançando a cabeça e sorrindo, admirados com nosso anfitrião e tentando ao máximo suprimir a inveja. Voltamos ao bar, e Guy serviu alguns copos da própria cerveja. A bebida veio em boa hora para mim e meu cunhado, pois arrefeceu um pouco o excesso de estímulos emocionais. Provamos a *ale* e conversamos sobre filhos e família, e Sam entoou mais um par de cantigas enquanto o sol tentava romper a barreira de nuvens e encontrar um meio de alcançar esses salões de pedra com aroma de lúpulo.

    Prosseguindo o passeio pela propriedade, descobrimos que o sr. Ritchie não é apenas um diretor talentoso, mas também projeta móveis (baseados em modelos usados em campanhas militares), cabanas de madeira modulares (apoiam-se em simples pés de concreto, têm telhados que podem ser abertos, para se dormir sob as estrelas, e podem ser construídas ou desmontadas em questão de dias), tendas (que também são baseadas em tendas de oficiais militares e podem ser usadas individualmente ou conectadas às cabanas) e, talvez o mais importante, aparelhos de cozinha de um tipo que eu jamais havia visto. Bem, isso não é totalmente verdade. Eu *havia* visto objetos similares no documentário sobre Beckham. A tenda de cozinha e a churrasqueira de ferro e aço, revestida de cobre, com a qual o velho Becks estava praticamente fazendo amor e com a qual fiquei obcecado, foi projetada pelo sr. Ritchie em pessoa. *Meu Deus do céu*, pensei, *o que diabos está acontecendo?!*.

Sam logo nos deixou para receber uma massagem na sauna, juntamente com outros hóspedes, hábito que parece ser *de rigueur* na propriedade de Ritchie. Nós, contudo, nos dirigimos a outro local, à beira do lago, onde havia duas cabanas e uma "tenda de cozinhar" que continha uma das churrasqueiras *duplas*. Entramos, e John e eu ficamos sem palavras ante o oráculo culinário de cobre que se erguia à nossa frente. Enquanto Guy e Jamie ajustavam as abas da tenda para conter o vento cada vez mais forte, notei que havia alguma coisa espessa enrolada em papel branco de açougueiro. Então Guy pegou um saco de carvão (ele produz o próprio carvão; quem nunca?) e o despejou na churrasqueira. A grelha era retangular, com cerca de 45 centímetros de comprimento, trinta de largura e vinte de profundidade, estava encaixada sob o tampo de cobre e era arejada por uma esguia chaminé de aço inoxidável em uma ponta. Em quinze minutos os carvões estavam em brasa, então o sr. Ritchie desenrolou um papel branco e revelou um substancioso filé de costela marmorizado, que em seguida foi atirado na grelha. Bebemos um tinto francês e debatemos as minúcias daquele brilhante aparato e dos utensílios suplementares pendurados na grade inoxidável que estava conectada à chaminé e suspensa sobre nossa cabeça. Dali também pendiam tábuas de corte redondas de madeira, com uma alça abaulada de cada lado. Cada extremidade era côncava e conectada por um sulco que circundava a tábua inteira. Uma das concavidades era para o sal e a outra servia para que os líquidos fossem depositados. Recipientes de guardanapos, seguros por uma alça, também pendiam de cabeça para baixo, de modo que fosse fácil pegá-los, pois àquela mesa comia-se frequentemente com as mãos. O sr. Ritchie nos disse que, enquanto preparávamos o bife, que ele virava constantemente com uma pinça, poderíamos ir "tirando umas lascas". Com isso queria dizer que, em vez de esperar o bife ficar pronto e depois botá-lo em uma tábua, cortando e servindo à maneira usual, ele começaria cortando pedaço por pedaço, de fora para dentro, para em seguida devolvê-lo à churrasqueira. Isso garantiria que o bife ficasse grelhado de forma consistente e homogênea, em vez de muito passado por fora e cru por dentro. Com esse método, a carne estaria sempre quente e grelhada à perfeição. O sr. Ritchie me passou a pinça e me pediu que lhe fizesse a honra de terminar o bife, pedido ao qual atendi. Então ele o tirou da grelha, botou-o em uma das tábuas de corte, encheu o sulco e uma das cavidades com os sumos e a outra com o sal, tirou fatias dos lados do bife, largou-as na tábua, passou-a pela roda de pessoas e nos disse para comer com as mãos. E nós comemos. Foi um dos melhores bifes que já experimentei, tanto em termos de qualidade quanto de execução culinária. O restante do bife foi então devolvido ao fogo, para seguir sendo grelhado.

A temperatura caía, mas mal notávamos, graças ao vinho e ao bife, mas também por causa da churrasqueira, que foi especialmente projetada não apenas para preparar carnes, mas também para aquecer nossas pernas, que estavam confortavelmente enfiadas embaixo da mesa. John se absteve de beber mais do que alguns goles de vinho, pois iria dirigir quando fôssemos encontrar nossas esposas e filhos na casa que ele e Emily alugaram em Sussex para a semana entre o Natal e o Ano-Novo. Poderíamos ter ficado a tarde inteira tirando lascas do bife e bebericando o vinho? Sim, com certeza. Mas a realidade nos chamava de volta, e chegou a hora de ir embora.

Quando John veio ao meu quarto e me ajudou a pôr as malas no carro, eu o olhei e lhe fiz a pergunta sem resposta:

"O que está acontecendo? Sério, o que acabou de acontecer?"

Com seu 1,93 metro de altura, ele sorriu ao erguer, sem esforço algum, minha mala pesada como se levantasse um algodão-doce (além de forte, bonito e talentoso, esse desgraçado tem uma bela cabeleira), e balançou a cabeça.

"Não sei. Não faço a menor ideia... Mas, sério, isso foi..."

"É. Foi mesmo."

Nós nos despedimos de nosso generosíssimo anfitrião, o talentoso sr. Ritchie, e partimos ao encontro de nossas famílias, em outra região do interior da Inglaterra. Lá não haveria caça ao faisão; nem quartos primorosamente decorados; nem *chefs* trabalhando em tempo integral; nem ternos de tweed sob medida; nem tendas, cabanas e móveis de campanha; e muito menos aparelhos de cozinha revestidos de cobre e feitos sob medida para grelhar o bife perfeito e aquecer nossas pernas ao mesmo tempo. Em breve estaríamos batendo boca com as crianças, implorando que nos dissessem o que queriam comer, preparando alguma comida semelhante à que pediram e depois limpando tudo. Não fingirei nem por um momento que não consideramos inventar alguma história estapafúrdia sobre um motor quebrado que nos obrigasse a voltar e passar mais uma noite. Acontece que nenhum de nós é esse tipo de homem, a vontade de ver a família foi forte demais e nosso amor e devoção demasiado poderosos, de modo que tivemos que partir, embora persistisse o perfume de carne grelhada e pólvora, tentando nos seduzir com o canto das sereias.

Passamos os últimos dias antes do Ano-Novo com Emily e John, as filhas deles e Danny e Monique, além de Stephen Merchant e sua encantadora companheira, Mircea, e minha filha Camilla. O clima continuou piorando, de modo que, exceto por uma longa caminhada certo dia, ficamos entocados em casa, fazendo exercício, cozinhando, comendo etc. Como de hábito, quase nunca víamos as crianças, exceto à hora das refeições. Mesmo assim, conseguimos ensiná-las a jogar a versão infantil de *Articulate*, o que foi divertido à beça.

31 de dezembro

Levei Camilla à estação de trem, e logo ela estava a caminho de Londres para passar o Ano-Novo com a melhor amiga, Ella. Fiquei triste por ter que me despedir, mas sabia que voltaríamos a nos ver em alguns dias. À noite, após comermos a *cottage pie* caseira de Emily, que estava deliciosa, botamos as crianças na cama, nos sentamos junto ao fogo e ficamos conversando sobre diversos assuntos. A virada da meia-noite era iminente, e eu sentia a expectativa vibrando entre nós. Embora eu já não esteja mais interessado em grandes festanças de Ano-Novo (bem, talvez de vez em quando, pois gosto de me vestir a rigor), sempre sinto um leve palpitar no coração pouco antes da virada, e uma onda de esperança de que o novo ano traga dias melhores. Percebi que nenhum de nós sabia o que fazer quando o momento chegasse, exceto erguer o copo e fazer um brinde a 2024, e achei que fosse necessário algo mais. De repente, me flagrei dizendo a todos que pusessem casaco e chapéu, pois era uma noite muito fria e com muito vento, e me encontrassem no pátio. Apanhei uma garrafa de champanhe e algumas velas e saí apressado para dispô-las em círculo sobre o velho pavimento de pedras cinzentas. De alguma forma, consegui acendê-las sob a ventania inclemente. Pouco depois, todos saíram e rodearam as velas sem que eu dissesse nada. Fiz aquele círculo para aludir à fogueira que acendíamos no Ano-Novo, no norte do estado de Nova York, no gramado de Aidan e Lizzie Quinn. Por quase duas décadas, foi lá que Kate e eu, Steve Buscemi e a falecida esposa, Jo, e um grupo sempre rotativo de amigos nos encontrávamos para dar as boas-vindas ao novo ano. Ficávamos ao redor da fogueira todo 31 de dezembro, sem imaginar que muito em breve o grupo diminuiria e a tradição não continuaria para sempre. Agora, aqui, em um país diferente, com uma nova família e outros amigos, senti a necessidade de recriar a essência daquela cerimônia, nem que fosse apenas com algumas velas ao vento uivante. Quando todos estávamos reunidos e antes que o relógio batesse as doze horas, abri uma garrafa de champanhe, servi, ergui minha taça e proferi um brinde improvisado. Brindei a todos que estavam ali naquele momento e àqueles que amávamos mas estavam longe, e também àqueles que já não estavam neste mundo, mas que jamais deixaríamos de amar. Brindei aos nossos filhos e aos filhos dos nossos filhos, expressando a esperança de que continuem partilhando e celebrando o amor com e pelas famílias e amigos quando já não estivermos aqui.

Fizemos a contagem regressiva. E então deu meia-noite. Trocamos beijos e abraços e desejamos feliz Ano-Novo uns aos outros. Alguém pôs para tocar a gravação de "Auld Lang Syne", da cena final de *A felicidade não se compra*, e cantamos juntos enquanto bebíamos champanhe sob o desgraçado clima inglês e silenciosamente nos perguntávamos o que o próximo ano traria a este mundo maravilhoso, mas sempre turbulento.

2 de janeiro de 2024

O novo ano chegou. John, Emily e as meninas estão voltando para os Estados Unidos. Quando os primos se despediram, houve um monte de lágrimas, especialmente por parte das duas menores. Vi o queixo de Millie tremer enquanto ela abraçava Violet, e, ao se separarem, as duas caíram no choro. Nós garantimos que as duas voltariam a se ver em alguns meses, mas isso, para crianças dessa idade, soa como um século e demora ainda mais para passar. Apesar de tudo, as lágrimas logo diminuíram e a família Blunt-Krasinski pegou a estrada em direção a Heathrow. Partimos pouco depois e seguimos para Londres com o coração entristecido, mas a bagagem mais leve, pois havíamos comido e bebido a maioria das coisas que trouxéramos. Decerto voltaríamos a ver os Blunt-Krasinski, mas só no fim desse miasma tenebroso que é o inverno inglês. Em poucos dias, Camilla estaria voltando à universidade, Nico estaria ocupando o posto dele no restaurante, Isabel estaria voltando da estada com meus pais, Matteo e Millie estariam de volta às aulas e Felicity e eu estaríamos trabalhando de novo. De repente, parecia que o ano havia passado muito rápido, embora, ao longo dos últimos meses, houvesse tido momentos em que parecia jamais acabar. Mas é sempre assim. É como viajar a um local onde nunca estivemos. Como não sabemos aonde vamos, o trajeto parece muito longo. No entanto, quando voltamos a esse mesmo lugar, a viagem nos parece muito mais curta, pois sabemos para onde estamos indo. Ou ao menos pensamos saber.

Epílogo

Janeiro de 2024

Durante a primeira semana do novo ano, enquanto voltávamos à rotina da vida cotidiana, Felicity e eu fizemos um esforço conjunto para interromper o hábito de dar comida a Matteo e Millie primeiro, pô-los na cama e só depois preparar um prato separado para nós. Decidimos adiar um pouco a hora do jantar, para que todos jantássemos juntos, mesmo sabendo que, como as crianças têm atividades extracurriculares quase todos os dias (academia, futebol, balé, e assim por diante), seria necessário preparar alguns lanches para sustentá-las até o jantar. Assim, combinações de *grissini*, laranja, salaminho fatiado, banana, *prosciutto*, pistache e bolachinhas Goldfish (trazidas por Emily e John em uma das visitas) foram distribuídas de forma judiciosa para saciá-los temporariamente. Eu me alegro em dizer que foi, e continua sendo, um grande sucesso. Tanto que, semana passada, Matteo disse: "Gosto muito mais de quando a gente come junto." Eu também.

Posfácio

Noites atrás, enfim sonhei com comida. No sonho, eu olhava uma revista de receitas, e uma de minhas filhas estava a meu lado (não identifiquei qual). A receita, ainda que estranha, era bastante simples, tanto que consegui entendê-la, mesmo em francês. A revista trazia uma foto do prato em um dos estágios de preparo, cercado por todos os ingredientes. Traduzi para minha filha e comentei com uma mulher que estava presente (não faço ideia de quem era) que parecia interessante e, comparada a outras receitas francesas, descomplicada, e a mulher concordou.

A receita instruía a rechear uma grande enguia com carne moída, cenoura, cebola, aipo, alho, sal e ervas, dobrá-la rolê, amarrá-la e assá-la.

Quando acordei, o sol estava raiando. Fiquei na cama pensando na estranha fantasia que minha mente adormecida criara. Uma receita de enguia recheada digna de um monarca medieval. Qual o significado? Uma enorme enguia. Por quê? Imaginei o que Freud (que comeu *steak tartar* toda a vida) teria dito sobre meu sonho. Possivelmente algo como:

"*Herr* Tucci..."

"Sim, *Doktor*?"

"Havia sexo nesse sonho?"

"Não."

"Morte?"

"Não, não."

"Humm..." Freud pensa um pouco. "Sabe, *Herr* Tucci... Às vezes uma enguia é só uma enguia."

Assinto com a cabeça. Freud apanha uma caixa de fósforos.

"Importa-se se eu fumar?"

"A enguia?"

Nós dois rimos.

DAS ENDE

Agradecimentos

À minha editora na Penguin/Random House, a maravilhosa Helen Garnons-Williams, e equipe: Ella Harold, Richard Bravery, Rose Poole, Jane Gentle, Emma Brown, Annie Underwood, Meredith Benson e Samantha Fanaken.

À minha igualmente maravilhosa editora na Simon & Schuster, Alison Callahan, e equipe: Sally Marvin, Aimée Bell, Jennifer Robinson, Taylor Rondestvedt, Mackenzie Hickey, Lisa Litwack e, claro, Jen Bergstom.

Agradeço a todos pelo apoio, pelo grande senso de humor e pela paciência.

Ao esforçado bando literário na Curtis Brown: Flo Sandelson, Emma Walker, Rosie Pierce, Sophie Baker, Katie Harrison e Tanja Goossens.

A Lottie Birmingham, por ser uma grande parceira de negócios e uma grande amiga.

À minha extraordinária agente de publicidade, Jennifer Plante.

Aos meus incansáveis agentes Franklin, Oriana, Carly e Santini, e ao meu empresário, Tony.

A Amanda Bross, que lida de forma brilhante com tudo o que diz respeito a construção de marca.

Aos amigos e familiares queridos que mencionei nestas páginas.

Aos meus pais, Joan e Stan, pela inspiração em todas as coisas boas.

Aos meus filhos, por terem o coração gentil e pelos apetites curiosos.

E especialmente a Felicity, a pessoa mais inteligente que conheço e que teve a ideia original deste livro, pelo altruísmo, pela gentileza, pelo apoio, pela positividade e pelo amor.

Agora compreendo que deve ser quase tão difícil viver com um cliente quanto viver com a própria agente.

Quase.

1ª edição	MAIO DE 2025
impressão	LIS GRÁFICA
papel de miolo	IVORY BULK 65 G/M²
papel de capa	CARTÃO SUPREMO ALTA ALVURA 250 G/M²
tipografia	ADOBE GARAMOND PRO